Czerny/Leitgeb

BANKENAUFSICHTSRECHT KOMPAKT

5., aktualisierte Auflage

Alina Czerny/Erika Leitgeb

BANKENAUFSICHTSRECHT KOMPAKT

Das Fit & Proper Buch

Inkl. Neues FMA-Rundschreiben Fit & Proper,
Sustainable Finance, KIM-V, EBA-Leitlinien zu AML, DORA

5., aktualisierte Auflage

 KITZLER VERLAG

 finanzverlag

Zitiervorschlag: *Czerny/Leitgeb* (2023), Bankenaufsichtsrecht kompakt[5], Seite.

VLB – Verzeichnis Lieferbarer Bücher
Ein Titelsatz für diese Publikation ist bei dem VLB Verzeichnis Lieferbarer Bücher erhältlich.

5., aktualisierte Auflage

Kitzler Verlag GmbH / finanzverlag
Uraniastraße 4
Telefon: (01) 713 53 34-0
Fax: (01) 713 53 34-85
1010 Wien
office@finanzverlag.at
www.finanzverlag.at

Lektorat, Satz und Umschlaggestaltung: finanzverlag
Herstellung: Facultas Verlags- und Buchhandels AG

Printed in Austria 2023

ISBN 978-3-903285-13-2

VORWORT UND EINLEITUNG

Die **Bankenaufsicht** hat die Aufgabe, die Funktionsfähigkeit und Stabilität des Finanzsektors zu gewährleisten. Um auf die zahlreichen Bankenzusammenbrüche und besonders auf die ab 2007 einsetzende Finanzkrise sowie die geänderten Marktbedingungen wirksam reagieren zu können, mussten die **Instrumentarien zur Risikoabwehr und -minimierung** in der sog. „Bankenaufsicht" laufend geändert und an die neuen Erfordernisse angepasst werden. Deshalb müssen nun Banken und Finanzdienstleistungsinstitute wesentlich strikter Vorgaben insbesondere bezüglich ihrer Kapitalausstattung, des Ausmaßes und der Qualität der Risikodeckungsmassen und der Liquiditätsanforderungen erfüllen. Es geht dabei im Wesentlichen um den **Risikograd der Bankgeschäfte** bei der Bemessung der **Kapitalanforderungen**.

Zudem wurde das Bankenaufsichtsrecht in den vergangenen Jahren zunehmend europäisch ausgerichtet, wobei zur Umsetzung der gesetzlichen Regelwerke neue **Organisationen auf europäischer Ebene** installiert worden sind, wie die Europäische Bankaufsichtsbehörde EBA. Die Europäische Zentralbank nimmt dabei ebenfalls eine wesentliche Rolle in der europäischen Bankenaufsicht ein; sie ist für einzelne signifikante Institute im Euroraum das bestimmende Aufsichtsorgan und zuständig für die operative Beaufsichtigung.

Als Grundlage dieses Handbuches dienten insbesondere das Bankwesengesetz (BWG), diverse BWG-Kommentare, die EU-Verordnung Nr. 575/2013 vom 26. Juni 2013 („Capital Requirements Regulation – CRR"), die FMA-Verordnungen und die an Kreditinstitute adressierten Rundschreiben und Mindeststandards der Finanzmarktaufsicht (FMA) sowie die technischen Standards und Leitlinien der Europäischen Bankenaufsichtsbehörde (EBA). **Die Gliederung der einzelnen Kapitel des Buches orientiert sich am Aufbau des BWG bzw. der CRR.** Dabei wurde versucht, die komplexen aufsichtsrechtlichen Bestimmungen so unkompliziert und kurz wie möglich darzustellen und in klarer Art zu erläutern.

Das vorliegende Handbuch führt den Leser generell in die **betriebswirtschaftlichen und juristischen Mechanismen der Bankenaufsicht** ein. Es stellt zudem ein vorzügliches und wertvolles Hilfsmittel für neue, aber auch für bereits tätige Geschäftsleiter, Aufsichtsräte und Inhaber von Schlüsselfunktionen sowie für Funktionsträger im österreichischen Bankwesen, die sich einen Überblick über das zunehmend komplexere Bankenaufsichtsrecht verschaffen wollen, dar. Auch Kandidaten, die aufgrund einer Neubestellung oder anlässlich eines Reassessments eine **Fit & Proper Prüfung bei der FMA** zu absolvieren haben, finden im vorliegenden Handbuch eine kompakte und trotzdem tiefgründige Darstellung der in Österreich geltenden Regelungen des Bankwesengesetzes und der Capital Requirements Regulation (CRR), ergänzt mit sonstigen anwendbaren Gesetzen, Verordnungen, FMA-Rundschreiben, FMA-Mindeststandards und Binding Technical Standards (BTS) der EBA.

Gleichermaßen kann das Handbuch auch von interessierten **Geschäftsleitern und Führungskräften von Bankinstituten und Finanzdienstleistungsunternehmen**, besonders von **Abschlussprüfern und Revisoren** sowie von **Aufsichtsräten** als Nachschlagewerk oder zur allgemeinen Auffrischung ihrer theoretischen Fachkenntnisse oder als Orientierungshilfe und zur Unterstützung in ihrer Arbeit benutzt werden. Schließlich soll es zur Wiederholung und Vertiefung jener Inhalte verwendet werden, die in den einschlägigen

Fit & Proper Trainings vermittelt werden. Die Gesetzestexte, Verordnungen, FMA-Mindeststandards und FMA-Rundschreiben sind im Original in der jeweils gültigen Version über die FMA-Website (http://www.fma.gv.at) oder über das Rechtsinformationssystem des Bundes (RIS – http://www.ris.bka.gv.at) bzw. über jenes der Europäischen Union (http://eur-lex.europa.eu/de/index.htm) abrufbar. Vorweg sei noch darauf hingewiesen, dass das vorliegende Handbuch mit dem primären Ziel der kompakten und verständlichen Darstellung des komplexen Bankenaufsichtsrechts erstellt wurde, weswegen mitunter bewusst verkürzte Darstellungen zugunsten der besseren Verständlichkeit gewählt wurden. Für die Beurteilung konkreter Einzelfälle sollte stets der relevante Gesetzestext herangezogen werden.

Mit der aktualisierten 2. Auflage haben wir die ab 30.6.2018 geltenden **EBA Leitlinien zur Fitness & Propriety**, das **Finanzmarkt-Geldwäschegesetz**, die Regelungen zu **Nichtfinanzbeteiligungen** und **Beschwerdeabwicklungsverfahren** sowie die im Rahmen der „Aufsichtsreform" vorgenommene **BWG-Novelle** (in Kraft ab 3.1.2018) eingearbeitet.

Die 3. Auflage enthielt die **BWG-Novelle**, mit der die neuen Internal Governance und Fit & Proper Anforderungen, vor allem die neuen Unabhängigkeitsanforderungen an Aufsichtsräte, in österreichisches Recht umgesetzt wurden, sowie das im August 2018 veröffentlichte Fit & Proper Rundschreiben der FMA.

Mit der 4. Auflage sind die Änderungen der **CRR II / CRD V / BRRD** sowie ein Teil zum Wertpapieraufsichtsgesetz (**WAG 2018**) aufgenommen worden.

In der **5. Auflage** haben wir das neue **FMA Fit & Proper Rundschreiben** eingearbeitet und Updates zu regulatorischen Neuerungen aufgenommen, wie bspw die Kreditinstitute-Immobilienfinanzierungsmaßnahmen-Verordnung (**KIM-V**), die Anforderungen aus **Sustainable Finance** / ESG, die **EBA Leitlinien zur Bekämpfung der Geldwäscherei und Terrorismusfinanzierung**, sowie die **DORA** (Digital Operational Resilience Act) für die IT Governance.

Die Hinweise zu den Fit & Proper Testpraktiken der FMA und die am Ende jedes Kapitels eingefügten Testfragen erleichtern die Vorbereitung auf die entsprechenden Prüfungen. Am Ende des Buches findet sich auch ein **„Fit & Proper-Multiple Choice-Test"**, mit welchem der Leser sein Wissen testen kann.

Wien, Februar 2023

Alina Czerny
Erika Leitgeb

Hinweis: Die durchgehend männlichen Bezeichnungen dienen allein der sprachlichen Vereinfachung und erfassen selbstverständlich stets auch die jeweiligen weiblichen Bezeichnungen.

INHALTSVERZEICHNIS

ABBILDUNGSVERZEICHNIS

ABKÜRZUNGSVERZEICHNIS

AEUV	Vertrag über die Arbeitsweise der Europäischen Union
AFRAC	Austrian Financial Reporting and Auditing Committee
AML	Anti-Money Laundering, Bekämpfung von Geldwäsche(rei)
AndKo-SoV	Anderkonten-Sorgfaltspflichtenverordnung
A-QSG	Abschlussprüfungs-Qualitätssicherungsgesetz
AR-V	Aufsichtsratsvorsitzender
AT 1	Additional Tier 1
BaSAG	Bundesgesetz über die Sanierung und Abwicklung von Banken
BIZ	Bank für Internationalen Zahlungsausgleich, Bank for International Settlements
BMF	Bundesministerium für Finanzen
BörseG	Börsegesetz
BRRD	Bank Recovery and Resolution Directive
BTS	Binding Technical Standards
BVK	Betriebliche Vorsorgekassen
BVK-RiSoV	BVK-Risikoanalyse- und Sorgfaltspflichtenverordnung
BWG	Bankwesengesetz
CAO	Capital Add On
CEBS	Committee of European Banking Supervisors
CET 1	Common Equity Tier 1
COREP	Common Reporting Framework
CRD	Capital Requirements Directive
CRR	Capital Requirements Regulation
CVA	Credit Valuation Adjustment
DORA	Digital Operational Resilience Act (Verordnung über die digitale operationale Resilienz)
EBA	European Banking Authority
ECAI	External Credit Assessment Institutions (Externe Ratingagenturen)
EIOPA	European Insurance an Occupational Pensions Authority
ESA	European Supervisory Authorities
ESAEG	Einlagensicherungs- und Anlegerentschädigungsgesetz
ESFS	European System of Financial Supervision

ESG	Environmental, Social, Governance (Umwelt, Soziales, Unternehmensführung)
ESMA	European Securities and Markets Authority
ESRB	European Systemic Risk Board
EWB	Einzelwertberichtigung
EWR	Europäischer Wirtschaftsraum
EZB	Europäische Zentralbank
FATF	Financial Action Task Force on Money Laundering
FI	Finanzinstitut
FINREP	Financial Reporting Framework
FKG	Finanzkonglomerate
FM-GwG	Finanzmarkt-Geldwäschegesetz
FMA	Finanzmarktaufsichtsbehörde
FMABG	Finanzmarktaufsichtsbehörden-Gesetz
FMA-MS	FMA-Mindeststandards
FMA-RS	FMA-Rundschreiben
FMSG	Finanzmarktstabilitätsgremium
FSB	Financial Stability Board
GewO	Gewerbeordnung
GKE	Granulare Kredit Erhebung
GL	Guidelines
GMSG	Gemeinsamer Meldestandard Gesetz
G-SRI	Globale Systemrelevante Institute
GWB	Geldwäschebeauftragter/e
ICAAP	Internal Capital Adequacy Assessment Process
IFD, IFR	Investment Firm Directive, Investment Firm Regulation
IKS	Internes Kontrollsystem
IOSCO	International Organization of Securities Commissions
IPS	Institutional Protection Scheme
IR	Interne Revision
IRBA	Internal Ratings-Based Approach
ITS	Implementing Technical Standards
JST	Joint Supervisory Team
KFH	Key Function Holder
KI	Kreditinstitut

KI-RMV	Kreditinstitute-Risikomanagementverordnung (Kreditinstitut-RMV)
KIM-V	Kreditinstitute Immobilienfinanzierungsmaßnahmen-Verordnung
KontRegG	Kontenregister- und Konteneinschaugesetz
K-SA	Kreditrisiko-Standardansatz
KYC	Know your customer
LCR	Liquidity Coverage Ratio
LR	Leverage Ratio
LSIs	Less Significant Institutions
MAR	Market Abuse Regulation (Marktmissbrauchsverordnung)
MiFID	Markets in Financial Instruments Directive
MTF	Multilateral Trading Facility (multilaterales Handelssystem)
NCA	National Competent Authority (zuständige nationale Aufsichtsbehörde)
NSFR	Net Stable Funding Ratio
OeNB	Oesterreichische Nationalbank
OGA	Organismen für Gemeinsame Anlagen
OTF	Organised Trading Facilitiy (organisiertes Handelssystem)
PEP	Politically Exposed Person
RL	Richtlinie
RLG	Rechnungslegung
RTS	Regulatory Technical Standards
RWA	Risikogewichtete Aktiva
Schulspar-SoV	Schulsparen-Sorgfaltspflichtenverordnung
SIs	Significant Institutions
SRB	Single Resolution Board
SREP	Supervisory Review and Evaluation Process
SRM	Single Resolution Mechanism
SRP	Systemrisikopuffer
SSM	Single Supervisory Mechanism
StGB	Strafgesetzbuch
StPO	Strafprozessordnung
T 2	Tier 2
UGB	Unternehmensgesetzbuch
VKrG	Verbraucherkreditgesetz
VO	Verordnung

VStG	Verwaltungsstrafgesetz
VZKG	Verbraucherzahlungskontogesetz
WAG	Wertpapieraufsichtsgesetz
WiEReG	Gesetz über das Register der wirtschaftlichen Eigentümer
WPFG	Wertpapierfirmengesetz
ZaDiG	Zahlungsdienstegesetz

1 Das Fit & Proper-Regime

Empfohlene Literatur, Gesetzesstellen und FMA-Dokumente:

§ 5	BWG	Geschäftsleiter
§ 13	GewO	Ausschließungsgründe
§ 28a	BWG	Geschäftsleiter und Aufsichtsratsmitglieder
§ 42	BWG	Interne Revision
§ 87	AktG	Wahl und Abberufung Aufsichtsrat
§ 30a	GmbHG	Mitglieder des Aufsichtsrats
§ 23	FM-GwG	Personal und Aufsichtsräte

FMA Rundschreiben zur Eignungsprüfung von Geschäftsleitern, Aufsichtsratsmitgliedern und Inhabern von Schlüsselfunktionen (Fit & Proper – Rundschreiben)

EBA/GL/2021/06 – Gemeinsame ESMA und EBA-Leitlinien zur Beurteilung der Eignung von Mitgliedern des Leitungsorgans und von Inhabern von Schlüsselfunktionen

EBA/GL/2021/05 – EBA-Leitlinien zur Internen Governance

1.1 Regulierung des Fit & Proper Prozesses

Ausgehend von den gesetzlich normierten Voraussetzungen zur fachlichen Eignung („Fitness") sowie zur persönlichen Zuverlässigkeit („Propriety") von Geschäftsleitern, Aufsichtsräten und bestimmten Inhabern von Schlüsselfunktionen besteht für Banken einerseits die Verpflichtung, einen **bankinternen Prozess zur Einhaltung der Fit & Proper Voraussetzungen** einzurichten, und andererseits müssen insbesondere neu bestellte Organe damit rechnen, dass sie ihr Wissen bei einem **Fit & Proper Hearing** vor einer Prüfungskommission der österreichischen Finanzmarktaufsichtsbehörde (FMA) und/oder der EZB unter Beweis stellen müssen.

Konkrete Vorgaben sind diesbezüglich im Rundschreiben der FMA zur Eignungsprüfung von Geschäftsleitern, Aufsichtsratsmitgliedern und Inhabern von Schlüsselfunktionen (Fit & Proper – Rundschreiben), welches auf den Leitlinien der Europäischen Bankenaufsichtsbehörde zur Beurteilung der Eignung von Mitgliedern des Leitungsorgans und von Inhabern von Schlüsselfunktionen (EBA/GL/2021/06) vom 2. Juli 2021 basiert. Zentrale Anforderung ist die prozess- und systemhafte **Sicherstellung der Eignung** der Geschäftsleiter, Aufsichtsorgane und Inhaber von Schlüsselfunktionen **in erster Linie durch die Kreditinstitute selbst**. Diese sind verpflichtet, die **fortwährende** Eignung der relevanten Personengruppen durch Implementierung einer Fit & Proper Policy sowie eines entsprechenden Prozesses zu gewährleisten. Zuletzt hat die FMA begonnen, auch stichprobenartige Reassessments von bestehenden Geschäftsleitern und Aufsichtsratsvorsitzenden durchzuführen.

1.1.1 Gemeinsame ESMA und EBA-Leitlinien zur Eignungsbeurteilung

Die ESMA/EBA-Leitlinien zur Beurteilung der Eignung von Mitgliedern des Leitungsorgans und von Inhabern von Schlüsselfunktionen legen **Kriterien und Verfahren** fest, die Kreditinstitute und zuständige Behörden beachten müssen, wenn sie die Eignung von (zukünftigen) Mitgliedern des Leitungsorgans eines Kreditinstituts sowohl für die Leitungs- als auch für Aufsichtsfunktionen oder von Inhabern von Schlüsselfunktionen beurteilen. Außerdem enthalten sie die zu ergreifenden Maßnahmen für jene Fälle, in denen Personen für die betreffenden Positionen nicht geeignet sind.

In den Leitlinien werden ua folgende Begriffe verwendet:

- **„Leitungsorgan in seiner Leitungsfunktion"** bezeichnet das Lenkungsorgan eines Kreditinstituts, das die Aufsichts- und/oder die Leitungsfunktion umfasst, die oberste Entscheidungskompetenz besitzt und befugt ist, die Strategie, die Ziele und die allgemeine Ausrichtung des Instituts festzulegen. Damit sind im dualistischen System (wie etwa im österreichischen Gesellschaftsrecht verankert) die Geschäftsleiter eines Kreditinstituts gemeint.

- **„Leitungsorgan in seiner Aufsichtsfunktion"** bezeichnet jenes Organ, das die Aufsichtsaufgabe wahrnimmt, indem es die Beschlussfassung durch das Leitungsorgan in seiner Leitungsfunktion kontrolliert und beaufsichtigt (entspricht dem Aufsichtsrat).

- **„Inhaber von Schlüsselfunktionen"** sind Mitglieder des Personals, denen ihre Position einen wesentlichen Einfluss auf die Ausrichtung des Kreditinstituts verschafft, die aber nicht Mitglied des Leitungsorgans sind. Zu ihnen zählen die Leiter von internen Kontrollfunktionen und es können weiters die Leiter von wichtigen Geschäftsfeldern, Zweigniederlassungen im EWR, Tochterunternehmen in Drittländern sowie von sonstigen internen Funktionen zu ihnen zählen.

Die ESMA/EBA-Leitlinien beinhalten Mindesterfordernisse für die Beurteilung der persönlichen Zuverlässigkeit sowie der fachlichen Eignung und Erfahrung von **Personen in Leitungs- und Kontrollfunktionen** in Kreditinstituten, CRR-Wertpapierfirmen, Finanzholdinggesellschaften und gemischten Finanzholdinggesellschaften.

Für die erstmalige und weitere Beurteilung der Eignung von Mitgliedern des Leitungsorgans und von Inhabern von Schlüsselfunktionen ist **in erster Linie das Kreditinstitut verantwortlich**.

Eine der zentralen Anforderungen der Leitlinien ist jene, dass Kreditinstitute über interne Richtlinien für die Auswahl und Beurteilung von Mitgliedern des Leitungsorgans sowie der Inhaber von Schlüsselfunktionen verfügen, die Art, Umfang und Komplexität der Geschäfte des Kreditinstituts berücksichtigen und mindestens folgendes regeln (**Fit & Proper Policy**):

- den Prozess zur Auswahl, Ernennung, Wiederbestellung und Nachfolgeplanung von Mitgliedern des Leitungsorgans und das geltende interne Verfahren zur Eignungsbewertung eines Mitglieds, einschließlich der internen Funktion, die für die Unterstützung der Bewertung verantwortlich ist (zB Fit & Proper Office);

- die Kriterien zur Festlegung der Inhaber von Schlüsselfunktionen;

- die bei der Bewertung zu verwendenden Eignungskriterien;

- wie im Rahmen des Auswahlprozesses die Diversitätsrichtlinie für Mitglieder des Leitungsorgans von Instituten von erheblicher Bedeutung und das Ziel für das unterrepräsentierte Geschlecht im Leitungsorgan zu berücksichtigen sind;

- der Kommunikationskanal zu den zuständigen Behörden; und

- wie die Bewertung dokumentiert werden sollte.

Anforderungskriterien:

In den Leitlinien der EBA finden sich grundsätzlich folgende Anforderungen:

- theoretische und praktische Kenntnisse und Erfahrung sowie Fähigkeiten

- persönliche Zuverlässigkeit, Aufrichtigkeit und Unvoreingenommenheit und ausreichende zeitliche Verfügbarkeit.

Theoretische und praktische Kenntnisse sowie Erfahrung:

Die Erfahrung, die von einem **Mitglied des Leitungsorgans in seiner Leitungsfunktion** gefordert wird, kann sich in Umfang und Art von jener unterscheiden, die von einem Mitglied des Leitungsorgans in seiner Aufsichtsfunktion verlangt wird. In seiner leitenden Funktion muss ein Mitglied des Leitungsorgans in einer Führungsposition über einen ausreichend langen Zeitraum praktische und berufliche Erfahrungen erworben haben.

Ein **Mitglied des Leitungsorgans in seiner Aufsichtsfunktion** sollte über ausreichende Erfahrung verfügen, die es ihm erlaubt, Entscheidungen der Leitungsfunktion konstruktiv zu hinterfragen und diese wirksam zu beaufsichtigen. Diese Erfahrung kann in akademischen, administrativen oder anderen Positionen sowie durch die Leitung, Beaufsichtigung und Kontrolle von Finanzinstituten oder anderen Unternehmen erworben werden. Mitglieder des Leitungsorgans in ihrer Aufsichtsfunktion sollten nachweisen können, dass sie über die fachlichen Kenntnisse verfügen, die sie in die Lage versetzen, das Geschäft des Kreditinstituts und die Risiken, denen es ausgesetzt ist, ausreichend gut zu verstehen, oder, dass sie diese Kenntnisse erwerben können.

Die mit den aktuellen EBA Leitlinien 2021 neu aufgenommen Ergänzungen an erforderlichen Wissensgebieten sind Know-how im Bereich Bekämpfung von Geldwäscherei und Terrorismusbekämpfung sowie Wissen im Bereich ESG/Nachhaltigkeit.

Neben der individuellen Eignung jedes einzelnen Mitglieds ist auch die **kollektive Eignung** von Gremien (Aufsichtsrat bzw Geschäftsleitung) sicherzustellen. Die kollektive Eignung des Aufsichtsrats sowie der Geschäftsleitung soll in den bankinternen Fit & Proper Prozessen mittels einer umfassenden Eignungs-Matrix in Form einer Gap-Analyse hinsichtlich des Ist-Bildes gegenüber dem Ziel-Bild erfolgen. Dabei soll auch eine Stärken-Schwächen-Analyse des Gremiums vorgenommen werden.

Persönliche Zuverlässigkeit, Aufrichtigkeit und Unvoreingenommenheit:

Zusammenfassend kann gesagt werden, dass die persönliche Zuverlässigkeit immer dann gegeben ist, wenn ein einwandfreier Leumund und ein guter Ruf vorliegen, die professionellen Standards erfüllt werden und das Mitglied über geordnete wirtschaftliche Verhältnisse verfügt. Weiters haben Mitglieder des Leitungsorgans aufrichtig, integer und ehrlich sowie in der Lage zu sein, ihre Funktion unvoreingenommen ausüben zu können. Besonders hervorzuheben ist das Kriterium der Unvoreingenommenheit, welches als innere Gesinnung zu verstehen ist, und von der EBA als die Courage und die Fähigkeit definiert wird, Entscheidungen anderer zu challengen, Fragen zu stellen, und sich Gruppendenken widersetzen zu können. Alle äußeren Umstände, welche die Unvoreingenommenheit beeinträchtigen können, sind zusätzlich mittels einer Policy für das Identifizieren, Managen und die Kontrolle von Interessenkonflikten zu steuern.

Ausreichende zeitliche Verfügbarkeit:

Jedes Mitglied des Leitungsorgans muss über ausreichende zeitliche Ressourcen verfügen, um seinen Aufgaben nachkommen zu können. Für diese Zwecke ist im Rahmen des Fit & Proper-Prozesses durch die Erhebung aller sonstigen zeitlich beanspruchenden Funktionen und Verpflichtungen zu beurteilen, ob die erforderliche zeitliche Verfügbarkeit gegeben ist. Zur Festlegung des erforderlichen Zeitausmaßes sind je nach Art, Größe und Komplexität des Instituts und der Funktion reguläre Sitzungs- und Vorbereitungszeiten, Reisezeiten, allfällige ad hoc Sitzungen, der höhere zeitliche Aufwand im Falle von Krisen und bei Einführungs- und Schulungszeiten sowie die zeitliche Beanspruchung durch sonstige Mandate zu berücksichtigen. Für Organträger in großen Instituten besteht zudem eine zahlenmäßige Organkumulationsbeschränkung.

Weitere Policies, die es laut EBA Leitlinien zu erstellen und in Kraft zu setzen gilt, sind neben der Interessenkonfliktepolicy auch eine Training Policy sowie eine Diversity Policy. Mithilfe der Diversitätsvorgaben in Bezug auf Ausgewogenheit von Alter, Erfahrung, Beruf, Geschlecht und kultureller Herkunft soll eine heterogene Zusammensetzung der Gremien, ergebnisoffene kritische Diskussionen und damit eine Verbesserung der Arbeitsweisen erreicht werden. Um einen diversen Kandidatenpool im Sinne einer Nachfolgeplanung für die Geschäftsleitungen zu schaffen, soll die Diversity Policy nicht nur für das Leitungsorgan sondern für alle Mitarbeiter implementiert werden. Um Chancengleichheit herzustellen, darf es keinerlei Art von Diskriminierung bei Besetzungen von Führungsfunktionen geben. In diesem Zusammenhang streichen die EBA Leitlinien die Vertretung von ArbeitnehmerInnen im Aufsichtsrat als positiven Beitrag für die Diversität hervor.

1.1.2   FMA „Fit & Proper"-Rundschreiben

Nach § 69 Abs 5 BWG hat die FMA bei der Vollziehung der Bestimmungen des Bankwesengesetzes, einschließlich der Erlassung und Vollziehung der auf dieser Grundlage erlassenen Verordnungen, der **europäischen Konvergenz** der Aufsichtsinstrumente und Aufsichtsverfahren Rechnung zu tragen. Zu diesem Zweck hat die FMA die Leitlinien, Empfehlungen, Standards und andere von der EBA beschlossenen Maßnahmen umzusetzen und inhaltlich zu konkretisieren. Die FMA kann von diesen Leitlinien und Empfehlungen abweichen, sofern dafür berechtigte Gründe vorliegen. In diesem Fall hat die FMA die

EBA über ihre Gründe für die Nichtanwendung bzw die Abweichung von den betreffenden Leitlinien und Empfehlungen zu informieren. Somit bildet § 69 Abs 5 BWG die gesetzliche Grundlage für die Anwendung der EBA Leitlinien, ergänzt durch das FMA Fit & Proper-Rundschreiben.

Das FMA-Fit & Proper-Rundschreiben konkretisiert vornehmlich die Eignungskriterien der EBA Leitlinien zur Beurteilung der Eignung von Mitgliedern des Leitungsorgans und von Inhabern von Schlüsselfunktionen (EBA/GL/2021/06) sowie der Vorgaben der EBA Leitlinien zur Internen Governance (EBA/GL/2021/05) und liefert wesentliche Interpretationen zu den Unabhängigkeitsregeln des § 28a Abs 5a und 5b BWG.

Es sei bemerkt, dass sich aus dem FMA Rundschreiben auch eine wesentliche und naturgemäß sehr umfassende Anzeigeverpflichtung ergibt: **Alle tatsächlichen und potenziellen Interessenkonflikte von Aufsichtsräten bzw Geschäftsleitungsmitgliedern** sind innerhalb des Organs zu kommunizieren, zu dokumentieren und ordnungsgemäß zu behandeln (eine Diskussion sowie Entscheidung hinsichtlich der geeigneten Maßnahmen muss erfolgen) **sowie der FMA, inklusive (Milderungs-)Maßnahmen, zur Kenntnis zu bringen.**

1.2 Konkrete Voraussetzungen für die relevanten Personengruppen

1.2.1 Fit & Proper Anforderungen an Geschäftsleiter (§ 5 Abs 1 BWG)

Als **Geschäftsleiter im Sinne des Bankwesengesetzes** werden natürliche Personen definiert, die nach dem Gesetz oder der Satzung zur Führung der Geschäfte und zur organschaftlichen Vertretung des Instituts nach außen vorgesehen sind. Sie sind außerdem verantwortlich für die Festlegung der Strategien, Ziele und der Gesamtpolitik. Bei **Kreditgenossenschaften** handelt es sich bei Geschäftsleitern um natürliche Personen, die vom Vorstand, vom Aufsichtsrat oder von der Generalversammlung mit der Führung der Geschäfte betraut sind, als Geschäftsleiter ernannt und im Firmenbuch eingetragen wurden. Ihnen obliegt ebenfalls die Vertretung nach außen.

Anforderungen an die persönliche Zuverlässigkeit, Aufrichtigkeit und Unvoreingenommenheit („Propriety"):

Bereits als Voraussetzung zur Erlangung und Beibehaltung der Bankenkonzession gelten für Kreditinstitute hinsichtlich ihrer Geschäftsleiter bestimmte Voraussetzungen.

Zunächst darf bei keinem der Geschäftsleiter ein **Ausschließungsgrund** im Sinne des § 13 Abs 1 bis 3, 5 oder 6 der Gewerbeordnung 1994 (GewO 1994) vorliegen, wonach eine Person von der Ausübung eines Gewerbes ausgeschlossen ist, wenn sie im In- oder Ausland wegen bestimmter „wirtschaftskrimineller" Delikte (wie zB wegen betrügerischen Vorenthaltens von Sozialversicherungsbeiträgen, organisierter Schwarzarbeit, betrügerischer Krida, Schädigung fremder Gläubiger, Begünstigung eines Gläubigers, oder grob fahrlässiger Beeinträchtigung von Gläubigerinteressen) oder wegen sonstiger strafbarer

Handlungen zu einer 3 Monate übersteigenden Freiheitsstrafe oder zu einer Geldstrafe von mehr als 180 Tagessätzen verurteilt worden ist, und diese Verurteilung nicht getilgt ist.

Die Geschäftsleiter müssen über **geordnete wirtschaftliche Verhältnisse** verfügen, und es dürfen keine Tatbestände vorliegen, aus denen sich Zweifel an ihrer persönlichen, für die Ausübung der Geschäftsführung erforderlichen Zuverlässigkeit, Aufrichtigkeit und Unvoreingenommenheit ergeben. Die geordneten wirtschaftlichen Verhältnisse werden in der Praxis in Form einer Selbstauskunft, ggf. ergänzt durch Abfragen bei Kreditschutzverbänden, erhoben. Über das Vermögen der Geschäftsleiter bzw einer juristischen Person, auf deren Geschäfte einem Geschäftsleiter maßgebender Einfluss zusteht oder zugestanden ist, darf im In- oder Ausland kein Konkurs eröffnet worden sein, es sei denn, das Konkursverfahren wurde mit der Erfüllung eines Sanierungsplans abgeschlossen.

Unter dem Aspekt der **persönlichen Zuverlässigkeit** werden alle sonstigen Wahrnehmungen zur Person, wie beispielsweise aufsichtliche Abberufungen oder Mängelfeststellungen aus vergangenen Funktionen, laufende gerichtliche oder verwaltungsrechtliche Strafverfahren, (gröbere) Steuerdelikte, Kooperationsbereitschaft mit der Behörde oder eine Kumulation von aufsichtsrechtlichen Verwaltungsstrafen, analysiert.

Auf Basis des § 5 Abs 1 Z 7 BWG kann die FMA zur Überprüfung der Zuverlässigkeit der Geschäftsleiter auf eine von der EBA eingerichtete und **zentral geführte Datenbank für Verwaltungssanktionen** zugreifen, um dort Einträge über einzelnen Personen abzurufen. Für diese Zwecke müssen die zuständigen Behörden im EWR die über natürliche Personen rechtskräftig verhängten Verwaltungssanktionen an diese Datenbank melden. Es handelt sich hierbei also um eine EWR-weite Sammlung von verhängten aufsichtsrechtlichen Verwaltungsstrafen.

Unter der **Unvoreingenommenheit („Independence of mind")**, die bei allen Mitgliedern des Leitungsorgans vorliegen muss, ist eine Einstellung zu verstehen, die sich in Diskussionen und Entscheidungsprozessen zeigt und sich durch Courage, Überzeugung und Willensstärke ausdrückt, Vorschläge anderer Mitglieder effektiv zu bewerten und zu hinterfragen, sowie die Fähigkeit Fragen zu stellen und sich Gruppendenken widersetzen zu können.

Zur Beurteilung der Eignung sollten auch andere Kriterien herangezogen werden, die für das Funktionieren des Leitungsorgans von Bedeutung sind. Dazu gehören die Vermeidung von Interessenkonflikten und die Fähigkeit, unabhängig, ausgewogen und unbeeinflusst ihren Pflichten nachzukommen („Unvoreingenommenheit in Bezug auf Interessenkonflikte").

Anforderungen an die fachliche Eignung, erforderliche Erfahrung und Fähigkeiten („Fitness"):

Die Geschäftsleiter müssen auf Grund ihrer Vorbildung fachlich geeignet sein und die für den Betrieb des Kreditinstituts erforderlichen Erfahrungen nachweisen. Dies setzt voraus, dass die betreffenden Personen im ausreichenden Maße theoretische und praktische Kenntnisse in den jeweiligen Bankgeschäften sowie Leitungserfahrung haben. Die fachliche Eignung für die Leitung eines Kreditinstituts kann dann als gegeben angenommen werden, wenn eine zumindest **dreijährige leitende Tätigkeit** bei einem Institut vergleichbarer Größe und Geschäftsart nachgewiesen wird.

Während die **banktheoretischen Kenntnisse** auf den Gebieten Finanzierung, Rechnungswesen und -legung, Abschlussprüfung sowie Aufsichtsrecht durch den Abschluss entsprechender Studien und/oder Absolvierung einschlägiger externer oder (sektor)interner Aus- und Fortbildungen bzw Schulungen angeeignet und (mittels Zeugnissen, Diplomen, Besuchsbestätigungen etc) nachgewiesen werden können, setzen die **bankpraktischen Kenntnisse** unter Berücksichtigung der beantragten Bankgeschäfte einschlägige berufliche Erfahrung voraus.

Die theoretischen Kenntnisse eines Geschäftsleiters müssen der **Art und Größe des jeweiligen Instituts** sowie den **beabsichtigten Geschäften** angemessen sein. Zu beachten ist, dass gerade Tätigkeiten in Sonderkreditinstituten regelmäßig spezifische Kenntnisse verlangen. Daher wird für die Geschäftsleitung eines **Sonderkreditinstituts** die Kenntnis der zentralen relevanten Aufsichtsgesetze, wie des BWG, des BSpG, des InvFG 2011, des ImmoInvFG, des BMSVG und gegebenenfalls des WAG 2018 sowie der relevanten Bestimmungen des Gesellschaftsrechts vorausgesetzt.

In jedem Fall setzt die fachliche Eignung eines Geschäftsleiters laut FMA-Rundschreiben das **Beherrschen („Kennen und Können")** folgender **Rechtsmaterien** voraus:

- zentrale Bestimmungen der CRR und des BWG, im Besonderen die Bereiche: Allgemeine Bestimmungen, Konzessionsbestimmungen, Ordnungsnormen (Eigenmittelanforderungen, Großkreditbegrenzungen, Liquiditätsanforderungen und dazugehörige Berichtspflichten; Verschuldungsquote, Offenlegungspflichten), Eigentümerbestimmungen und Bewilligungen, Anforderungen an die Leitungsorgane (Geschäftsleitung und Aufsichtsrat) und die internen Kontrollfunktionen (Risikomanagement, Compliance, Interne Revision), Gruppenbetrachtung, Bestimmungen zum Bankgeheimnis, Sorgfaltspflichten, Bestimmungen zum Supervisory Review and Evaluation Process (SREP), Melde- und Anzeigeverpflichtungen;

- EBA BTS und EBA Leitlinien, sofern sie auf die beaufsichtigten Institute anzuwenden sind;

- zentrale Bestimmungen aus der SSM-Verordnung, der SRM-Verordnung und der ESAs-Verordnung betreffend den Aufbau der europäischen Bankenaufsichts- und Abwicklungsarchitektur und die Zuständigkeitsverteilung zwischen EZB und NCAs sowie SRB und NRAs und die Aufgaben und das Mandat der ESAs;

- zentrale Bestimmungen des FM-GwG;

- zentrale Bestimmungen des WiEReG;

- zentrale Bestimmungen des ESAEG;

- zentrale Bestimmungen des VZKG (soweit dieses auf das beaufsichtigte Kreditinstitut anwendbar ist);

- zentrale Bestimmungen des WAG 2018 (soweit dieses auf das beaufsichtigte Kreditinstitut anwendbar ist);

- zentrale Bestimmungen des ZaDiG 2018 (soweit dieses auf das beaufsichtigte Kreditinstitut anwendbar ist);

- zentrale Bestimmungen des PfandBG (soweit dieses auf das beaufsichtigte Kreditinstitut anwendbar ist);

- zentrale Bestimmungen der CRR (im Besonderen die Bereiche: Allgemeine Bestimmungen, Eigenmittel, Eigenmittelanforderungen, Großkredite, Liquidität, Verschuldung und Offenlegung) und der relevanten Delegierten Verordnungen der Kommission zur Ergänzung der CRR;

- zentrale Bestimmungen des BaSAG;

- zentrale Bestimmungen der jeweiligen Sondergesetze, soweit sie auf die Institute anzuwenden sind (bspw BSpG, InvFG 2011, ImmoInvFG, AIFMG oder BMSVG);

- zentrale Bestimmungen des BörseG 2018 und des WAG 2018 einschließlich insb der DelVO (EU) 2017/565 und der VO (EU) Nr 600/2014 (MiFIR) (abhängig von Geschäftsmodell und im Verhältnis zum Tätigkeitsumfang);

- die wesentlichen Inhalte der FMA-Verordnungen (insb KI-RMV, KIM-V), der FMA-Rundschreiben und der FMA-Mindeststandards sowie der FMA-Leitfäden in den genannten Bereichen;

- Grundkenntnisse des Gesellschaftsrechts sowie

- Kenntnis der Satzung des Instituts und der Geschäftsordnungen der Leitungs- bzw Überwachungsgremien.

Die fachliche Eignung umfasst auch die je nach Geschäftsmodell des Unternehmens und unter Berücksichtigung der Zuständigkeiten der betreffenden Person erforderlichen (Fremd)**Sprach(en)kenntnisse**. Zwingend muss jedoch mindestens einer der Geschäftsleiter die deutsche Sprache beherrschen.

Die fachliche Eignung der Geschäftsleiter muss nicht nur zum Zeitpunkt der Bestellung, sondern auch während der Ausübung der Leitungtätigkeit (laufend) vorliegen. Aus diesem Grund sind die Institute angehalten, für das „Training" ihrer Geschäftsleiter im Rahmen **laufender Schulungen** angemessene Human- und Finanzressourcen einzusetzen.

Für die **individuelle Eignungsbeurteilung** soll – neben den umfangreichen fachspezifischen Voraussetzungen – auch ein von der EBA vorgeschlagenes Soft Skill Set (Annex II der Leitlinien) für die Beurteilung der **Fähigkeiten** eines Kandidaten Anwendung finden, das ua folgende Kriterien demonstrativ auflistet: Authentizität, Rhetorik, Entschlussfreudigkeit, Kommunikation, Urteilsvermögen, Kunden- und Qualitätsorientierung, Führungsstil, Loyalität. externe Awareness, Verhandlungsgeschick, Überzeugungskraft, Teamwork, strategischer Scharfsinn, Stressresistenz, Verantwortungsbewusstsein und Sitzungsführung.

Ausreichende zeitliche Verfügbarkeit:

Mit der Umsetzung von Basel III in der EU über die CRD IV wurden die Fit & Proper Anforderungen des BWG für Geschäftsleiter und Aufsichtsräte um die **ausreichende zeitliche Verfügbarkeit** erweitert. Demnach wird von den Organen gefordert, dass sie ausreichend Zeit für die Erfüllung ihrer Aufgaben im Kreditinstitut aufwenden. Im Falle der Ausübung mehrerer Tätigkeiten als Geschäftsleiter oder als Mitglied eines Aufsichtsrates hat der Geschäftsleiter die Umstände im Einzelfall und die Art, den Umfang und die Komplexität der Geschäfte des Kreditinstituts zu berücksichtigen.

Geschäftsleiter von Kreditinstituten, deren **Bilanzsumme 5 Milliarden Euro übersteigt** bzw solchen, die an der Spitze einer **signifikanten** (dh einer EZB-beaufsichtigten) **Bankengruppe** stehen, dürfen insgesamt nur *eine* Tätigkeit in geschäftsführender Funktion sowie *max. zwei* Tätigkeiten als Mitglied eines Aufsichtsrates wahrnehmen.

Für die **Bestimmung der Anzahl der Tätigkeiten** zählen mehrere Funktionen in geschäftsführender Stellung und als Mitglied eines Aufsichtsrates als lediglich eine Tätigkeit, wenn sie

a) innerhalb derselben Gruppe oder innerhalb von verbundenen Unternehmen („Konzernprivileg"),

b) bei Mitgliedern desselben institutsbezogenen Sicherungssystems oder

c) bei Unternehmen, an denen das Kreditinstitut eine qualifizierte Beteiligung (ab 10 %) hält,

erbracht wird.

Mandate in privilegierten qualifizierten Beteiligungen können allerdings nicht etwa mit Gruppenmandaten zusammengefasst werden, sondern sind zusammen als ein zusätzliches Mandat zu zählen.

Tätigkeiten in geschäftsführender Funktion oder als Mitglied eines Aufsichtsrates in Organisationen, die nicht überwiegend gewerbliche Ziele verfolgen, sind in die obige Berechnung nicht einzubeziehen. Die FMA kann auf Antrag eine Überschreitung dieser Begrenzung um eine Tätigkeit als Mitglied eines Aufsichtsrates genehmigen, sie muss aber die EBA über derartige Genehmigungen regelmäßig informieren.

In den **Fit & Proper Hearings der FMA** werden die fachliche Qualifikation und die praktischen Berufserfahrungen einerseits aufgrund der diesbezüglichen Angaben im Lebenslauf sowie der sonstigen, in vorgelegten Unterlagen/Dokumenten enthaltenen Informationen zum beruflichen Werdegang beurteilt, andererseits erfolgt die Überprüfung der fachlich-praxisbezogenen Anforderungen, insbesondere der theoretischen Kenntnisse, im Rahmen eines Fit & Proper Hearings, das in Form einer mündlichen Prüfung durchgeführt wird. Die Zusammenstellung und Schwerpunktsetzung der Testfragen erfolgt **individuell** und gemäß dem **Grundsatz der Proportionalität**, sodass Art, Umfang und Komplexität der Geschäfte sowie die Risikostruktur des Kreditinstituts, in welchem die Geschäftsleiterfunktion angestrebt wird, Berücksichtigung finden.

1.2.2 Fit & Proper Anforderungen an Aufsichtsratsmitglieder (§ 28a Abs 5 BWG)

Anforderungen an die persönliche Zuverlässigkeit, Aufrichtigkeit und Unvoreingenommenheit („Propriety"):

Auch bei Aufsichtsratsmitgliedern dürfen bei deren Bestellung keine der oben für die Geschäftsleiter angeführten **Ausschließungsgründe der GewO** vorliegen. Über das Vermögen des Mitglieds oder eines anderen Rechtsträgers, auf deren Geschäfte das Mitglied maßgebenden Einfluss ausübt oder ausgeübt hat, darf kein Konkurs eröffnet worden sein (ausgenommen, es ist zur Erfüllung eines Sanierungsplans gekommen). Ebenfalls darf kein vergleichbarer Tatbestand im Ausland verwirklicht worden sein.

Das Mitglied muss weiters über geordnete wirtschaftliche Verhältnisse verfügen und es dürfen keine Tatsachen vorliegen, aus denen sich Zweifel über seine persönliche Zuverlässigkeit, Aufrichtigkeit und Unvoreingenommenheit für die Ausübung der Funktion als Mitglied des Aufsichtsrates ergeben.

Gemäß § 23 Abs 6 FM-GwG müssen zudem alle Kreditinstitute vor der Wahl ihrer Aufsichtsräte auf deren **Verbundenheit mit den rechtlichen Werten** achten.

Es wird gefordert, dass alle Aufsichtsratsmitglieder jederzeit über ausreichende Kenntnisse, Fähigkeiten und Erfahrungen verfügen, um gemeinsam in der Lage zu sein („**kollektive Eignung**"), die Geschäftstätigkeiten des jeweiligen Kreditinstituts einschließlich der damit verbundenen Risiken soweit zu verstehen, dass sie die Entscheidungen der Geschäftsleitung überwachen und kontrollieren können.

Für die auch bei Aufsichtsräten geforderten **Unvoreingenommenheit („Independence of mind") und „Unvoreingenommenheit in Bezug auf Interessenkonflikte"** gelten die obigen Ausführungen sinngemäß.

Von der Unvoreingenommenheit zu unterscheiden ist die **Unabhängigkeit von Mitgliedern des Aufsichtsrats**, bei welcher keine aktuellen oder früheren Beziehungen oder Verbindungen mit dem Institut oder seinem Management vorliegen, die das objektive und ausgewogene Urteilsvermögen beeinflussen und die unabhängige Entscheidungsfindung beeinträchtigen könnten. In Kreditinstituten von erheblicher Bedeutung und kapitalmarktorientierten (gelisteten) Instituten muss laut § 28 Abs 5a und 5b BWG eine ausreichende Anzahl von Aufsichtsratsmitgliedern unabhängig sein, in allen anderen Instituten muss mindestens ein Aufsichtsratsmitglied diese Anforderung erfüllen.

Anforderungen an die fachliche Eignung, erforderliche Erfahrung und Fähigkeiten („Fitness"):

Grundsätzlich müssen alle Aufsichtsräte eines Instituts, unabhängig von der jedenfalls erforderlichen persönlichen Zuverlässigkeit, stets auch die notwendige fachliche Qualifikation und Erfahrung aufweisen. In jedem Fall wird die **grundlegende Kenntnis** der für das Institut, in welchem die Aufsichtsfunktion wahrgenommen wird, geltenden **aufsichtsgesetzlichen und -behördlichen Regelungen** verlangt. **Finanztechnisches Fachwissen** (dh Bilanzen, Berichte und Kennzahlen des Instituts verstehen und interpretieren zu können) wird zumindest in jenem Ausmaß gefordert, welches die Person zur Mitwirkung an einer Kollektiventscheidung des gesamten Aufsichtsrates in dem **ihm übertragenen Wirkungsbereich** und zur Überwachung und Kontrolle der Geschäftsleitung beim Betrieb der institutsspezifischen Bankgeschäfte befähigt.

Mitglieder des Aufsichtsrates weisen (mittels Zeugnissen, Diplomen, Besuchsbestätigungen etc über die Absolvierung facheinschlägiger Studien und Lehrgänge bzw externer oder interner Schulungen) nach, dass sie über ausreichende fachliche Kenntnisse, Fähigkeiten und Erfahrungen verfügen, um in der Lage zu sein, die Geschäftstätigkeiten des jeweiligen Instituts einschließlich damit verbundener Risiken soweit zu verstehen, dass sie die **Entscheidungen der Geschäftsleitung hinterfragen, überwachen und kontrollieren** können. Vom Vorhandensein der erforderlichen Qualifikation und Erfahrung ist insbesondere dann auszugehen, wenn das potenzielle Aufsichtsratsmitglied ausreichende Leitungs- bzw Aufsichtserfahrungen im Bankenbereich aufweist (zB frühere/aktuelle Geschäftsleitertätigkeit oder Vorsitzführung im Aufsichtsrat von hinsichtlich Art, Umfang und Komplexität der Geschäfte vergleichbaren Kreditinstituten). Grundlegende Individualkenntnisse, insbesondere in den Bereichen Bankbetrieb, Bankgeschäfte und Recht, sind unerlässlich, um ein ausreichendes Verständnis für Zusammenhänge zu entwickeln, Entscheidungen der Geschäftsleiter und Vorschläge (von Geschäftsleitern, Aufsichtsratsausschüssen, udgl) kritisch und objektiv zu hinterfragen und so aktiv am Entscheidungsfindungs- sowie Abstimmungsprozess teilhaben zu können.

In jedem Fall sind laut FMA-Rundschreiben für einfache Aufsichtsratsmitglieder Grundkenntnisse der **folgenden Rechtsmaterien** erforderlich:

- zentrale Bestimmungen der CRR und des BWG, im Besonderen die Bereiche: Allgemeine Bestimmungen, Konzessionsbestimmungen, Ordnungsnormen (Eigenmittelanforderungen, Großkreditbegrenzungen, Liquiditätsanforderungen und dazugehörige Berichtspflichten; Verschuldungsquote, Offenlegungspflichten), Eigentümerbestimmungen und Bewilligungen, Anforderungen an die Leitungsorgane (Geschäftsleitung und Aufsichtsrat) und die internen Kontrollfunktionen (Risikomanagement, Compliance, Interne Revision), Gruppenbetrachtung, Bestimmungen zum Bankgeheimnis, Sorgfaltspflichten, Bestimmungen zum Supervisory Review and Evaluation Process (SREP), Melde- und Anzeigeverpflichtungen;

- EBA BTS und EBA Leitlinien, sofern sie auf die beaufsichtigten Institute anzuwenden sind;

- zentrale Bestimmungen aus der SSM-Verordnung, der SRM-Verordnung und der ESAs-Verordnung betreffend den Aufbau der europäischen Bankenaufsichts- und Abwicklungsarchitektur und die Zuständigkeitsverteilung zwischen EZB und NCAs sowie SRB und NRAs und die Aufgaben und das Mandat der ESAs;

- zentrale Bestimmungen des FM-GwG;

- zentrale Bestimmungen des WiEReG;

- zentrale Bestimmungen des ESAEG;

- zentrale Bestimmungen des VZKG (soweit dieses auf das beaufsichtigte Kreditinstitut anwendbar ist);

- zentrale Bestimmungen des WAG 2018 (soweit dieses auf das beaufsichtigte Kreditinstitut anwendbar ist);

- zentrale Bestimmungen des ZaDiG 2018 (soweit dieses auf das beaufsichtigte Kreditinstitut anwendbar ist);

- zentrale Bestimmungen des PfandBG (soweit dieses auf das beaufsichtigte Kreditinstitut anwendbar ist);

- zentrale Bestimmungen der CRR (im Besonderen die Bereiche: Allgemeine Bestimmungen, Eigenmittel, Eigenmittelanforderungen, Großkredite, Liquidität, Verschuldung und Offenlegung) und der relevanten Delegierten Verordnungen der Kommission zur Ergänzung der CRR;

- zentrale Bestimmungen des BaSAG;

- zentrale Bestimmungen der jeweiligen Sondergesetze, soweit sie auf die Institute anzuwenden sind (bspw BSpG, InvFG 2011, ImmoInvFG, AIFMG oder BMSVG);

- zentrale Bestimmungen des BörseG 2018 und des WAG 2018 einschließlich insb der DelVO (EU) 2017/565 und der VO (EU) Nr 600/2014 (MiFIR) (abhängig von Geschäftsmodell und im Verhältnis zum Tätigkeitsumfang);

- die wesentlichen Inhalte der FMA-Verordnungen (insb KI-RMV, KIM-V), der FMA-Rundschreiben und der FMA-Mindeststandards sowie der FMA-Leitfäden in den genannten Bereichen;

- Grundkenntnisse des Gesellschaftsrechts sowie

- Kenntnis der Satzung des Instituts und der Geschäftsordnungen der Leitungs- bzw Überwachungsgremien.

Darüber hinaus verfügen Aufsichtsratsmitglieder über Kenntnisse und Verständnis der im Hinblick auf die Funktion eines Aufsichtsorgans besonders relevanten gesellschafts- und aufsichtsrechtlichen Normen (zB betreffend Großkredite, Organgeschäfte und sonstige Geschäfte, welche der Zustimmung des Aufsichtsrates bedürfen).

Die Anforderungen betreffen auch die in den Aufsichtsrat entsandten **Arbeitnehmervertreter**. Die bankinterne Überprüfung und Bestätigung der Eignung hat in diesem Fall der Betriebsrat vorzunehmen.

Auch für Aufsichtsräte sind die von der EBA vorgeschlagenen **Fähigkeiten** in der individuellen Eignungsbeurteilung zu verwenden: Authentizität, Rhetorik, Entschlussfreudigkeit, Kommunikation, Urteilsvermögen, Kunden- und Qualitätsorientierung, Führungsstil,

Loyalität. externe Awareness, Verhandlungsgeschick, Überzeugungskraft, Teamwork, strategischer Scharfsinn, Stressresistenz, Verantwortungsbewusstsein und Sitzungsführung.

Auch einfache Aufsichtsratsmitglieder können zu Fit & Proper Tests der FMA geladen werden.

Ausreichende zeitliche Verfügbarkeit:

§ 28a BWG fordert für die Zwecke der stärkeren Qualifizierung der Organe, dass die Kreditinstitute über angemessene personelle und finanzielle Ressourcen verfügen müssen, um die **Einführung der Geschäftsleiter und der Mitglieder des Aufsichtsrates** oder des sonst laut Gesetz oder Satzung zuständigen Aufsichtsorgans in ihr Amt zu erleichtern und deren **laufende Schulung** sicherzustellen.

Eine weitere Maßnahme, um die Aufsichtsratsmitglieder unabhängiger zu machen, stellt die Regelung dar, dass die Mitglieder des Aufsichtsrates **ausreichend Zeit** für die Erfüllung ihrer Tätigkeit im Kreditinstitut aufwenden müssen. Bei Doppelfunktionen haben die Aufsichtsratsmitglieder die Umstände im Einzelfall und die Art, den Umfang und die Komplexität der Geschäfte sowie der Risikostruktur des Kreditinstituts zu berücksichtigen.

Für Kreditinstitute mit erheblicher Bedeutung (das sind solche mit einer Bilanzsumme von über 5 Milliarden Euro bzw solche, welche die Spitze einer signifikanten, dh EZB-beaufsichtigten, Kreditinstitutsgruppe bilden) bestehen darüberhinaus quantitative **Organkumulationsbeschränkungen**. Soweit sie nicht als Vertreter der Republik Österreich in den Aufsichtsrat entsandt wurden, dürfen Mitglieder des Aufsichtsrates der genannten Kreditinstitute insgesamt nur

- *eine* Tätigkeit in geschäftsführender Funktion in Verbindung mit *zwei* Tätigkeiten als Mitglied eines Aufsichtsrates oder
- insgesamt *vier* Tätigkeiten als Mitglied eines Aufsichtsrates wahrnehmen.

Die **Berechnung der Anzahl der Tätigkeiten** erfolgt analog zu jener der Geschäftsleiter. Dabei gelten folgende Tätigkeiten in geschäftsführender Funktion oder als Mitglied eines Aufsichtsrates:

a) innerhalb derselben Gruppe oder innerhalb von verbundenen Unternehmen oder im Falle einer zusätzlichen Beaufsichtigung gemäß § 6 Abs 1 FKG,

b) bei Mitgliedern desselben institutsbezogenen Sicherungssystems oder

c) bei Unternehmen, an denen das Kreditinstitut eine qualifizierte Beteiligung (ab 10 %) hält,

jeweils als nur *eine* Tätigkeit, wobei Mandate in Beteiligungsunternehmen insgesamt immer als *eine* weitere Tätigkeit gezählt werden.

Tätigkeiten in geschäftsführender Funktion oder als Mitglied eines Aufsichtsrates bei Organisationen, die nicht überwiegend gewerbliche Ziele verfolgen, sind in die obige Berechnung nicht miteinzubeziehen.

Eine Reihe informativer Auslegungen der FMA im Zusammenhang mit den Mandatszusammenrechnungen für die Zwecke der Organkumulationsbeschränkungsregeln finden sich im Fit & Proper Rundschreiben. Die FMA kann auch auf Antrag eine Überschreitung dieser Begrenzung um eine Tätigkeit als Mitglied eines Aufsichtsrates genehmigen. Sie hat die EBA über derartige Genehmigungen regelmäßig zu informieren.

1.2.3 Besondere Anforderungen an Aufsichtsratsvorsitzende (§ 28a BWG)

Anforderungen an die persönliche Eignung und Zuverlässigkeit („Propriety"):

Diesbezüglich ist zunächst die **„Cooling-Off Phase"** des § 28a Abs 1 BWG zu erwähnen, wonach Geschäftsleiter frühestens nach Ablauf von 2 Jahren nach Beendigung ihrer Funktion eine Tätigkeit als Vorsitzender des Aufsichtsrates innerhalb desselben Unternehmens aufnehmen dürfen. Für die Vorsitzfunktion in bestimmten Ausschüssen (wie etwa Prüfungsausschuss, Risikoausschuss oder Vergütungsausschuss) wird diese Cooling-Off Phase sogar auf 3 Jahre ausgedehnt. Gemäß FMA Fit & Proper-Rundschreiben wird die Anwendung der gesetzlichen Cooling-Off Phase für den Aufsichtsratsvorsitzenden auch auf die Funktion des stellvertretenden Vorsitzenden ausgedehnt.

Auch für Aufsichtsratsvorsitzende dürfen bei deren Bestellung keine der oben für die Geschäftsleiter angeführten **Ausschließungsgründe der GewO** vorliegen. Über das Vermögen des Vorsitzenden des Aufsichtsrates als natürliche Person oder eines anderen Rechtsträgers, auf deren Geschäfte dem Vorsitzenden des Aufsichtsrates maßgebender Einfluss zusteht oder zugestanden ist, darf kein Konkurs eröffnet worden sein (ausgenommen, es ist zur Erfüllung eines Sanierungsplans gekommen). Ebenso darf auch kein vergleichbarer Tatbestand im Ausland verwirklicht worden sein. Er muss weiters über geordnete wirtschaftliche Verhältnisse verfügen und es dürfen keine Fakten oder Sachverhalte vorliegen, aus denen sich Zweifel an seiner persönlichen Zuverlässigkeit, Aufrichtigkeit und Unvoreingenommenheit für die Ausübung der Funktion als Vorsitzender des Aufsichtsrates ergeben.

Anforderungen an die fachliche Eignung, erforderliche Erfahrung und Fähigkeiten („Fitness"):

Der Aufsichtsratsvorsitzende muss fachlich geeignet sein und die für die Ausübung seiner Funktion erforderliche Erfahrung besitzen. An die fachliche Eignung des AR-Vorsitzenden werden über die Regeln für AR-Mitglieder (siehe Kapitel 1.2.2) hinaus besondere Anforderungen gestellt. Insbesondere sind angemessene Kenntnisse im Bereich des bankbetrieblichen Finanz- und Rechnungswesens gefordert, und zwar in jener Art und jenem Umfang, wie es der Vorsitzführung des Aufsichtsorgans eines Kreditinstituts angemessen ist. Die Kenntnisse über **Bankgeschäfte** bzw **Bankbetrieb** und einschlägiges **Finanz- und Rechnungswesen** müssen den Vorsitzenden jedenfalls in die Lage versetzen, die Geschäftstätigkeiten des jeweiligen Instituts einschließlich damit verbundener Risiken sowie Inhalt und Bedeutung von Finanz- und Rechnungslegungsunterlagen zu beurteilen.

In jedem Fall ist laut FMA-Rundschreiben für den Aufsichtsratsvorsitzenden das Beherrschen („Kennen" und „Können") der **folgenden Rechtsmaterien** erforderlich:

- zentrale Bestimmungen der CRR und des BWG, im Besonderen die Bereiche: Allgemeine Bestimmungen, Konzessionsbestimmungen, Ordnungsnormen (Eigenmittelanforderungen, Großkreditbegrenzungen, Liquiditätsanforderungen und dazugehörige Berichtspflichten; Verschuldungsquote, Offenlegungspflichten), Eigentümerbestimmungen und Bewilligungen, Anforderungen an die Leitungsorgane (Geschäftsleitung und Aufsichtsrat) und die internen Kontrollfunktionen (Risikomanagement, Compliance, Interne Revision), Gruppenbetrachtung, Bestimmungen zum Bankgeheimnis, Sorgfaltspflichten, Bestimmungen zum Supervisory Review and Evaluation Process (SREP), Melde- und Anzeigeverpflichtungen;

- EBA BTS und EBA Leitlinien, sofern sie auf die beaufsichtigten Institute anzuwenden sind;

- zentrale Bestimmungen aus der SSM-Verordnung, der SRM-Verordnung und der ESAs-Verordnung betreffend den Aufbau der europäischen Bankenaufsichts- und Abwicklungsarchitektur und die Zuständigkeitsverteilung zwischen EZB und NCAs sowie SRB und NRAs und die Aufgaben und das Mandat der ESAs;

- zentrale Bestimmungen des FM-GwG;

- zentrale Bestimmungen des WiEReG;

- zentrale Bestimmungen des ESAEG;

- zentrale Bestimmungen des VZKG (soweit dieses auf das beaufsichtigte Kreditinstitut anwendbar ist);

- zentrale Bestimmungen des WAG 2018 (soweit dieses auf das beaufsichtigte Kreditinstitut anwendbar ist);

- zentrale Bestimmungen des ZaDiG 2018 (soweit dieses auf das beaufsichtigte Kreditinstitut anwendbar ist);

- zentrale Bestimmungen des PfandBG (soweit dieses auf das beaufsichtigte Kreditinstitut anwendbar ist);

- zentrale Bestimmungen der CRR (im Besonderen die Bereiche: Allgemeine Bestimmungen, Eigenmittel, Eigenmittelanforderungen, Großkredite, Liquidität, Verschuldung und Offenlegung) und der relevanten Delegierten Verordnungen der Kommission zur Ergänzung der CRR;

- zentrale Bestimmungen des BaSAG;

- zentrale Bestimmungen der jeweiligen Sondergesetze, soweit sie auf die Institute anzuwenden sind (bspw BSpG, InvFG 2011, ImmoInvFG, AIFMG oder BMSVG);

- zentrale Bestimmungen des BörseG 2018 und des WAG 2018 einschließlich insb der DelVO (EU) 2017/565 und der VO (EU) Nr 600/2014 (MiFIR) (abhängig von Geschäftsmodell und im Verhältnis zum Tätigkeitsumfang);

- die wesentlichen Inhalte der FMA-Verordnungen (insb KI-RMV, KIM-V), der FMA-Rundschreiben und der FMA-Mindeststandards sowie der FMA-Leitfäden in den genannten Bereichen;

- Grundkenntnisse des Gesellschaftsrechts sowie

- Kenntnis der Satzung des Instituts und der Geschäftsordnungen der Leitungs- bzw Überwachungsgremien.

Darüber hinaus kennt und versteht er die im Hinblick auf die (Vorsitz)Funktion eines Aufsichtsorgans besonders relevanten gesellschafts- und aufsichtsrechtlichen Normen (zB betreffend Großkredite, Organgeschäfte und sonstige Geschäfte, welche der Zustimmung des Aufsichtsrates bedürfen; die interne Revision mit ihren Berichtspflichten an den Aufsichtsratsvorsitzenden, oder die Bankprüfung betreffenden Bestimmungen mit der entsprechenden Berichterstattung, gegebenenfalls auch die Regelungen zum Ausschusswesen).

Unter „fachlicher Eignung" sind das durch einschlägige Aus- und Weiterbildung erworbene **theoretische Fachwissen und das im Rahmen der beruflichen** Tätigkeit angeeignete **praktische Wissen** und die Fähigkeiten zu verstehen, die für die Aufsicht des betreffenden Kreditinstituts angebracht sind. Die (bank-)theoretischen Kenntnisse können durch die erfolgreiche Absolvierung einschlägiger Studien und Lehrgänge bzw externer oder interner Schulungen erworben und durch entsprechende Unterlagen (zB Diplome, Besuchsbestätigungen, Zeugnisse etc) nachgewiesen werden.

Im Unterschied zur fachlichen Eignung, wo die Ausbildung und das hierdurch erworbene theoretische Fachwissen im Vordergrund stehen, betreffen die „erforderlichen Erfahrungen" praxisbezogene Kenntnisse des Aufsichtsratsvorsitzenden, wie insbesondere das Beherrschen konkreter Abläufe, die es ihm erlauben, Entscheidungen der Geschäftsleitung konstruktiv zu hinterfragen und diese wirksam zu beaufsichtigen.

Auch die fachliche Eignung des Aufsichtsratsvorsitzenden muss nicht nur zum Zeitpunkt der Bestellung, sondern auch für den gesamten Zeitraum, in welchem die Tätigkeit ausgeübt wird, gegeben sein. Aus diesem Grund sind die Institute angehalten (siehe oben: Geschäftsleiter), auch für das „Training" der Aufsichtsratsvorsitzenden im Rahmen **laufender Schulungen** angemessene Human- und Finanzressourcen einzusetzen.

Unabhängigkeitsanforderungen für den Aufsichtsrat (§ 28a Abs 5a und 5b BWG)

Unabhängige Mitglieder spielen eine wichtige Rolle in Bezug auf die Wahrung der Interessen aller Stakeholder und von Minderheitsaktionären, die Beseitigung von Dominanz in der Entscheidungsfindung durch eine kleine Gruppe sowie das Steuern von Interessenkonflikten. Die Anforderungen zur Unabhängigkeit im Aufsichtsrat und die diesbezüglichen Kriterien sind ab 1. Jänner 2019 in § 28a Abs 5a und 5b BWG gesetzlich normiert. Demnach benötigen Kreditinstitute von erheblicher Bedeutung (im Wesentlichen sind das solche mit einer Bilanzsumme größer 5 Milliarden Euro) oder kapitalmarktorientierte Institute (gelistete Institute) mindestens zwei unabhängige Mitglieder im Aufsichtsrat. Alle anderen Institute benötigen mindestens ein unabhängiges Mitglied. Eine Ausnahmebestimmung besteht für (Immobilien-)Kapitalanlagegesellschaften, Betriebliche Vorsorgekassen und Kreditinstitute, deren Anteile zu 100% im Eigentum eines anderen österreichischen Kreditinstituts stehen (wenn diese nicht wiederum selbst von erheblicher Bedeutung oder kapitalmarktorientiert sind).

Depotbanken für Kapitalanlagefonds und Kapitalanlagegesellschaften haben zusätzlich die Vorgaben der delegierten Verordnung (EU) 2016/438 zu beachten. Diese regelt spezifische Unabhängigkeitsanforderungen (in Bezug auf Verbindungen zur Verwaltungsgesellschaft bzw zur Depotbank sowie in Bezug auf Verbindungen zur Gruppe) für eine bestimmte Anzahl von Aufsichtsratsmitgliedern (Drittel-Regelung).

Im Wesentlichen werden unter **unabhängigen Personen** solche ohne aktuelle oder vergangene (geschäftliche) Verbindung zum Institut und den kontrollierenden Eigentümern bzw ohne Funktion innerhalb derselben Gruppe verstanden. Ein Aufsichtsratsmitglied, das bereits durchgehend seit 12 Jahren in der Geschäftsleitung oder im Aufsichtsrat tätig ist, gilt nicht mehr als unabhängig. Das Unabhängigkeitskriterium ist nur für die Kapitalvertreter zu erfüllen, auf die Anzahl der unabhängigen Aufsichtsratsmitglieder im Plenum sind **Arbeitnehmervertreter nicht anzurechnen**.

Konkret gilt gemäß § 28a Abs 5b BWG ein Mitglied des Aufsichtsrats dann nicht als unabhängig, wenn es

- in den letzten fünf Jahren Geschäftsleiter des betreffenden Kreditinstituts oder eines Kreditinstituts innerhalb der Gruppe, der das betreffende Kreditinstitut angehört, war;

- ein beherrschender Anteilseigner gemäß Art 22 Abs 1 der Richtlinie 2013/34/EU oder ein Vertreter dessen Interessen ist, auch wenn der beherrschende Anteilseigner die Republik Österreich oder eine inländische Körperschaft öffentlichen Rechts ist;

- eine wesentliche finanzielle oder geschäftliche Beziehung mit dem betreffenden Kreditinstitut hat;

- ein Angestellter des beherrschenden Anteilseigners ist oder eine andere wesentliche Geschäftsbeziehung mit dem beherrschenden Anteilseigner unterhält;

- ein Angestellter des betreffenden Kreditinstituts oder eines Unternehmens innerhalb der Gruppe, der das betreffende Kreditinstitut angehört, ist, es sei denn,

  a) das Mitglied ist nicht Teil des höheren Managements gemäß § 2 Z 1b des betreffenden Kreditinstituts und

  b) das Mitglied wurde gemäß § 110 ArbVG in den Aufsichtsrat entsandt;

- in den letzten drei Jahren Teil des höheren Managements gemäß § 2 Z 1b innerhalb des betreffenden Kreditinstituts oder eines Unternehmens innerhalb der Gruppe, der das betreffende Kreditinstitut angehört, war;

- in den letzten drei Jahren Bankprüfer des betreffenden Kreditinstituts oder eines anderen Unternehmens innerhalb der Gruppe, der das betreffende Kreditinstitut angehört, war, oder den Bestätigungsvermerk unterschrieben hat oder in beratender Funktion von wesentlichem Ausmaß für das betreffende Kreditinstitut oder ein anderes Unternehmen innerhalb der Gruppe, der das betreffende Kreditinstitut angehört, tätig war;

- im letzten Jahr ein wesentlicher Vertragspartner des betreffenden Kreditinstituts oder eines Unternehmens innerhalb der Gruppe, der das betreffende Kreditinstitut angehört, war oder mit diesem wesentlichen Vertragspartner im letzten Jahr eine wesentliche Geschäftsbeziehung unterhalten hat;

- zusätzlich zu seiner Vergütung für seine Funktion als Aufsichtsratsmitglied des Kreditinstituts oder aus der finanziellen oder geschäftlichen Beziehung weitere Zahlungen in wesentlicher Höhe oder andere wesentliche Vorteile seitens des Kreditinstituts oder eines Unternehmens innerhalb der Gruppe erhält;

- über einen Zeitraum von mindestens 12 aufeinander folgenden Jahren Geschäftsleiter oder Mitglied des Aufsichtsrats des betreffenden Kreditinstituts war;

Das bloße **Zutreffen eines der Kriterien** auf ein Mitglied des Aufsichtsrats bedeutet, dass dieses erste Mitglied als nicht unabhängig zu betrachten ist. Beim zweiten Mitglied gelten die Kriterien als widerlegbare Vermutung: das Kreditinstitut kann der zuständigen Aufsichtsbehörde (FMA bzw EZB) nachweisen, dass trotz Vorliegens der genannten Kriterien das Mitglied des Aufsichtsrats nach wie vor als unabhängig angesehen werden kann („Freibeweis" nach § 28a Abs 5c BWG).

Die erforderliche Anzahl unabhängiger Mitglieder ist laut einer Übergangsbestimmung ab 1. Juli 2019 zu erfüllen, wenn sich die Zusammensetzung des Aufsichtsrats seit der Kundmachung des Gesetzes (14. Juni 2018) nicht geändert hat. Diese **Übergangsregel** soll den Instituten ermöglichen, die erforderliche personelle Zusammensetzung des Aufsichtsrats in den Hauptversammlungen im ersten Halbjahr 2019 herstellen zu können.

Im **FMA-Fit & Proper Rundschreiben** finden sich weitere interessante Umsetzungshinweise und Interpretationen zu den Unabhängigkeitskriterien und zur aufsichtlich erwünschten Zusammensetzung der Ausschüsse.

So wird etwa die wesentliche Geschäftsbeziehung insbesondere bei Beteiligungen an dem Institut sowie sonstigen Investitionen oder andere Verflechtungen, die ein nicht unbedeutendes wirtschaftliches Interesse für das Mitglied oder das Institut darstellen, gesehen. Bankgeschäfte des täglichen Lebens, die zu fremdüblichen Konditionen abgeschlossen werden, sowie fremdübliche Kredite bis zu einer Höhe von EUR 200.000 gelten nicht als wesentlich. Seitens des Instituts ist eine Geschäftsbeziehung jedenfalls dann als wesentlich einzustufen, wenn sie einen Wert von 1% der anrechenbaren Eigenmittel des Instituts erreicht. Sofern dieser Prozentsatz nicht den Wert von EUR 200.000 erreicht, so gilt diese Summe. Eine geschäftliche Beziehung kann aus Sicht der FMA jedoch auch aus nicht monetären Gründen als wesentlich angesehen werden, insbesondere dann, wenn sie eine Auswirkung auf die Reputation, das finanzielle Fortkommen oder das Ansehen der Vertragspartner haben kann.

Eine wesentliche Vertragspartnerschaft, die die Unabhängigkeit ausschließt, kann sich laut FMA auch aufgrund von sektoralen Vertragsbeziehungen, wie beispielsweise einer IPS-Mitgliedschaft, ergeben.

Weitere spezifische Governance-Vorgaben im BWG betreffen den Risikoausschuss und den Vergütungsausschuss systemrelevanter Banken, in dem die Mehrheit (darunter auch der Vorsitzende des Ausschusses) aus unabhängigen Mitgliedern bestehen muss, wobei gemäß den Erläuternden Bemerkungen bei einer geraden Anzahl an Mitgliedern auch die Hälfte ausreichend ist. Nach den EBA Leitlinien zur Internen Governance und den Interpretationen der FMA in ihrem Fit & Proper Rundschreiben müssen bei Kreditinstituten von erheblicher Bedeutung mindestens 2 Mitglieder, die die Unabhängigkeitsanforderungen erfüllen, darunter auch der Vorsitzende, in den beiden Ausschüssen vertreten sein. Allerdings können auch ArbeitnehmervertreterInnen für Ausschüsse als unabhängig gelten.

1.2.4 Anforderungen an Schlüsselfunktionsinhaber

Als **Inhaber von Schlüsselfunktionen** sind zB die Leiter wichtiger Geschäftsfelder bzw -bereiche, Hauptverantwortliche der internen Kontrollfunktionen (wie insbesondere der Leiter der Internen Revision, der Leiter der Risikomanagementabteilung, der Leiter des Rechnungswesens, der BWG-Compliance Officer, der WAG-Compliance Officer und der Geldwäschebeauftragte), die Geschäftsleiter bedeutender Zweigstellen im Sinne des § 18 BWG und der gruppenangehörigen Tochterunternehmen anzusehen.

Sie müssen **persönlich zuverlässig** und unter angemessener Berücksichtigung der Art, des Umfangs und der Komplexität der Geschäfte des Instituts sowie der Zuständigkeiten der betreffenden Position **fachlich geeignet** sein und **ausreichende Erfahrung** aufweisen. Darauf ist sowohl bei ihrer Bestellung als auch im Rahmen der laufenden Kontrolle zu achten. Auch Inhaber von Schlüsselfunktionen können zu Fit & Proper Tests in die FMA geladen werden.[1]

Für die **aufsichtsrechtlich geregelten Schlüsselfunktionen** (Leiter Interne Revision, Geldwäschebeauftragter, Leiter der Risikomanagementabteilung, Compliance Beauftragter, etc) existieren gesetzliche und/oder in Rundschreiben oder Mindeststandards festgelegte Anforderungen. Primär liegt es jedoch an den Kreditinstituten, die Eignungskriterien für ihre Inhaber von Schlüsselfunktionen unter Berücksichtigung der konkreten Funktion, des Geschäftsmodells sowie der Art, Umfang und Komplexität der betriebenen Bankgeschäfte festzulegen und laufend zu kontrollieren.

So haben beispielsweise Kredit- und Finanzinstitute gemäß § 42 BWG eine **Interne Revision** einzurichten. Diese untersteht unmittelbar den Geschäftsleitern und dient ausschließlich der laufenden und umfassenden Prüfung der Gesetz-, Ordnungs- und Zweckmäßigkeit des Unternehmens. Die Interne Revision muss unter Bedachtnahme auf den Geschäftsumfang des Institutes so ausgestattet sein, dass sie ihre Aufgaben zweckentsprechend erfüllen kann.

Mit Aufgaben der Internen Revision dürfen Personen, bei denen **Ausschließungsgründe** vorliegen, nicht betraut werden. Nach § 42 Abs 2 BWG versteht man darunter Umstände,

---

1   Vgl FMA Fit & Proper-Rundschreiben Rz 84.

welche die ordnungsgemäße Wahrnehmung der Aufgaben der Internen Revision als nicht wahrscheinlich erscheinen lassen. Ausschließungsgründe liegen insbesondere vor, wenn

- den betroffenen Personen die erforderliche Sachkenntnis und Erfahrung im Bankwesen fehlen und
- die objektive Wahrnehmung der Funktion beeinträchtigt sein kann, insbesondere, wenn die betroffenen Personen gleichzeitig zum Bankprüfer bei demselben Kreditinstitut bestellt sind.[2]

> **Die formalen Fit & Proper Anforderungen, wie sie für Geschäftsleiter und Aufsichtsräte gelten (zB Ausschließungsgründe nach der GewO, geordnete wirtschaftliche Verhältnisse, etc), gelten auch für bestimmte Leiter von Kontrollfunktionen (Leiter der Risikomanagementabteilung, Leiter der BWG-Compliance-Funktion, Leiter der Internen Revision).**

1.3 Ablauf der Fit & Proper Hearings bei der FMA

Seit dem Jahr 2012 ist die österreichische FMA als Vorreiterin unter den europäischen Aufsichtsbehörden bezüglich der Beurteilung der **fachlichen Eignung** von Geschäftsleitern und Aufsichtsratsvorsitzenden auf ein deutlich strengeres Prüfungsverfahren übergegangen. Neu bestellte Organe (insbesondere Geschäftsleiter und Aufsichtsratsvorsitzende), und neuerdings auch bestehende Funktionsträger im Rahmen von sogenannten Reassessments, werden zu einem **Hearing** eingeladen, in dessen Rahmen die für das jeweilige Unternehmen erforderlichen theoretischen Kenntnisse abgeprüft werden.

Standardmäßig werden hierzu Geschäftsleiter und Aufsichtsratsvorsitzende eingeladen, welche zuvor noch nie in einer ähnlichen Funktion tätig waren. Mitunter trifft eine Einladung zur Prüfung allerdings auch amtierende Funktionsträger, einfache Aufsichtsratsmitglieder oder Inhaber von Schlüsselfunktionen, insbesondere bei Anlassfällen für eine Reevaluierung, bei stichprobenartigen Reassessments oder wenn die einschlägige Erfahrung aus dem Lebenslauf nicht auf den ersten Blick erkennbar ist.

Wieviel **Vorlaufzeit** zwischen Bestellung und dem vereinbarten Prüfungstermin zur Verfügung steht, hängt vor allem vom Zeitpunkt des Wirksamwerdens der Bestellung ab. Im Durchschnitt liegen zwischen der erfolgten Anzeige über die Bestellung und dem Hearingtermin circa 4-6 Wochen, bei sofortigem Amtsantritt oder bei entsprechender Vereinbarung mit der FMA kann diese Zeitspanne auch kürzer oder länger sein.

Die **Stoffabgrenzung** für Organe von Kreditinstituten ist – wie oben anhand der Anforderungskriterien deutlich wird – sehr umfassend. Die tatsächlich abgefragten Wissensgebiete und der erwartete Detaillierungsgrad zeigen sich anhand der Erfahrungen vergangener Fit & Proper Hearings. Die Praxis der FMA ist Prüfer- und bereichsübergreifend unterschiedlich geprägt und wird offenbar institutsspezifisch individualisiert. Wurde im Bankenaufsichtsbereich vor allem zu Beginn der Einführung des standardisierten Prüfungsverfahrens bei Geschäftsleitern großer Universalbanken die Beantwortung von 5-6 allgemeinen Fragen (Achtung, Bausparkassen!) mitunter als ausreichend erachtet, so erhielten andere Prüfungskandidaten von kleinen Spezialbanken auch bereits 25-30 detaillierte Fragen. Als

---

2   Vgl § 42 Abs 2 Z 1, 2 BWG.

besonders anspruchsvolle Prüfungen (inkl Trickfragen und vielen Detailfragen) sind jene für Geschäftsleiter von Kapitalanlagegesellschaften zu beobachten.

Im Zuge des Prüfungsgesprächs wird auch auf die **individuelle Situation des Unternehmens** sowie auf **aktuelle aufsichtsrechtliche Entwicklungen** eingegangen. In letzter Zeit werden vermehrt Fragen zum **„Know your structure"**-Grundsatz gestellt, dh, die Kandidaten müssen nicht nur ihr theoretisches Wissen unter Beweis stellen, sondern müssen auch gut über die Aufbau- und Ablauforganisation, jüngere aufsichtsrechtlich relevante Entwicklungen, wichtige Dokumente (zB Risikostrategie, ICAAP-Bericht, SREP, Geldwäsche-Risikoanalyse, Vergütungspolitik oder Sanierungsplan), allfällige Prüfberichte und deren Mängelabarbeitungsstand, aktuelle Entwicklungen, Berichte des Bankprüfers, etc Bescheid wissen.

Bei der Prüfung darf in den meisten Fällen der **Gesetzestext verwendet** werden, allerdings sollte sich der Kandidat nicht allzu lange im Inhaltsverzeichnis aufhalten, denn das gezielte Aufschlagen der Fundstelle zur gefragten Bestimmung ist erwünscht.

Bei (teilweisem) **Nichtbestehen der Prüfung** darf der Test wiederholt werden. Ist auch der Wiederholungstermin nicht erfolgreich, geht die FMA von einer nicht vorliegenden fachlichen Eignung aus und geht anhand des aufsichtsrechtlichen Maßnahmeninstrumentariums vor.

Alles in allem kann jedoch gesagt werden, dass die Fit & Proper Prüfungen bei der FMA in einer fairen Atmosphäre abgehalten werden und dass der Detaillierungsgrad der Prüfungsfragen regelmäßig als angemessen zu bezeichnen ist. Daher sind die Prüfungen bei entsprechender praktischer Vorbildung und einem gewissen Maß an theoretischer Vorbereitung leicht zu bewältigen. Durch gezielte Vorbereitung in Form einer Auffrischung des wesentlichen fachlichen Kernstoffs samt Einprägen gewisser aufsichtsgesetzlicher Formulierungen können Prüfkandidaten den Erfolg der Prüfung sicherstellen.

Fit & Proper Selbsttest:

- Welche Konzessionsanforderungen müssen Geschäftsleiter laut BWG erfüllen? Welche Ausschließungsgründe gibt es?

- Welche Pflichten treffen Kreditinstitute bei der Umsetzung der Fit & Proper Anforderungen?

- Wie viele Mandate dürfen Sie als Geschäftsleiter/Aufsichtsratsvorsitzender insgesamt innehaben?

- Wieviele unabhängige Aufsichtsräte benötigt eine Bank?

- Wie viele Jahre müssen zwischen Beendigung der Tätigkeit als Geschäftsleiter und dem Beginn einer Tätigkeit als Vorsitzender des Aufsichtsrates desselben Instituts liegen?

- Dürfen Sie als Geschäftsleiter gleichzeitig auch Vorstand einer Versicherung sein?

- Welche Ausschließungsgründe müssen bei Personen geprüft werden, die mit Aufgaben der Internen Revision betraut werden sollen?

2 Allgemeine Bestimmungen des BWG (§§ 1 - 3 BWG)

Empfohlene Literatur, Gesetzesstellen und FMA-Dokumente:

§ 1   BWG   *Kredit- und Finanzinstitute*

§ 2   BWG   *Begriffsbestimmungen*

§ 3   BWG   *Ausnahmen*

Ein **Kreditinstitut** ist ein Unternehmen, das dazu berechtigt ist, Bankgeschäfte zu betreiben. Bankgeschäfte im Sinne des § 1 Abs 1 BWG sind folgende Tätigkeiten, soweit sie gewerblich durchgeführt werden:

• Einlagengeschäft (Z 1)	• Garantiegeschäft (Z 8)	• Kapitalfinanzierungsgeschäft (Z 15)
• Girogeschäft (Z 2)	• Wertpapieremissionsgeschäft: Pfandbriefe (Z 9)	• Factoringgeschäft (Z 16)
• Kreditgeschäft (Z 3)	• Sonstiges Wertpapieremissionsgeschäft (Z 10)	• Geldmaklergeschäfte am Interbankenmarkt (Z 17)
• Diskontgeschäft (Z 4)	• Loroemissionsgeschäft (Z 11)	• Vermittlung bestimmter Geschäfte wie Firmenkredite, Einlagen, Devisen, Garantien (Z 18)
• Depotgeschäft (Z 5)	• Bauspargeschäft (Z 12)	• Betriebliches Vorsorgekassengeschäft (Z 21)
• Ausgabe und Verwaltung von Zahlungsmitteln wie bspw Kreditkarten (Z 6)	• Investmentgeschäft (Z 13)	• Wechselstubengeschäft (Z 22)
• Handel mit Devisen- und Finanzinstrumenten (Effektengeschäft) (Z 7)	• Immobilienfondsgeschäft (Z 13a)	
• Warenderivatehandel (Z 7a)		

Der **österreichische Kreditinstitutsbegriff** ist im Vergleich zur europäischen Definition (siehe CRR-Begriffsdefinitionen sogleich unten) breiter gefasst. So kommt es, dass eine Vielzahl von Unternehmen, welche in anderen europäischen Ländern bloß Finanzinstitute oder sonstige Unternehmen sind, in Österreich unter den Kreditinstitutsbegriff fallen und damit dem strengen bankenaufsichtlichen Regelungsregime unterliegen.

Die oben angeführten Bankgeschäfte können **institutsspezifisch angepasst** werden, zB Einlagengeschäft, das nur zur Entgegennahme von Interbankeinlagen berechtigt.

Ein **Finanzinstitut** ist, wer kein Kreditinstitut im Sinne des § 1 Abs 1 BWG darstellt und berechtigt ist, eine oder mehrere der folgenden Tätigkeiten gewerbsmäßig durchzuführen (sofern diese als Haupttätigkeit betrieben werden). Hierzu zählen:[3]

• Abschluss von Leasingverträgen (Z 1)	• Erbringung von Schließfachverwaltungsdiensten (Z 6)
• (M&A-) Beratung von Unternehmen (Z 3)	• Erbringung von Zahlungsdiensten gemäß ZaDiG 2018 (Z 7)
• Erteilung von Handelsauskünften (Z 5)	• Ausgabe von E-Geld gemäß § 1 Abs 1 E-Geldgesetz (Z 8)

Kreditinstitute dürfen zudem gemäß der sogenannten **Legalkonzession** des § 1 Abs 3 BWG alle sonstigen Tätigkeiten ausüben, die in unmittelbarem Zusammenhang mit der Banktätigkeit laut dem jeweiligen Konzessionsumfang stehen oder Hilfstätigkeiten in Bezug auf diese darstellen. Diesbezüglich sind insbesondere die Vermittlung von Bausparverträgen, Unternehmen und Betrieben, von Investmentfondsanteilen, von Eigenmittelanteilen, die Erbringung von Dienstleistungen im Bereich der automatischen Datenverarbeitung sowie der Vertrieb von Kreditkarten, und der Handel mit Münzen und Medaillen anzuführen. Außerdem können unter Rückgriff auf die Legalkonzession die Geschäfte von Finanzinstituten, das Wechselstubengeschäft, Zahlungsdienste gemäß ZaDiG 2018 und Finanztransfergeschäfte und der Betrieb von Zahlungssystemen sowie Wertpapierdienstleistungen gemäß WAG 2018 ausgeübt bzw angeboten werden.

Hinweis für Fit & Proper Tests:

Fit & Proper Prüfungskandidaten sollten den **Berechtigungsumfang** (Konzession und Legalkonzession) des eigenen Instituts auswendig können. Die Abfrage der Konzession ist für alle konzessionierten Unternehmen in Österreich aus der Unternehmensdatenbank der FMA (www.fma.gv.at) möglich.

---

3   Vgl § 1 Abs 2 BWG.

Ausnahmen:

Von den Bestimmungen des BWG ausgenommen sind ua:[4]

- die Oesterreichische Nationalbank (Z 1),
- Zentrale Gegenparteien (Z 2),
- die Post hinsichtlich ihres Geldverkehrs (Z 3),
- Gebietskörperschaften, soweit sie aufgrund einer bundes- oder landesgesetzlichen Ermächtigung Kredite oder Darlehen mit Förderungscharakter vergeben (Z 4),
- Börsesensale (Z 5),
- Fördergesellschaften, an denen öffentlich-rechtliche Körperschaften (zu mind 20 %) sowie ansonsten nur Kreditinstitute und Versicherungsgesellschaften beteiligt sind,
- die Oesterreichische Kontrollbank in Bezug auf Geschäfte im Rahmen der Ausfuhrförderung.

Der § 1a BWG verweist nun auch auf die Begriffe des CRR-Kreditinstituts bzw CRR-Finanzinstituts gemäß Artikel 4 der CRR:

- Ein **CRR-Kreditinstitut** ist ein Unternehmen, dessen Tätigkeit darin besteht, Einlagen oder andere rückzahlbare Gelder des Publikums entgegenzunehmen und Kredite auf eigene Rechnung zu gewähren.[5]

- Ein **CRR-Finanzinstitut** ist ein Unternehmen, das kein Kreditinstitut ist und dessen Haupttätigkeit darin besteht, Beteiligungen zu erwerben oder eines bzw mehrere der folgenden Geschäfte zu betreiben:

    - Darlehensgeschäft
    - Finanzierungsleasing
    - bestimmte Zahlungsdienste
    - Ausgabe und Verwaltung anderer Zahlungsmittel
    - Bürgschaften und Kreditzusagen
    - Handel für eigene Rechnung oder im Kundenauftrag mit Geldmarktinstrumenten, Devisen, Terminkontrakten, Wertpapieren und Wechselkurs- und Zusatzinstrumente
    - Teilnahme an Wertpapieremissionen und Bereitstellung einschlägiger Dienstleistungen
    - Beratung über Kapitalstruktur, Strategie und M & A
    - Geldmaklergeschäfte
    - Portfolioverwaltung und -beratung
    - Wertpapieraufbewahrung und -verwaltung
    - Ausgabe von E-Geld

---

4   Vgl § 3 Abs 1 BWG.
5   An dieser Stelle sei angemerkt, dass die FMA die Begriffe „Einlagengeschäft" und „Kreditgewährung" sehr weit auslegt, sodass tatsächlich viele andere Bankgeschäfte darunter subsumiert werden.

Fit & Proper Selbsttest:

- Wozu ist Ihr Kreditinstitut (nicht) berechtigt?

- Welche Tätigkeiten können nach § 1 Abs 2 BWG von einem Finanzinstitut betrieben werden?

- Was ist unter der „Legalkonzession" zu verstehen?

- Was unterscheidet den österreichischen vom europäischen Kreditinstituts-begriff?

3 Konzessionsbestimmungen des BWG (§§ 4 – 8 BWG)

Empfohlene Literatur, Gesetzesstellen und FMA-Dokumente:

§ 4   BWG   *Konzessionserteilung*

§ 5   BWG   *Konzessionsvoraussetzungen*

§ 6   BWG   *Konzessionszurücknahme*

§ 7   BWG   *Erlöschen der Konzession*

Der Betrieb der in § 1 Abs 1 BWG genannten Bankgeschäfte bedarf der Konzession der Finanzmarktaufsichtsbehörde (FMA). Die **Konzessionsvoraussetzungen** sind in § 5 Abs 1 BWG definiert und lassen sich in institutsbezogene und personenbezogene Voraussetzungen gliedern.

Institutsbezogene Voraussetzungen sind ua:

- der Betrieb in der Rechtsform einer Kapitalgesellschaft, Genossenschaft oder Sparkasse,

- eine Satzung, die keine Bestimmungen enthält, die die Sicherheit der dem Kreditinstitut anvertrauten Vermögenswerte oder die ordnungsgemäße Durchführung der Geschäfte nicht gewährleisten,

- keine engen Verbindungen des Kreditinstitutes mit anderen natürlichen oder juristischen Personen bei denen Rechts- und Verwaltungsvorschriften eines Drittlandes die FMA an der Erfüllung ihrer Aufsichtspflichten hindern würden,

- ein Anfangskapital in Höhe von mindestens 5 Millionen Euro, das den Geschäftsleitern unbeschränkt und ohne Belastung im Inland zur freien Verfügung steht und

- den Sitz der Hauptverwaltung im Inland.

Personenbezogene Voraussetzungen (darunter fallen auch die bereits oben angeführten Fit & Proper Voraussetzungen für Geschäftsleiter) sind ua:

- es darf bei keinem Geschäftsleiter ein Ausschließungsgrund im Sinne der GewO vorliegen und es darf kein Konkurs eröffnet worden sein,

- die Geschäftsleiter müssen über geordnete wirtschaftliche Verhältnisse verfügen und es dürfen keine Tatsachen vorliegen, aus denen sich Zweifel an ihrer persönlichen, für den Betrieb der Geschäfte notwendigen Zuverlässigkeit, Aufrichtigkeit und Unvoreingenommenheit ergeben,

- die Geschäftsleiter müssen aufgrund ihrer Vorbildung fachlich geeignet sein und die für den Betrieb des Kreditinstitutes erforderlichen Erfahrungen aufweisen. Die fachliche Eignung eines Geschäftsleiters setzt voraus, dass dieser in ausreichendem Maße theoretische und praktische Kenntnisse in den beantragten Geschäften und Leitungserfahrung besitzt,

- mindestens ein Geschäftsleiter muss den Mittelpunkt seiner Lebensinteressen in Österreich haben,

- mindestens ein Geschäftsleiter muss die deutsche Sprache beherrschen,

- das Kreditinstitut muss mindestens zwei Geschäftsleiter haben und in der Satzung muss eine Einzelvertretungsmacht ausgeschlossen sein,

- kein Geschäftsleiter darf einen anderen Hauptberuf außerhalb des Bank- bzw Finanzwesens ausüben und

- Personen, die eine qualifizierte Beteiligung am Kreditinstitut halten (Eigentümer), müssen den im Interesse einer soliden und umsichtigen Führung geforderten Ansprüchen genügen, und es dürfen keine Sachverhalte vorliegen, aus denen sich Zweifel an der persönlichen Zuverlässigkeit dieser Personen ergeben.

Wesentlich ist, dass die Konzessionsvoraussetzungen sowohl bei der erstmaligen Konzessionierung und bei einer etwaigen Konzessionserweiterung sowie auch sonst zu jeder Zeit gegeben sein müssen.

Unter bestimmten Umständen hat die FMA die Möglichkeit, eine **Konzessionsrücknahme** durchzuführen, beispielsweise wenn der Geschäftsbetrieb, auf den sie sich bezieht, mehr als **sechs Monate** lang nicht mehr ausgeübt worden ist.

Die Gründe für das **Erlöschen einer Konzession** sind in § 7 Abs 1 BWG genannt. Ein Erlöschensgrund könnte beispielsweise bei Zeitablauf, Eintritt einer auflösenden Bedingung, Zurücklegung, Verschmelzung oder Spaltung von Kreditinstituten gegeben sein. Das Erlöschen der Konzession ist von der FMA durch Bescheid festzustellen.

Betreiben von Bankgeschäften ohne Konzession (§ 100 BWG):

Wer **Bankgeschäfte ohne die erforderliche Berechtigung** betreibt, hat auf alle mit diesen Geschäften verbundenen Vergütungen, wie insbesondere Zinsen und Provisionen, keinen Anspruch. Die Rechtsunwirksamkeit der mit diesen Geschäften verbundenen Vereinbarungen zieht aber nicht die rechtliche Unwirksamkeit des ganzen Bankgeschäftes nach sich. Entgegenstehende Vereinbarungen sowie die mit diesen Geschäften verbundenen Bürgschaften und Garantien sind rechtsunwirksam.[6]

Fit & Proper Selbsttest:

- Nennen Sie fünf Konzessionsvoraussetzungen, die das Institut bzw die Geschäftsleiter erfüllen müssen.

- Darf ein Geschäftsleiter neben seiner Funktion noch einen weiteren Job ausüben?

- In welchen Fällen kann die FMA die Konzession zurücknehmen, wann erlischt sie automatisch?

---

6   Vgl § 100 Abs 1 BWG.

4 Niederlassungs- und Dienstleistungs-freiheit (§§ 9 – 19 BWG)

Empfohlene Literatur, Gesetzesstellen und Quellenangaben:

§ 9   BWG   *Kreditinstitute aus Mitgliedstaaten in Österreich*

§ 10   BWG   *Österreichische Institute in Mitgliedstaaten*

§ 11   BWG   *Finanzinstitute aus Mitgliedstaaten in Österreich*

§ 13   BWG   *Tochterunternehmen von Finanzinstituten aus Mitgliedstaaten in Österreich*

In Abschnitt III des Bankwesengesetzes (§§ 9 bis 19 BWG) ist die Niederlassungs- und Dienstleistungsfreiheit („EU Passporting" oder „Single Licensing Prinzip") geregelt. Die **Niederlassungsfreiheit** betrifft das Errichten einer Zweigstelle in einem anderen Mitglied-staat, die **Dienstleistungsfreiheit** das Betreiben von Bankgeschäften über die Grenzen hin-weg. Das **EU Passporting Prinzip** ermöglicht es einem in einem Mitgliedstaat konzessi-onierten Institut, die Geschäfte, die der gegenseitigen Anerkennung der Mitgliedstaaten unterliegen, unter erleichterten Bedingungen auch in anderen Mitgliedstaaten auszuüben. Als Mitgliedstaat wird im BWG jeder Staat im Europäischen Wirtschaftsraum (EWR) ver-standen.

Gemäß § 9 Abs 1 BWG darf ein **ausländisches CRR-Kreditinstitut**, das in einem EWR-Mitgliedstaat zugelassen ist, seine **Tätigkeiten in Österreich** über eine Zweigstelle oder im Wege des freien Dienstleistungsverkehrs nur dann ausüben, wenn seine Konzession es dazu berechtigt.

Die erstmalige Errichtung einer Zweigstelle in Österreich ist dann zulässig, wenn die zu-ständige Behörde des Herkunftmitgliedstaates der FMA die in § 10 Absatz 2 Z 2 bis 4 und Absatz 4 BWG genannten Angaben (zB die auszuübenden Tätigkeiten, Geschäftsplan, Adresse, Name der Zweigstellenleiter, Informationen über die Hauptanstalt inkl Informationen zum zugehörigen Einlagensicherungssystem, etc) übermittelt hat.

Wird ein EWR-Institut im Wege des freien Dienstleistungsverkehrs erstmalig in Österreich tätig, erfordert dies eine Mitteilung der zuständigen Behörde des Herkunftsmitgliedstaates an die FMA, welche Tätigkeiten nach Anhang I der Richtlinie 2006/48/EG ausgeübt wer-den sollen.

Zu den gegenseitig anerkannten Tätigkeiten (Anhang I der oben genannten Richtlinie) zäh-len ua: [7]

- die Entgegennahme von Einlagen und anderen rückzahlbaren Geldern,

- Ausleihungen, Konsumentenkredite, Hypothekendarlehen, Factoring,

- Finanzierungsleasing,

---

7   Vgl Richtlinie 2006/48/EG. Anhang I Z 1 bis Z 15.

- Zahlungsdienste,

- Garantien und Zusagen,

- Wertpapiergeschäfte

- die Teilnahme an der Wertpapieremission

- Portfolioberatung und -verwaltung

- Handelsauskünfte

Kreditinstitute, die Tätigkeiten in Österreich über eine Zweigstelle ausüben, haben im Allgemeininteresse und zum **Schutz der Kunden** zwingend die in § 9 Abs 7 BWG aufgelisteten Normen einzuhalten. Dabei handelt es sich um Rechtsbestimmungen, die den lokalen Kundenkontakt betreffen, wie bspw Verbraucherbestimmungen, allgemeine Sorgfaltspflichten, Geldwäschebestimmungen oder allenfalls Wohlverhaltensregeln gemäß WAG.

Nach § 10 Abs 1 BWG (spiegelbildlicher Prozess zu § 9 BWG) darf ein österreichisches Kreditinstitut seine **Tätigkeiten in den EWR-Mitgliedstaaten** über eine Zweigstelle oder im Wege des freien Dienstleistungsverkehrs nur dann ausüben, sofern seine Konzession es dazu berechtigt.

Jedes österreichische Kreditinstitut, das eine Zweigstelle im Hoheitsgebiet eines anderen EWR-Mitgliedstaates errichten möchte, muss dies der FMA anzeigen und folgende Schlüsselangaben an die FMA übermitteln:

- den Mitgliedstaat, in dessen Hoheitsgebiet die Zweigstelle errichtet werden soll,

- einen Geschäftsplan,

- die Organisationsstruktur des Instituts,

- die Anschrift, unter welcher die Unterlagen des Kreditinstitutes im Aufnahmemitgliedstaat angefordert werden können und

- die Namen der Geschäftsleiter der Zweigstelle.

Weiters hat das Kreditinstitut der FMA die geplanten Tätigkeiten anzuzeigen, die es in diesem Mitgliedstaat ausüben möchte. Im Anschluss daran übermittelt die FMA diese Angaben an die Behörde des Aufnahmemitgliedstaates.

Sofern die FMA keinen Grund hat, die Angemessenheit der Verwaltungsstrukturen und der Finanzlage des betreffenden Kreditinstitutes anzuzweifeln, hat sie die oben genannten Informationen sowie weitere Angaben nach § 10 Abs 4 BWG zur Eigentümerstruktur, Einlagensicherung, Aufsicht und Risikolage des Kreditinstituts binnen 3 Monaten nach Einlangen an die zuständige Behörde des Aufnahmemitgliedstaates zu übermitteln. Dem Kreditinstitut muss die FMA darüber binnen einer 3-monatigen Frist eine Bestätigung durch Bescheid ausstellen.

Die Geschäfte der Zweigstelle können nach weiteren zwei Monaten ab der Zustellung der Bestätigung über die Weiterleitung aufgenommen werden, oder früher, sofern das Kreditinstitut vor Ablauf der zwei Monate eine Information der zuständigen Aufnahmemitgliedstaatbehörde über die lokal einzuhaltenden Bestimmungen erhält.

Jedes Kreditinstitut, das seine Tätigkeiten erstmals im Hoheitsgebiet eines anderen EWR-Mitgliedstaates im Rahmen des freien Dienstleistungsverkehrs ausüben möchte, hat der FMA die Tätigkeiten nach Anhang I der Richtlinie 2006/48/EG (siehe oben) anzuzeigen, die es in diesem Mitgliedstaat ausüben möchte.

Die FMA muss anschließend die Anzeige binnen eines Monats nach deren Einlangen an die zuständige Behörde des Aufnahmemitgliedstaates übermitteln und diesen Akt dem Kreditinstitut per Bescheid bestätigen. Die Geschäfte im Rahmen des freien Dienstleistungsverkehrs können unmittelbar nach der Erstattung dieser Anzeige aufgenommen werden.

Ähnliches gilt gemäß § 11 BWG für CRR-Finanzinstitute mit Sitz in EWR-Mitgliedstaaten in Österreich, die eine Tätigkeit (außer dem Einlagengeschäft) in Österreich im Rahmen der Niederlassungs- oder Dienstleistungsfreiheit erbringen wollen. Voraussetzung dazu ist allerdings, dass diese Finanzinstitute in ihrem Heimatmitgliedstaat diese betreffenden Tätigkeiten tatsächlich ausübt und dass mindestens 90 % der Stimmrechte von CRR-Kreditinstituten gehalten werden. Zusätzlich hat das Mutterunternehmen gegenüber der FMA die umsichtige Geschäftsführung des Tochterunternehmens glaubhaft zu machen und gesamtschuldnerisch für die vom Tochterunternehmen eingegangenen Verpflichtungen zu bürgen. Für Tochterunternehmen von CRR-Finanzinstituten (dh Enkeltöchter von CRR-Kreditinstituten) ist § 13 BWG entsprechend anzuwenden.

Hinweis: Ob Ihr Institut im Rahmen des Passportings tätig ist, lässt sich in der FMA Unternehmensdatenbank abfragen. Unter der Konzession sind die notifizierten Dienst- und Niederlassungsfreiheiten angeführt.

Fit & Proper Selbsttest:

- Benötigt ein österreichisches Kreditinstitut, das eine Zweigstelle in einem anderen Mitgliedstaat errichten möchte, eine zusätzliche Konzession dieses Mitgliedstaates?

- Darf ein österreichisches Kreditinstitut aufgrund des Single Licensing Prinzips automatisch in einem anderen Mitgliedstaat tätig werden?

- Darf ein CRR-Finanzinstitut demnach in Österreich Bankgeschäfte gemäß BWG betreiben? Unter welchen Voraussetzungen?

5 Eigentümerbestimmungen und Bewilligungen (§§ 20 – 21b BWG)

Empfohlene Literatur, Gesetzesstellen und Quellenangaben:

§ 20   BWG   *Qualifizierte Beteiligungen an Kreditinstituten*

§ 20a   BWG   *Verfahren für die Beurteilung*

§ 20b   BWG   *Kriterien für die Beurteilung*

§ 21   BWG   *Bewilligungen*

Eigentümerkontrollverordnung

Joint Committee of the European Supervisory Authorities Gemeinsame Leitlinien zur aufsichtsrechtlichen Beurteilung des Erwerbs und der Erhöhung von qualifizierten Beteiligungen im Finanzsektor (JC/GL/2016/01)

Mit den Bestimmungen der §§ 20 (Eigentümerbestimmungen) und 21 BWG (Bewilligungen) soll die FMA potenzielle Veränderungen in der Eigentümerstruktur frühzeitig prüfen bzw über die Zulässigkeit von Änderungen der rechtlichen und organisatorischen Struktur von Kreditinstituten entscheiden können. Das Ziel liegt in der präventiven Abwehr von Gefahren.

5.1 Eigentümerbestimmungen (§ 20 BWG)

Gemäß § 20 Abs 1 BWG hat **jeder**, der beschlossen hat, eine **qualifizierte Beteiligung** (ab 10 % des Kapitals oder der Stimmrechte oder maßgeblicher Einfluss auf Geschäftsführung)[8] an einem österreichischen Kreditinstitut direkt oder indirekt **zu erwerben** (oder **aufzugeben**) oder eine derartige qualifizierte Beteiligung direkt oder indirekt zu erhöhen (oder zu verringern), dies **der FMA anzuzeigen**. Letzteres ist der Fall, wenn der Anteil an den Stimmrechten oder am Kapital durch den Erwerb, die Erhöhung oder Aufgabe die Grenzen von 20 %, 30 % oder 50 % erreicht über- oder unterschreitet.

Auch **Kreditinstitute** haben der FMA jeden Erwerb und jede Aufgabe von qualifizierten Beteiligungen (ab 10 %) sowie jedes Erreichen und jede Über- und Unterschreitung der oben genannten Beteiligungsgrenzen **unverzüglich** nach Kenntnisnahme **schriftlich anzuzeigen**. Ebenfalls haben die Kreditinstitute der FMA **mindestens einmal jährlich** die Namen und Anschriften der Aktionäre oder sonstigen Gesellschafter schriftlich anzuzeigen, die direkt oder indirekt qualifizierte Beteiligungen halten („**Eigentümeranzeige**").[9]

Diese Anzeigen erfolgen seitens der Kreditinstitute über die auf der Incoming Plattform der FMA zur Verfügung gestellten Anzeigeformulare.

---

8   Vgl Definition der ‚qualifizierten Beteiligung' gemäß Artikel 4 Abs 1 Nr 36 CRR.
9   Vgl § 20 Abs 3 BWG.

Bei Änderungen in der Sphäre der Eigentümer hat die FMA nach erfolgter Anzeige im Interesse einer soliden und umsichtigen Führung des Kreditinstituts, an dem der Erwerb beabsichtigt ist, und unter Berücksichtigung des voraussichtlichen Einflusses des interessierten Erwerbers auf das Institut **die Eignung** und die **finanzielle Solidität des Erwerbers** zu prüfen. Die vorzulegenden Unterlagen sind in der von der FMA erlassenen **Eigentümerkontrollverordnung** (EKV) normiert. Die Beurteilung der Eignung der Eigentümer („Fitness & Propriety") basiert auf folgenden Kriterien:[10]

- Zuverlässigkeit des interessierten Erwerbers (Z 1),

- die Zuverlässigkeit und Erfahrung jeder Person, die die Geschäfte des Kreditinstituts infolge des beabsichtigten Erwerbs leiten wird (Z 2),

- finanzielle Solidität des interessierten Erwerbers (Z 3),

- Art der geplanten Geschäfte (Z 3),

- ob die Struktur der Gruppe, zu der das Kreditinstitut gehören wird, eine wirksame Beaufsichtigung erlaubt (Z 4),

- ob ein hinreichender Verdacht auf Geldwäscherei und Terrorismusfinanzierung besteht (Z 5).

Weitere Auslegungen zu den Prüfkriterien finden sich in den Gemeinsamen Leitlinien der Europäischen Aufsichtsbehörden zur aufsichtsrechtlichen Beurteilung des Erwerbs und der Erhöhung von qualifizierten Beteiligungen im Finanzsektor.

Da es sich bei Eigentümerkontrollverfahren um eine der Common Procedures handelt, ist die EZB für Eigentümeränderungen bei CRR-Kreditinstituten im Euro-Raum die zuständige Aufsichtsbehörde, dh die Entscheidung trifft letztlich die EZB.

Innerhalb einer Beurteilungsfrist von 60 Arbeitstagen, die erst nach vollständig eingelangter Anzeige zu laufen beginnt, kann die FMA bzw die EZB den beabsichtigten Erwerb untersagen. Die FMA kann schriftlich weitere Informationen anfordern, die für den Abschluss der Beurteilung notwendig sind. In diesem Fall wird die Beurteilungsfrist für die Dauer vom Zeitpunkt der Anforderung der Informationen bis zum Eingang der Antwort unterbrochen. Wird der Erwerb innerhalb des Beurteilungszeitraums nicht schriftlich untersagt, so gilt er als genehmigt.

5.2 Bewilligungen (§ 21 BWG)

Im Unterschied zu Anzeigepflichten, wie etwa durch § 20 BWG festgelegt, benötigt ein Kreditinstitut als Voraussetzung für bestimmte Handlungen eine **bescheidmäßige Bewilligung der FMA**.

Eine besondere Bewilligung der FMA ist gemäß § 21 BWG etwa erforderlich für:[11]

---

10   Vgl § 20b Abs 1 BWG.
11   Vgl § 21 Abs 1 BWG.

- jede Verschmelzung oder Vereinigung von Kreditinstituten oder in einem Mitgliedstaat oder Drittland zugelassenen CRR-Kreditinstituten (Z 1),

- jedes Erreichen, Über- bzw Unterschreiten der Grenzen von 10 % (qualifizierte Beteiligung), 20 %, 33 % und 50 % der Stimmrechte oder des Kapitals eines Kreditinstituts oder CRR-Kreditinstituts mit Sitz in einem Drittland (Z 2),

- jede Änderung der Rechtsform eines Kreditinstitutes (Z 3),

- die Errichtung von Zweigstellen in einem Drittland (Z 5),

- die Spaltung von Kreditinstituten (Z 6),

- jede Verschmelzung oder Vereinigung von Kreditinstituten mit Nichtbanken (Z 7),

- jede Erweiterung des Geschäftsgegenstandes um Tätigkeiten der Versicherungsvermittlung gemäß § 137 GewO (Z 8) und

- jede Erweiterung des Geschäftsgegenstandes um das Einstellen von Geboten bei der Versteigerung von Treibhausgasemissionszertifikaten für Kunden (Z 9).

Die bewilligten gesellschaftsrechtlichen Vorgänge dürfen nur dann in das Firmenbuch eingetragen werden, wenn die entsprechenden rechtskräftigen Bescheide der FMA vorliegen. Zudem hat die FMA vor der Erteilung von Bewilligungen bei Verschmelzungen, Vereinigungen oder Spaltungen auch die Oesterreichische Nationalbank anzuhören.

Fit & Proper Selbsttest:

- Wann hat eine Anzeige bei Erwerb einer qualifizierten Beteiligung nach § 20 BWG zu erfolgen?

- Wer hat diese Anzeige durchzuführen?

- Nennen Sie drei Bewilligungstatbestände gemäß § 21 BWG!

6 Makroprudenzielle Aufsicht (§§ 22 – 24d BWG)

Abschnitt V. Makroprudenzielle Aufsicht definiert die von den Instituten zusätzlich einzuhaltenden Kapitalpuffer. Ziel dieser zusätzlichen Kapitalpuffer ist die Bekämpfung von prozyklischen und systemischen Risiken.

6.1 Maßnahmen zur Begrenzung des systemischen Risikos

Als **systemisches Risiko** definiert das BWG das Risiko einer Störung im Finanzsystem insgesamt oder von Teilen des Finanzsystems, die schwerwiegende negative Auswirkungen im Finanzsystem und in der Realwirtschaft nach sich ziehen können.

Das Finanzmarktstabilitätsgremium (Mitglieder aus BMF, FMA, OeNB und dem Fiskalrat) empfiehlt der FMA Maßnahmen bei Auftreten von Krisensituationen, die gravierende Folgen auf die Realwirtschaft oder das nationale Finanzsystem haben könnten. Dabei kann die FMA nach gutachterlicher Konsultation der OeNB auf einen **Zeitraum von zwei Jahren** per Verordnung von der CRR, insbesondere in Bezug auf die Eigenmittelanforderungen, der Anforderungen für Großkredite oder der Liquiditätsanforderungen, abweichen, um die festgestellten Veränderungen in der Intensität des systemischen Risikos zu vermindern.

Neben den Mindesteigenmittelanforderungen hat bzw kann die Aufsicht weiteres Kapital in Form von Puffern vorschreiben. Sämtliche Puffer bestehen dabei aus hartem Kernkapital. Eine Verletzung der Puffer führt zu Beschränkungen des Instituts bei Ausschüttungen und Bonizahlungen. Details zu den Puffern werden in der Kapitalpuffer-Verordnung KP-V der Finanzmarktaufsichtsbehörde (FMA) über die Festlegung und Anerkennung der antizyklischen Kapitalpufferrate, über die Festlegung des Systemrisikopuffers sowie über die nähere Ausgestaltung der Berechnungsgrundlagen vorgeschrieben.

6.2   Kapitalerhaltungspuffer (§ 22 BWG)

Alle Kreditinstitute haben zusätzlich zum harten Kernkapital für die Mindesteigenmittelanforderungen einen Puffer, ebenfalls bestehend aus hartem Kernkapital, vorzuhalten. Der **Kapitalerhaltungspuffer** beträgt **2,5 % des Gesamtrisikobetrages** nach Art 92 Abs 3 CRR und verfolgt das Ziel, die Kapitalausstattung eines jeden Instituts zu stärken.

6.3   Antizyklischer Kapitalpuffer (§ 23a BWG)

Das Finanzmarktstabilitätsgremium kann die FMA auf prozyklisch wirkende Risiken hinweisen und Empfehlungen abgeben, diese Risiken mittels eines weiteren Puffers einzugrenzen. Der **antizyklische Kapitalpuffer** soll Risiken aus dem Kreditzyklus und übermäßigem Kreditwachstum in einem Mitgliedstaat entgegenwirken. Die Höhe des Puffers hängt von der jeweiligen Entwicklung und den spezifischen Gegebenheiten der Volkswirtschaft des Mitgliedstaates ab. Die Bandbreite liegt **zwischen 0,0 % und 2,5 % des Gesamtrisikobetrages**. Die Höhe des Puffers ist per FMA-Verordnung bekanntzugeben und der ESRB darüber zu unterrichten.

Im Falle des Beschlusses eines antizyklischen Kapitalpuffers, hat die FMA zumindest folgende Informationen durch Veröffentlichung im Internet bekannt zu geben:

- die Höhe der Kapitalpuffer-Anforderung,

- den Mitgliedstaat, bei dem diese Kapitalpuffer-Anforderung gilt und

- den Zeitpunkt, ab dem Kreditinstitute den antizyklischen Kapitalpuffer einzuhalten haben

Gewöhnlich ist der Puffer zwölf Monate vor Inkrafttreten durch die FMA zu verkünden, eine kürzere Frist ist bei außergewöhnlichen Umstanden möglich und muss entsprechend begründet werden. Derzeit (Bestätigung in der Sitzung des FMSG vom Dezember 2022) ist der antizyklische Puffer für Österreich weiterhin 0 %, obgleich im Juni 2022 rein auf Basis der makroökonomischen Daten eine Festlegung angezeigt gewesen wäre.

Der **institutsspezifisch einzuhaltende antizyklische Puffer** errechnet sich aus dem gewichteten Durchschnitt der Puffer jener Länder, in denen das jeweilige Institut Exposures hat. Der gewichtete Durchschnitt wird dabei anhand der jeweiligen Mindesteigenmittelanforderungen für bestimmte, in den jeweiligen Ländern belegene Kreditexposures (zB Retailforderungen, Unternehmensforderungen, immobilienbesicherte Forderungen) berechnet. Das bedeutet, dass nicht relevant ist, wie hoch der Puffer in dem Land ist, in dem das Kreditinstitut seinen Sitz hat, sondern die Puffer in jenen Ländern, in denen die Kunden ihren Sitz/Aufenthalt haben.

6.4 Kapitalpuffer für Globale Systemrelevante Institute (§ 23c BWG)

Die Identifikation von **Globalen Systemrelevanten Instituten** (G-SRI) ist von der FMA unter Berücksichtigung der gleich zu gewichtenden, auf den Indikatoren Größe, Verflechtung der Kreditinstitutsgruppe mit dem Finanzsystem, Ersetzbarkeit der Finanzdienstleistungen oder der Finanzinfrastruktur einer Kreditinstitutsgruppe, Komplexität der Kreditinstitutsgruppe und grenzüberschreitende Aktivitäten der Kreditinstitutsgruppe zwischen Mitgliedstaaten und zwischen Mitgliedstaaten und Drittländern durch Bescheid festzustellen. Die zugrundeliegende Methodologie hat die nachvollziehbare Zuordnung von Globalen Systemrelevanten Instituten in einzelne Subkategorien unter Berücksichtigung relevanter europäischer und internationaler Entwicklungen zu gewährleisten. Dabei sind insbesondere Empfehlungen und Richtlinien der Europäischen Bankaufsichtsbehörde (EBA) und des Europäischen Ausschusses für Systemrisiken (ESRB) zu berücksichtigen.

Der Kapitalpuffer für Globale Systemrelevante Institute beträgt **zwischen 1,0 % und 5,0 %** des Gesamtrisikobetrages, aber auch höhere Puffer sind unter Einhaltung gewisser Voraussetzungen möglich.

6.5 Kapitalpuffer für Systemrelevante Institute (§ 23d BWG)

Institute mit Sitz im Inland sind als **Systemrelevantes Institut** (SRI) einzustufen, wenn davon auszugehen ist, dass eine Fehlfunktion oder das Scheitern dieses Instituts zu **systemischem Risiko**, dh negative Auswirkungen auf die Finanzmarktstabilität oder die Realwirtschaft bei einem Scheitern des Instituts, führt. Entsprechende EBA Leitlinien beschreiben die Kriterien und Anwendungsvoraussetzungen für die Identifikation von SRI. Der Puffer kann **zwischen 0,0 % und 3,0 % des Gesamtrisikobetrages** betragen, aber auch höhere Puffer sind unter Einhaltung gewisser Voraussetzungen möglich.

6.6 Systemrisikopuffer (§ 23e BWG)

Ein **Systemrisikopuffer** (SRP) kann für alle oder auch nur für bestimmte Arten von Instituten verhängt werden, um langfristige, nicht-zyklische systemische Risiken zu vermindern bzw abzuwehren. Der Puffer beträgt **zumindest 0,5 % des Gesamtrisikobetrages.**

In der letztgültigen Fassung (BGBl II Nr 469/2022) wurden seitens der FMA mittels der Kapitalpufferverordnung (KP-V) auf Basis einer Empfehlung des Finanzmarktstabilitätsgremiums Systemrisikopuffer für 12 österreichische Banken(gruppen) verhängt.

6.7   Kombinierte Kapitalpufferanforderung

Die kombinierte Kapitalpufferanforderung ist die Summe aller für ein Institut einzuhaltenden Kapitalpuffer. Diese setzt sich zusammen aus dem Kapitalerhaltungspuffer, dem antizyklischen Kapitalpuffer, dem Systemrisikopuffer und dem höheren aus dem Puffer für andere systemrelevante und dem Puffer für global systemrelevante Institute. Die Berechnung wird in untenstehender Grafik zusammenfassend dargestellt:

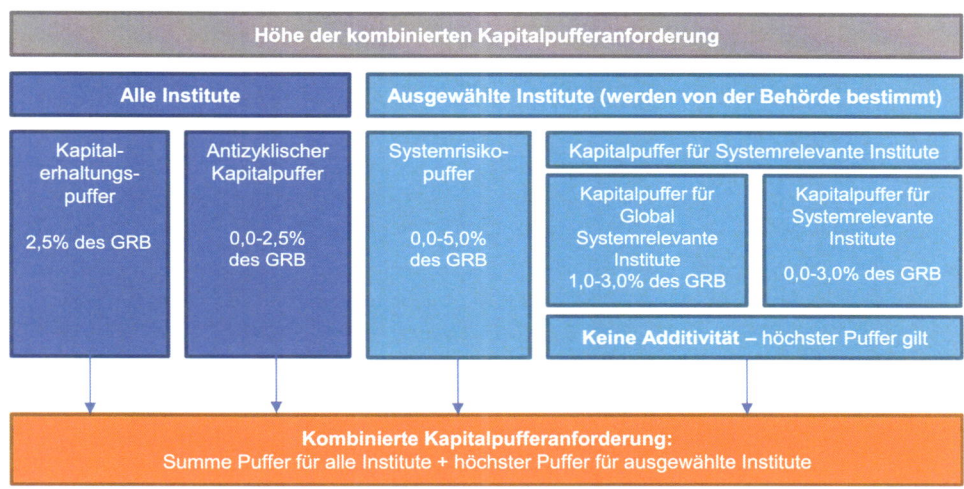

Abbildung 1: Kombinierte Kapitalpufferanforderung

6.8   Sanktionen bei Nichteinhaltung der Puffer (§§ 24 – 24a BWG)

Die **Nichteinhaltung** der sogenannten **kombinierten Kapitalpufferanforderung** führt abhängig vom Ausmaß der Nichteinhaltung zu **Ausschüttungsbeschränkungen**. Institute haben ihren maximal ausschüttungsfähigen Betrag unter Rückgriff auf einen Prozentsatz (0 %, 20 %, 40 % und 60 %) – je nachdem ob ein, zwei, drei oder (fast) vier Viertel des kombinierten Kapitalerhaltungspuffers eingehalten werden, zu berechnen und an die FMA zu melden. Weiters ist innerhalb von fünf Arbeitstagen ein **Kapitalerhaltungsplan** vorzulegen, der aufzeigt, wie die Einhaltung der Kapitalpuffer zukünftig wieder sichergestellt werden soll. Diesen kann die Behörde akzeptieren und genehmigen oder ablehnen und allfällig eigene aufsichtliche Maßnahmen verhängen.

6.9 Maßnahmen zur Begrenzung von systemischen Risiken aus der Immobilienfinanzierung

Auf Basis einer Empfehlung des FMSG hat die FMA ihre Verordnungsermächtigung gemäß § 23h BWG ausgeübt und die Kreditinstitute-Immobilienfinanzierungsmaßnahmenverordnung (KIM-V) erlassen. Sie gilt ab 1. August 2022 für neu vergebene Wohnimmobilienfinanzierungen an Verbraucher.

Um den vom FMSG festgestellten systemischen Risiken, nämlich einer Überhitzung der Wohnimmobilienkreditvergabe – befürchtet aufgrund der in Österreich stetig steigenden Immobilienpreise sowie der Immobilienfinanzierungen, entgegenzuwirken, hat die FMA folgende Begrenzungen für den Wohnimmobilienkreditbereich festgelegt:

- Maximale Beleihungsquote (Finanzierung/Immobilienwert und sonstige CRR-Sicherheiten): 90 %,
- Maximale Schuldendienstquote (Schuldendienst/nachhaltiges Einkommen): 40 %,
- Maximale Laufzeit: 35 Jahre.

Einzelne und gesamthafte Ausnahmekontingente, dh Kredite, die die Obergrenzen nicht einhalten, bestehen in Höhe von insgesamt 20% der im vorigen oder aktuellen Kalenderhalbjahr vergebenen Wohnimmobilienfinanzierungen (mindestens EUR 1 Million).

Eine Erleichterung wurde auch für Kleinbeträge geschaffen, wenn die Summe sämtlicher aushaftender Kreditverbindlichkeiten des Kreditnehmers aus privaten Wohnimmobilienfinanzierungen einschließlich der neu vereinbarten privaten Wohnimmobilienfinanzierung höchstens EUR 50 000 (für Paare EUR 100.000) beträgt. Die Summe der geringfügigen Finanzierungen ist aber wiederum mit einer institutsspezifischen Obergrenze von 2 % der im vorigen Kalenderhalbjahr vergebenen Wohnimmobilienkredite begrenzt.

Die Nichteinhaltung der Obergrenzen bzw der Ausnahmekontingente wird mit Verwaltungsstrafen bis zu EUR 60.000 pro Fall geahndet.

Zusätzlich zu den harten Vorgaben der Obergrenzen besteht eine Empfehlung des FMSG, bei variabel verzinsten Krediten die Schuldendienstquote bei maximal 30% zu begrenzen.

Einige spezifische Berechnungsdetails des Schuldendienstes bzw der „Eintragungszwang" für Hypotheken (da diese ansonsten bei der Beleihungsquote nicht berücksichtigt werden können, erschweren die Anwendung für die Kreditinstitute und füllen die Ausnahmekontingente aus. Zumindest wurden 2jährige Zwischenfinanzierungen, dh die (teilweise) Rückführung eines Kredits aus dem Verkaufserlös einer bestehenden Immobilie (mit 20% Haircut auf den Immobilienwert) oder aus einer Förderzusage, mit einer Novelle ab April 2023 aus der KIM-V ausgenommen.

Fit & Proper Selbsttest:

- Welche Puffer sind für Ihr Institut anwendbar?
- Wie wird der antizyklische Puffer berechnet?
- Welche Folgen erwachsen aus Nichteinhalten der Puffer?

---

7   Auslagerung (§ 25 BWG)

Empfohlene Literatur, Gesetzesstellen und Quellenangaben:

§ 25   BWG Auslagerung

EBA Leitlinien zur Auslagerung vom 25.02.2019 (EBA/GL/2019/02)

Der Gesetzgeber sieht bei Banken vor, dass sich die Auslagerung von wesentlichen bankbetrieblichen Tätigkeiten nach den in der Anlage zu § 25 BWG genannten Auslagerungsbedingungen zu richten hat. Unumgängliche Voraussetzung hierfür ist der Abschluss eines **schriftlichen Vertrages („Service Level Agreement")** mit einer klaren Aufteilung der Rechte und Pflichten. Die Service Provider sollen die Tätigkeiten wirkungsvoll überwachen und damit verbundene Risiken steuern. Beispielsweise werden **Notfallpläne und Back-up-Systeme** verpflichtend verlangt. Die Bank soll über negative Entwicklungen unterrichtet werden und aktiv die Qualität der ausgelagerten Dienstleistungen gewährleisten, dh im umgekehrten Fall muss sie imstande sein, Gegenmaßnahmen zu setzen. Banken müssen die Möglichkeiten und das Know-how besitzen, die ausgelagerten Dienstleistungen wieder zurückholen zu können oder sie an besser geeignete Service Provider zu übertragen. Entsprechende vertragliche **Exit-Klauseln** sollen dies sicherstellen.

Wie bereits durch die EBA-Leitlinien vorgegeben sind der Auslagerung **gesetzliche Grenzen** gesetzt: Managemententscheidungen und Haupt- sowie Endkontrollen dürfen nicht an Dritte übertragen werden. Weiters müssen Informations- und Weisungsrechte in den Verträgen festgelegt werden. Prüfungseinrichtungen (darunter Interne Revision, Bankprüfer oder die Aufsicht) müssen die Leistungen des Service Providers überprüfen dürfen.

Bei der **Qualitätsüberwachung** müssen die Banken dabei jenen Sorgfaltsmaßstab anlegen, den sie selbst für ihre Tätigkeiten anwenden. Dies beinhaltet neben einem Verständnis über die ausgelagerte Tätigkeit auch laufende Kontrollen anhand geeigneter Kennzahlen und Prüfungen durch das eigene IKS, die interne Revision der Bank beim Service Provider. Zudem müssen auch Bankprüfer und die Aufsicht die Möglichkeit haben, Prüfungen beim Service Provider von für die Bank erbrachten Dienstleistungen durchzuführen.

Darüber hinaus wird für wesentliche bankbetriebliche Auslagerungen eine **Anzeigepflicht** an die zuständige Aufsichtsbehörde eingeführt, die vor Abschluss der schriftlichen Vereinbarung zu erfüllen ist.

Die EBA Leitlinien zur Auslagerung schreiben Banken detaillierte Regeln, insbesondere für die Interne Governance in Bezug auf das Auslagerungsregime vor. So haben Banken einen Auslagerungsgenehmigungsprozess (inkl Due Diligence Prüfungen von Dienstleistern) einzurichten, der vor Durchführung von Auslagerungen durchlaufen wird. Weiters muss eine Subauslagerung gemäß den EBA Leitlinien vertraglich ausgeschlossen werden, sofern die auslagernde Bank ihre Zustimmung für eine solche nicht erteilt.

Eine Auslagerungsrichtlinie, die Berücksichtigung von Risiken von Auslagerungen im Rahmen des Risikomanagementrahmenwerks sowie ein Auslagerungsregister sind weitere Anforderungen, die durch die EBA Leitlinien gestellt werden.

8 Organgeschäfte (§ 28 BWG)

Empfohlene Literatur, Gesetzesstellen und Quellenangaben:

§ 28 BWG Organgeschäfte

Ein Kreditinstitut darf mit

- seinen Geschäftsleitern (Z 1),

- seinen Vorstandsmitgliedern, sofern es die Rechtsform einer Genossenschaft hat (Z 2),

- den Mitgliedern seines Aufsichtsrates oder sonstiger nach Gesetz oder Satzung zuständiger Aufsichtsorgane (Z 3),

- den gesetzlichen Vertretern und leitenden Angestellten in von ihm beherrschten und herrschenden Unternehmen (Z 4),

- Ehegatten, Lebensgefährten und Kindern (Z 5), oder

- Dritten, die für Rechnung einer der oben genannten Person handeln (Z 6),

Rechtsgeschäfte direkt oder indirekt nur auf Grund eines **einstimmigen Beschlusses aller Geschäftsleiter und mit Zustimmung des Aufsichtsrates** oder des sonst nach Gesetz oder Satzung zuständigen Aufsichtsorgans abschließen. Der Betroffene hat bei Beschlussfassung über Organgeschäfte kein Stimmrecht. Die Beschlüsse haben bei Krediten auch die Verzinsung und die Rückzahlung zu regeln.

Ist ein Geschäftsleiter, ein wirtschaftlicher Eigentümer oder ein Mitglied eines geschäftsführenden Organes des Kreditinstitutes oder ein Ehegatte, Lebensgefährte oder Kind dieser Personen gleichzeitig Geschäftsleiter, wirtschaftlicher Eigentümer oder Mitglied eines geschäftsführenden Organes eines Unternehmens, so dürfen Rechtsgeschäfte mit diesem Unternehmen **mit Zustimmung des Aufsichtsrates** oder des sonst nach Gesetz oder Satzung zuständigen Aufsichtsorganes des Kreditinstitutes geschlossen werden. Bemerkenswert dabei ist, dass Unternehmen, bei denen Aufsichtsratsmitglieder des Kreditinstituts geschäftsführend tätig sind oder als Eigentümer fungieren, nicht erfasst sind.

Eine **Zustimmung im Vornhinein** (max. ein Jahr) ist grundsätzlich möglich. In diesem Fall ist dem Aufsichtsrat oder dem sonst nach Gesetz oder Satzung zuständigen Aufsichtsorgan über jedes dieser Rechtsgeschäfte mindestens **einmal jährlich zu berichten**.

Von den oben genannten Regelungen **ausgenommene Geschäfte** sind:

- Kredite und Vorschüsse, deren Gesamtausmaß 25 % des Jahresbezuges (der jeweils betroffenen Person) nicht übersteigt (Z 1),

- andere Rechtsgeschäfte, bei denen das angemessene Entgelt 25 % des Jahresbezuges nicht übersteigt oder weniger als 5.000 Euro beträgt (Z 2),

- Dauerschuldverhältnisse, bei denen das angemessene Entgelt (jährlich kapitalisiert) 25 % des Jahresbezuges nicht übersteigt (Z 3) und

- Bankgeschäfte des täglichen Lebens zu marktüblichen Bedingungen (Z 4).

Sollten Organgeschäfte ohne Zustimmung geschlossen werden, so sind die gewährten Kredite oder Vorschüsse unverzüglich zurückzuzahlen oder die Zustimmung ist nachträglich zu erteilen. Geschäftsleiter und Aufsichtsräte haften bei Wissentlichkeit persönlich für die Rückabwicklung.

Fit & Proper Selbsttest:

- Wie sind Organgeschäfte definiert?

- Welchen Zweck verfolgen die Regelungen?

- Was ist bei fehlender Genehmigung zu tun?

---

9 Aufsichtsrat und Ausschüsse

Zusammenfassend werden die Anforderungen an den Aufsichtsrat aus den bereits behandelten Kapiteln nachstehend dargestellt:

Empfohlene Literatur, Gesetzesstellen und FMA-Rundschreiben:

Teil 4 CRR   Großkredite

§ 28 BWG   Organgeschäfte

§ 28a BWG   Aufsichtsrat

§ 28b BWG   Besondere Pflichten Großkredite

§ 39c BWG   Vergütungsausschuss

§ 42 BWG   Interne Revision

FMA – Rundschreiben zu § 28b BWG zur Zulässigkeit von Rahmenbeschlüssen und Berichterstattung an das zuständige Aufsichtsorgan

FMA – Fit & Proper Rundschreiben

9.1 Anforderungen an Aufsichtsratsmitglieder

Die **Anforderungen an die Aufsichtsratsmitglieder** wurden bereits oben im Kapitel 1.2.2 ‚Fit & Proper Anforderungen an Aufsichtsratsmitglieder (§ 28a Abs 5 BWG)‘, Kapitel 1.2.3 ‚Besondere Anforderungen an Aufsichtsratsvorsitzende (§ 28a BWG)‘ und Kapitel 1.2.4 ‚Unabhängigkeitsanforderungen für den Aufsichtsrat‘ dargestellt.

Diese sind zusammengefasst:

- Cooling-Off Periode für Geschäftsleiter vor Aufnahme der Funktion des Aufsichtsratsvorsitzenden

- keine Ausschließungsgründe iSd GewO, kein Konkurs,

- geordnete wirtschaftliche Verhältnisse, persönliche Zuverlässigkeit, Aufrichtigkeit, Unvoreingenommenheit,

- Verbundenheit mit den rechtlichen Werten

- fachliche Eignung: ausreichende Kenntnisse, Fähigkeiten und Erfahrungen

- ausreichende zeitliche Verfügbarkeit und Organkumulationsbeschränkungen (bei großen Instituten),

- Unabhängigkeitsanforderungen und -kriterien

- laufende Schulungen.

Der Aufsichtsratsvorsitzende ist binnen zwei Wochen nach dessen Wahl der FMA anzuzeigen.

9.2 Pflichten des Aufsichtsrats bei Großkrediten (§ 28b BWG)

Nach § 28b BWG bedarf jeder gemäß Artikel 392 CRR ermittelte **Großkredit**, der mindestens 500.000 Euro beträgt,[12] unbeschadet der Wirksamkeit des Rechtsgeschäftes der **ausdrücklichen vorherigen Zustimmung des Aufsichtsrates. Vorratsbeschlüsse** sind hierbei - im Gegensatz zu den bei Organgeschäften möglichen jährlichen Vorabgenehmigungen – **unzulässig**.

Ein Vorratsbeschluss ist laut dem FMA-Rundschreiben zur Zulässigkeit von Rahmenbeschlüssen „*wenn die Zustimmung des Aufsichtsrates für bestimmte Kreditgeschäfte oder Arten von Kreditgeschäften im Voraus erteilt wird, ohne dass dann auch tatsächlich die konkrete Absicht auf Abschluss einer entsprechenden Kredit(Rahmen)vereinbarung mit den einzelnen Kreditnehmern besteht.*" Um jedoch der Geschäftsleitung ein gewisses Pouvoir einräumen zu können, existiert das **Konzept der zulässigen Rahmenbeschlüsse**. Laut FMA-Rundschreiben müssen dabei dem Aufsichtsrat gewisse Mindestinformationen (Name des Kunden bzw der Gruppe verbundener Kunden, Höhe, Laufzeit, Bonität des Kunden und Sicherheiten) zur Einschätzung des entsprechenden Risikos zur Verfügung gestellt werden, jedoch kann der genaue Zeitpunkt der Kreditgewährung offen bleiben (laut Empfehlung der FMA: maximaler Zeitraum von 6 Monaten).

Dem Aufsichtsrat oder dem sonst nach Gesetz oder Satzung zuständigen Aufsichtsorgan des Kreditinstitutes ist über jeden Großkredit **mindestens einmal jährlich zu berichten**.

9.3 Nominierungsausschuss (§ 29 BWG) und weitere Ausschüsse

Der Aufsichtsrat bei Kreditinstituten von erheblicher Bedeutung, das sind im Wesentlichen jene, deren **Bilanzsumme 5 Milliarden Euro übersteigt**, hat einen **Nominierungsausschuss** einzurichten. Die **Aufgaben** des Nominierungsausschusses sind:

- Bewerber für die Besetzung freiwerdender Stellen in der Geschäftsleitung zu ermitteln und dem Aufsichtsrat entsprechende Vorschläge zu unterbreiten (Z 1),

- falls für die jeweilige Rechtsform des Kreditinstitutes gesetzlich vorgesehen, den Aufsichtsrat bei der Erstellung von Vorschlägen an die Hauptversammlung für die Besetzung freiwerdender Stellen im Aufsichtsrat zu unterstützen (Z 2),

- im Rahmen seiner Aufgaben die Ausgewogenheit und Unterschiedlichkeit der Kenntnisse, Fähigkeiten und Erfahrung aller Mitglieder des betroffenen Organs zu berücksichtigen, eine Aufgabenbeschreibung mit Bewerberprofil zu erstellen und den mit der Aufgabe verbundenen Zeitaufwand anzugeben (Z 3),

- im Rahmen seiner Aufgaben eine Zielquote für das unterrepräsentierte Geschlecht in der Geschäftsleitung und dem Aufsichtsrat festzulegen sowie eine Strategie zu

---

12 Die 500 000 Euro-Grenze ist nur bei Kreditinstituten relevant, deren anrechenbare Eigenmittel unter den Mindesteigenmittel von 5 Millionen Euro liegen, wie bspw bei Kleinstinstituten, Kapitalanlagegesellschaften oder Mitarbeitervorsorgekassen.

entwickeln, um dieses Ziel zu erreichen; die Zielquote, die Strategie sowie die Umsetzungsfortschritte sind zu veröffentlichen (Z 4),

- im Rahmen seiner Aufgaben darauf zu achten, dass die Entscheidungsfindung der Geschäftsleitung oder des Aufsichtsrates nicht durch eine einzelne Person oder eine kleine Gruppe von Personen in einer den Interessen des Kreditinstitutes zuwiderlaufenden Art und Weise dominiert wird (Z 5),

- regelmäßig, jedenfalls jedoch, wenn Ereignisse die Notwendigkeit zur Neubeurteilung anzeigen, eine Bewertung der Struktur, Größe, Zusammensetzung und Leistung der Geschäftsleitung und des Aufsichtsrates durchzuführen und dem Aufsichtsrat nötigenfalls Änderungsvorschläge zu unterbreiten; (Z 6),

- regelmäßig, jedoch zumindest jährlich, eine Bewertung der Kenntnisse, Fähigkeiten und Erfahrung sowohl der Geschäftsleiter als auch der einzelnen Mitglieder des Aufsichtsrates sowie des jeweiligen Organs in seiner Gesamtheit durchzuführen und diese dem Aufsichtsrat mitzuteilen (Z 7) und

- den Kurs der Geschäftsleitung im Hinblick auf die Auswahl des höheren Managements zu überprüfen und den Aufsichtsrat bei der Erstellung von Empfehlungen an die Geschäftsleitung zu unterstützen.

Bei der Wahrnehmung seiner Aufgaben kann der Nominierungsausschuss auf alle Ressourcen zurückgreifen, die er für angemessen hält.

Für Kreditinstitute, die keine Kreditinstitute von erheblicher Bedeutung sind, entfällt zwar die Verpflichtung zur Errichtung eines Nominierungsausschusses, jedoch sind in diesem Fall laut FMA-Fit & Proper Rundschreiben die Aufgaben durch das Gesamtgremium des Aufsichtsrates zu erfüllen. Abweichend von den EBA-Leitlinien sind für den Nominierungsausschuss in Österreich keine unabhängigen Mitglieder zwingend vorzusehen.

Im FMA Fit & Proper Rundschreiben findet sich – in Anlehnung an die diesbezüglichen EBA Leitlinien – die Interpretation, dass das quantitative Ziel und der Zeitrahmen zur Erreichung der Quote für das unterrepräsentierte Geschlecht nur von Instituten von erheblicher Bedeutung festzulegen ist.

Neben dem Nominierungsausschuss **weitere verpflichtend einzurichtende Ausschüsse** sind:

- der Vergütungsausschuss (§ 39c BWG, für KI von erheblicher Bedeutung),

- der Risikoausschuss (§ 39d BWG, für KI von erheblicher Bedeutung) und

- der Prüfungsausschuss (§ 63a Abs 4 BWG bei Instituten ab einer Bilanzsumme von 1 Milliarde Euro bzw bei Börsenotiz).

Somit besteht die Verpflichtung für Kreditinstitute ab 5 Milliarden Euro Bilanzsumme, einen Nominierungsausschuss, einen Vergütungs- und einen Risikoausschuss einzurichten; ab 1 Milliarde Euro Bilanzsumme bzw bei Börsenotiz einen Prüfungsausschuss.

Signifikante oder systemrelevante Institute haben in der Regel immer alle Aufsichtsratsausschüsse einzurichten.

Auf die oben genannten, weiteren Ausschüsse wird in den Kapitel 13.4 ‚Sorgfaltspflichten – Grundsätze der Vergütungspolitik und -praktiken‘, Kapitel 13.2 ‚Risikomanagement‘ und Kapitel 15.16 ‚Prüfungsausschuss‘ eingegangen.

Fit & Proper Selbsttest:

- Was ist der Unterschied zwischen Rahmen- und Vorratsbeschluss?

- Welche sind die Aufgaben des Nominierungsausschusses?

- Welche verpflichtend zu bildenden Ausschüsse gibt es im BWG?

10 Bestimmungen zur Kreditinstitutsgruppe (§ 30 BWG)

Empfohlene Literatur, Gesetzesstellen und FMA-Rundschreiben:

§ 30 BWG   Kreditinstitutsgruppe

Nach § 30 BWG spricht man von einer **Kreditinstitutsgruppe**, wenn ein übergeordnetes Institut (Kreditinstitut oder eine übergeordnete (gemischte) Finanzholdinggesellschaft) mit Sitz im Inland bei einem oder mehreren Kreditinstituten, in einem Mitgliedstaat oder Drittstaat zugelassenen CRR-Kreditinstituten, (CRR-)Finanzinstituten, (CRR-)Wertpapierfirmen oder Anbietern von Nebendienstleistungen (nachgeordnete Institute) mit Sitz im Inland oder Ausland

- die gesetzlichen Voraussetzungen gemäß § 244 Abs 1 UGB für die Erstellung eines Konzernabschlusses erfüllt (Z 1),

- über die Mehrheit der Stimmrechte der Gesellschaft verfügt (Z 2),

- das Recht besitzt, die Mehrheit der Mitglieder des Verwaltungs-, Leitungs- oder Aufsichtsorgans zu bestellen oder abzuberufen, und gleichzeitig Gesellschafter ist, (Z 3),

- beherrschenden Einfluss ausüben kann oder tatsächlich ausübt (Z 5),

- auf Grund eines Vertrages mit einem oder mehreren Gesellschaftern des Unternehmens das Recht zur Entscheidung besitzt, wie Stimmrechte der Gesellschafter, soweit sie mit seinen eigenen Stimmrechten zur Erreichung der Mehrheit aller Stimmen erforderlich sind, bei Bestellung oder Abberufung der Mehrheit der Mitglieder des Leitungs- oder eines Aufsichtsorgans auszuüben sind (Z 6) oder

- eine Beteiligung (mindestens 20 % der Stimmrechte oder des Kapitals) direkt oder indirekt hält, und diese Beteiligung von einem gruppenangehörigen Unternehmen gemeinsam mit einem oder mehreren Unternehmen geleitet wird, die nicht der Kreditinstitutsgruppe angehören, wenn die Haftung der betreffenden Unternehmen auf den Kapitalanteil beschränkt ist (Z 7).[13]

Demnach sind **zwei Dimensionen** für das Vorliegen einer Kreditinstitutsgruppe **entscheidend**:

- die Art der Unternehmen, da nur bestimmte Finanzunternehmen einzubeziehen sind, und

- ob einer der (Kontroll)tatbestände des § 30 Abs 1 BWG vorliegt.

Wesentliche **Folgen des Vorliegens einer Kreditinstitutsgruppe** sind:

- die Verpflichtung zur Erstellung eines Konzernabschlusses nach § 59 Abs 1 oder § 59a BWG,

---

13   Vgl § 30 Abs 1 BWG.

- die Anwendung einer Reihe von Ordnungsnormen der CRR auch auf Gruppenebene,

- die Einrichtung angemessener Verfahren für die Sicherstellung einer angemessenen Risikobegrenzung in der Gruppe (Risikomanagement, ICAAP, IKS, etc),

- das übergeordnete Kreditinstitut hat die Informationsübermittlung und Auskunftserteilung durch die nachgeordneten Institute und eine übergeordnete Finanz-Holdinggesellschaft sicherzustellen,

- die Interne Revision des übergeordneten Kreditinstituts nimmt auch die Aufgaben einer Konzernrevision wahr,

- Erleichterungen für die Gruppe: zB diverse Befreiungen auf Einzelebene (bspw ICAAP).

Nach Artikel 4 Abs 1 Nr 20 CRR ist eine Finanzholdinggesellschaft ein Finanzinstitut, das keine gemischte Finanzholdinggesellschaft ist und dessen Tochterunternehmen ausschließlich oder hauptsächlich Institute oder Finanzinstitute sind, wobei mindestens eines dieser Tochterunternehmen ein Institut ist.

Keine Kreditinstitutsgruppe liegt vor, wenn das Institut gleichzeitig einem anderen Kreditinstitut oder einer (gemischten) Finanzholdinggesellschaft, jeweils mit Sitz im Inland, nachgeordnet ist.

Ein der Kreditinstitutsgruppe verwandtes Konzept ist der **Kreditinstitute-Verbund** gemäß § 30a BWG, bei dem Kreditinstitute, die nicht in einem Über- und Unterordnungsverhältnis zueinander stehen, vertraglich bzw satzungsmäßig einen Organisations- und Haftungsverbund bilden und einer Zentralorganisation zugeordnet sind. Die **Zentralorganisation** hat die Einhaltung der aufsichtsrechtlichen Bestimmungen auf Ebene des Verbunds sicherzustellen und dafür sind die zugeordneten Institute von einer Vielzahl von Bestimmungen, insbesondere von den Ordnungsnormen der CRR, auf Einzelebene ausgenommen.

Anzumerken ist zusätzlich, dass der Umfang der **Kreditinstitutsgruppe** nach § 30 BWG – der **rechnungslegungstechnische Konsolidierungskreis** nach den Bestimmungen der §§ 59 und 59a BWG und der **aufsichtliche Konsolidierungskreis** der CRR – zwar ähnlich definiert, jedoch nicht deckungsgleich sind.

Fit & Proper Selbsttest:

- Wann liegt nach § 30 BWG eine Kreditinstitutsgruppe vor?

- Welche Folgen ergeben sich aus dem Vorliegen einer Kreditinstitutsgruppe?

- Kann ein Handelsunternehmen auch Teil einer Kreditinstitutsgruppe sein?

11 Spareinlagen und Verbraucher-bestimmungen (§§ 31 – 37 BWG)

11.1 Spareinlagen

Empfohlene Literatur, Gesetzesstellen und FMA-Rundschreiben:

§ 31 BWG   Spareinlagen

§ 32 BWG   Einzahlungen, Auszahlungen und Verzinsung

FMA – Rundschreiben zur Ausgestaltung von Sparurkunden gemäß §§ 31 und 32 BWG

FMA – Rundschreiben betreffend die Verfügung über Spareinlagen gemäß § 32 Abs 4 Z 2 BWG

Spareinlagen sind Geldeinlagen bei Kreditinstituten, die nicht dem Zahlungsverkehr, sondern der Anlage dienen und als solche nur gegen die Ausfolgung von besonderen Urkunden (Sparurkunden) entgegengenommen werden dürfen.[14]

Sparurkunden dürfen ausschließlich von den zum Spareinlagengeschäft berechtigten Kreditinstituten ausgegeben werden. Der Jahreszinssatz ist verpflichtend in der Sparurkunde anzugeben. Jede Aus- und Einzahlung ist auf der Sparurkunde zu vermerken, wobei bei Auszahlungen die Sparurkunde vorzulegen ist. Nach § 32 Abs 3 BWG sind Überweisungen auf ein Sparbuch möglich, aber nicht Überweisungen von einem Sparbuch (Ausnahme: Vormundschafts- oder Pflegschaftsangelegenheiten). Der Abschlussstichtag eines Sparbuches ist der Jahresultimo bzw der Tag der Auflösung des Sparbuchs.

Die Verzinsung der Einzahlungen auf Spareinlagen beginnt mit dem Datum der Wertstellung (= nächster Werktag). Der Monat ist für die Berechnung mit 30 Tagen und das Jahr mit 360 Tagen zu rechnen. Bei einer Auszahlung sind die Zinsen für den ausbezahlten Betrag bis zum Kalendertag vor der Auszahlung zu berechnen. Erfolgt aber innerhalb von 14 Tagen nach der Einzahlung wieder eine Abhebung, werden keine Zinsen gutgeschrieben (sog „**Bedingte Respirofrist**").

Die **Verjährungsfrist** für Kapital und Zinsen beträgt **30 Jahre** – sie wird durch Zinsenzuschreibungen in der Urkunde, Einzahlungen und Auszahlungen unterbrochen.

Fit & Proper Selbsttest:

- Wie lautet die Definition von Spareinlagen?

- Ist eine Auszahlung ohne Vorlage der Sparurkunde möglich?

- Sind Überweisungen auf ein bzw von einem Sparbuch möglich?

---

14   Vgl § 31 Abs 1 BWG.

11.2 Verbraucherbestimmungen

Empfohlene Literatur, Gesetzesstellen und FMA-Rundschreiben:

§ 34 BWG Verbrauchergiroverträge

§ 35 BWG Preisaushang

§ 36 BWG Geschäftsbeziehungen zu Jugendlichen

§ 37 BWG Wertstellung

FMA http://www.fma.gv.at/de/verbraucher/

11.2.1 Verbrauchergirokonten

Verbrauchergirokonten sind gemäß § 34 Abs 1 BWG Konten von Verbrauchern im Sinne des § 1 Abs 1 Z 2 KSchG. Der Verbrauchergirokontovertrag hat zumindest den Jahreszinssatz für Guthaben zu enthalten, sofern diese Information nicht bereits im Rahmen der nach § 48 ZaDiG 2018 erteilten Informationen gegeben wird. Außerdem hat das Kreditinstitut mittels Kontoauszug dem Verbraucher **zumindest einmal vierteljährlich** den Kontostand bekanntzugeben.

11.2.2 Preisaushang

§ 35 BWG regelt den Preisaushang von Kreditinstituten, wonach diese bestimmte Angaben in für Verbraucher zugänglichen Geschäftsräumen („Kassensaal") auszuhängen oder in elektronischer Form auf der Website zugänglich zu machen haben. Gemäß § 35 Abs 1 BWG sind dies die Verzinsung von Spareinlagen und Entgelte, die allenfalls für Dienstleistungen im Zusammenhang mit Spareinlagen und für sonstige Dienstleistungen im Privatkundenbereich verlangt werden, die allgemeinen Geschäftsbedingungen und die Angaben über das Einlagensicherungssystem.

11.2.3 Geschäftsbeziehungen zu Jugendlichen

Kreditinstitute haben gemäß § 36 BWG in ihren **Geschäftsbeziehungen zu Jugendlichen** (Personen, die das 18. Lebensjahr noch nicht beendet haben) folgende Sorgfaltspflichten zu beachten:

- liegt bei Jugendlichen eine ausdrückliche Zustimmung des gesetzlichen Vertreters nicht vor, ist die Ausgabe von Karten für den Bargeldbezug und die Ausgabe von Scheckkarten nicht vor Vollendung des 18. Lebensjahres, bei regelmäßigen Einkünften nicht vor Vollendung des 17. Lebensjahres zulässig (Z 1),

- der Geldbezug von Jugendlichen durch Geldausgabeautomaten ist auf wöchentlich 400 Euro zu begrenzen (Z 2).

Die oben genannten Sorgfaltspflichten gelten nicht für Karten, die nur zur Behebung beim ausgebenden Kreditinstitut dienen, sofern dieses die Möglichkeit hat, im Einzelfall über die Berechtigung zur Abhebung zu entscheiden, wenn dadurch eine Kontoüberziehung erfolgen würde.

Vor der Ausgabe von Scheckformularen an Jugendliche hat das Kreditinstitut die Ordnungsmäßigkeit der bisherigen Kontogestion, insbesondere den aktuellen Kontostand, zu prüfen.

11.2.4 Wertstellung nach § 37 BWG

Kreditinstitute haben im **Geldverkehr mit Verbrauchern** im Sinn des § 1 Abs 1 Z 2 KSchG Beträge im Zusammenhang mit Spareinlagen, Kreditkonten oder Girokonten, sofern diese nicht unter den Anwendungsbereich der §§ 77 und 78 ZaDiG 2018 fallen,

- spätestens **taggleich** mit dem Eingang beim Empfängerinstitut auf dem Empfängerkonto oder mit der Entgegennahme von Bareinzahlungen am Verbraucherkonto wertzustellen, wenn der Betrag in derselben Währung einlangt, in der das Verbraucherkonto geführt wird und

- taggleich weiterzuleiten, wobei hier § 72 ZaDiG 2018 anzuwenden ist.

In allen übrigen Fällen des Geldverkehrs mit Verbrauchern, haben Kreditinstitute die Beträge spätestens am **folgenden Werktag** auf dem Empfängerkonto zu berücksichtigen.

11.2.5 Kündigung eines Guthabenkontos

Die Regelungen zur **Kündigung eines Girokontovertrages** liegen bei den Vertragspartnern, also Bank und Kunden. Inwieweit ein Guthabenkonto von der Bank gekündigt werden kann, ist daher aus dem Vertrag bzw aus den diesbezüglichen Nebenbestimmungen (AGB) abzulesen. Grundsätzlich gilt ein auf unbestimmte Zeit abgeschlossener Girokontovertrag als Dauerschuldverhältnis, und ist daher jederzeit (im Zweifel unter Einhaltung einer Zweimonatsfrist, oder je nach vertraglich fixierter Frist) kündbar. Nähere Angaben zur Aufkündigung eines Rahmenvertrages finden sich im ZaDiG 2018.[15]

11.2.6 Tilgung und Kündigung eines Kreditvertrages

Der Kreditgeber hat dem Verbraucher (bei einem **Kreditvertrag mit fester Laufzeit**) **auf dessen Verlangen** kostenlos und zu jedem beliebigen Zeitpunkt während der Gesamtlaufzeit des Kreditvertrags eine Aufstellung in Form eines **Tilgungsplans** zur Verfügung zu stellen (§ 10 VKrG). Aus dem Tilgungsplan muss ablesbar sein, welche Zahlungen in welchen Abständen zu leisten sind, und welche Bedingungen für diese Zahlungen gelten. In diesem Plan sind die einzelnen periodischen Rückzahlungen auch nach der Kredittilgung, den berechneten Zinsen und allfälligen zusätzlichen Kosten aufzuschlüsseln. Im Fall eines Kreditvertrags, bei dem kein fester Zinssatz vereinbart wurde oder wo die zusätzlichen Kosten geändert werden können, ist im Tilgungsplan klar anzugeben, dass die Daten im

---

15 Vgl FMA – Homepage: http://www.fma.gv.at/de/verbraucher/banken/girokonto/kuendigung. html

Tilgungsplan nur bis zur nächsten Änderung des Sollzinssatzes, oder der zusätzlichen Kosten Gültigkeit haben.

Der **Verbraucher** hat das **Recht**, den **Kreditbetrag jederzeit vor Ablauf** der bedungenen Zeit zum Teil oder zur Gänze **zurückzuzahlen** (§ 16 VKrG). Die vorzeitige Rückzahlung des gesamten Kreditbetrags samt Zinsen gilt als Kündigung des Kreditvertrags. Die vom Kreditnehmer zu zahlenden Zinsen verringern sich bei vorzeitiger Kreditrückzahlung entsprechend dem dadurch verminderten Außenstand, und entsprechend der dadurch verkürzten Vertragsdauer. Seit der Umsetzung des Lexitor-Urteils verringern sich nach § 16 VKrG nicht nur die laufzeitabhängigen, sondern sämtliche Kosten aliquot.

Der Verbraucher kann einen auf unbestimmte Zeit geschlossenen Kreditvertrag auch jederzeit kündigen (§ 15 VKrG). Für die Kündigung dürfen ihm keine Kosten verrechnet werden. Eine Kündigungsfrist ist abweichend von § 986 Abs 2 ABGB nur dann einzuhalten, wenn sie im Vertrag vereinbart wurde, und einen Monat nicht übersteigt.[16]

Fit & Proper Selbsttest:

- Welche Angaben haben Kreditinstitute im Kassensaal auszuhängen?

- Welche Sorgfaltspflichten sind bei Geschäftsbeziehungen zu Jugendlichen zu beachten?

- Kann ein Verbraucher auf die vorzeitige Rückzahlung eines Kredites bestehen?

---

16 Vgl FMA – Homepage: http://www.fma.gv.at/de/verbraucher/banken/kredit/tilgung-kuendigung.html

12 Bankgeheimnis (§ 38 BWG)

Empfohlene Literatur, Gesetzesstellen:

§ 38 BWG   Bankgeheimnis

Unter dem **Bankgeheimnis** versteht man die Pflicht der Gesellschafter, Organmitglieder, Beschäftigten und sonstiger für das Kreditinstitut tätigen Personen, Geheimnisse, die ihnen ausschließlich aufgrund der Geschäftsbeziehung mit den Kunden zugänglich gemacht wurden, nicht zu offenbaren oder zu verwerten. Werden Organen von Behörden bzw der Oesterreichischen Nationalbank diese Tatsachen bekannt, sind diese im Rahmen des Amtsgeheimnisses zu wahren. Die Geheimhaltungspflicht ist **zeitlich unbegrenzt** und geht daher auch über das Ende eines Beschäftigungs- oder Auftragsverhältnisses mit dem Kreditinstitut hinaus.

Es existieren gemäß § 38 Abs 2 BWG folgende **Ausnahmen** zum Bankgeheimnis („Durchbrechungstatbestände"):

- im Zusammenhang mit einem Strafverfahren aufgrund einer gerichtlichen Bewilligung (§ 116 StGB, Kontenöffnungsbeschluss) gegenüber den Staatsanwaltschaften und Strafgerichten und mit eingeleiteten Strafverfahren wegen vorsätzlicher Finanzvergehen gegenüber den Finanzstrafbehörden (Ausnahme: Finanzordnungswidrigkeiten),

- im Falle der Verpflichtung zur Auskunftserteilung an die Geldwäsche-Meldestelle, an den Bankprüfer und an die Sicherungssysteme (Einlagensicherung, etc),

- im Todesfall eines Kunden gegenüber dem Abhandlungsgericht und dem Gerichtskommissär,

- bei minderjährigen Kunden gegenüber dem Vormundschafts- oder Pflegschaftsgericht,

- bei ausdrücklicher und schriftlicher Zustimmung des Kunden,

- für allgemein gehaltene, banKübliche Auskünfte über die wirtschaftliche Lage eines Unternehmens, wenn der Auskunftserteilung nicht ausdrücklich widersprochen wird,

- soweit die Offenbarung zur Klärung von Rechtsangelegenheiten aus dem Verhältnis zwischen Kreditinstitut und Kunden erforderlich ist,

- hinsichtlich der Meldepflicht des § 25 Abs 1 des Erbschafts- und Schenkungssteuergesetzes (Z 8);

- im Fall der Verpflichtung zur Auskunftserteilung an die FMA gemäß dem WAG und dem BörseG,

- für die Zwecke des automatischen Informationstausches gemäß Gemeinsamer Meldestandard Gesetz (GMSG),

- gegenüber Abgabenbehörden des Bundes bei Auskunftsverlangen gemäß KontRegG,

- hinsichtlich der Übermittlungspflicht und der Auskunftserteilung gem KontRegG,

- hinsichtlich der Meldepflichten gemäß Kapitalabfluss-Meldegesetz und

- hinsichtlich der Informationsbereitstellung gemäß § 16 Abs 6 FM-GwG und des Informationsaustausches gemäß § 22 Abs 2 und § 24 Abs 6 FM-GwG jeweils zur Verhinderung der Geldwäscherei oder Terrorismusfinanzierung.

Ein Bruch des Bankgeheimnisses kann zivilrechtliche (zB Schadenersatzklage), aufsichtsrechtliche und strafrechtliche Konsequenzen nach sich ziehen.

Wer Tatsachen des Bankgeheimnisses offenbart oder verwertet, um sich oder einem anderen einen Vermögensvorteil zu verschaffen oder um einem anderen einen Nachteil zuzufügen, ist gemäß § 101 BWG vom Gericht mit Freiheitsstrafe bis zu einem Jahr oder mit Geldstrafe bis zu 360 Tagessätzen zu bestrafen. Der Täter ist allerdings nur mit Ermächtigung des in seinem Interesse an der Geheimhaltung Verletzten zu verfolgen (**Ermächtigungsdelikt**).

Fit & Proper Selbsttest:

- Wie ist das Bankgeheimnis definiert?

- Nennen Sie vier Ausnahmen zum Bankgeheimnis!

- Welche Sanktionen drohen bei Verletzungen des Bankgeheimnisses?

---

13 Sorgfaltspflichten (§§ 39 – 41 BWG)

Empfohlene Literatur, Gesetzesstellen und FMA-Rundschreiben:

§ 39 BWG *Sorgfaltspflichten*

§ 39b BWG *Grundsätze der Vergütungspolitik und -praktiken*

§ 39c BWG *Vergütungsausschuss*

§ 39d BWG *Risikoausschuss*

FM-GwG *Online-Identifikationsverordnung*

§ 41 BWG *Meldepflichten*

Kreditinstitute-Risikomanagementverordnung (Kreditinstitut-RMV)

FMA – RS zu §§ 39 Abs 2, 39b und 39c BWG – Grundsätze der Vergütungspolitik und -praktiken

FMA – Mindeststandards für das Kreditgeschäft (FMA-MS-K)

FMA – Mindeststandards für die BWG-Compliance (FMA-MS-BWG-Compliance)

OeNB – Leitfaden zur Gesamtbankrisikosteuerung

FMA – RS zur Anwendung der Liquiditätsrisikomanagementverordnung

FMA – RS zu Verdachtsmeldungen

FMA – RS zum risikoorientierten Ansatz

FMA – RS zur Feststellung und Überprüfung der Identität

FMA – RS zur Übermittlung von Auftraggeberdaten

FMA – RS zum Geldwäschereibeauftragten

EBA – Leitlinien zu Strategien und Verfahren in Bezug auf das Compliance-Management und die Rolle und Zuständigkeiten des Geldwäschebeauftragten

EBA – Leitlinien zur Fernidentifizierung von Kunden

EBA – Leitlinien für die Kreditvergabe und Überwachung

CEBS – Leitlinien zur Allokation der Liquiditätskosten, -vorteile und -risiken vom 27.10.2010

CEBS – Leitlinien zu Liquiditätspuffer und Überlebensdauer vom 9. Dezember 2009

CEBS – Leitlinien zu Leitlinien zu Vergütungspolitik und Vergütungspraxis

EBA – Guidelines on Remuneration Policies and Practices

Verordnung (EU) 2022/2554 über die digitale operationale Resilienz im Finanzsektor und zur Änderung der Verordnungen (EG) Nr. 1060/2009, (EU) Nr. 648/2012, (EU) Nr. 600/2014, (EU) Nr. 909/2014 und (EU) 2016/1011

13.1   Allgemeine Sorgfaltspflichten (§ 39 Abs 1 BWG)

Die **Geschäftsleiter** eines Kreditinstitutes haben bei ihrer Geschäftsführung die **Sorgfalt eines ordentlichen und gewissenhaften Geschäftsleiters** im Sinne des § 84 Abs 1 AktG anzuwenden. Sie haben sich insbesondere über die bankgeschäftlichen und bankbetrieblichen Risiken zu informieren, diese durch **angemessene Strategien und Verfahren** zu **steuern**, zu überwachen und zu **begrenzen**. Weiters haben sie über **wirksame Pläne und Verfahren** gemäß § 39a BWG zu verfügen, um die Höhe, die Zusammensetzung und die Verteilung des Kapitals zur Risikoabsicherung regelmäßig zu ermitteln und im erforderlichen Ausmaß zu halten (**ICAAP**). Schließlich müssen sie auf die Gesamtertragslage des Kreditinstitutes Bedacht nehmen.

Hinweis für Fit & Proper Tests:

Von Fit & Proper Prüfungskandidaten wird das Rezitieren des Gesetzestextes oder das Nennen von Paragrafen grundsätzlich nicht verlangt. Der § 39 BWG stellt aufgrund der großen Bedeutung dieser Bestimmung eine Ausnahme zu dieser Regel dar. Das Kennen der konkreten Formulierungen dieses Paragrafen für Geschäftsleiter und Aufsichtsräte wird bei den Prüfungen abgefragt.

13.2   Risikomanagement (§§ 39 Abs 2 – 2c BWG)

13.2.1 Risikomanagementrahmen und -grundsätze

Nach § 39 Abs 2 BWG haben **Kreditinstitute** zur **Erfassung, Beurteilung, Steuerung** und Überwachung **aller wesentlichen bankgeschäftlichen und bankbetrieblichen Risiken** über **angemessene Verwaltungs-, Rechnungs- und Kontrollverfahren** zu verfügen (**Risikomanagementsystem**). Diese Verfahren müssen für die Art, Umfang und Komplexität der betriebenen Bankgeschäfte angemessen sein (**Proportionalitätsgrundsatz**). Institute haben

- die Risiken aus der Vergütungspolitik und den -praktiken und

- die Risiken, die sich möglicherweise ergeben können, zu erfassen und

- durch eine angemessene Aufbau- und Ablauforganisation Interessen- und Kompetenzkonflikte zu vermeiden (dh **Trennung von Markt und Marktfolge**).

Nach § 39 Abs 2 BWG sind die Organisationsstruktur und die Verwaltungs-, Rechnungs- und Kontrollverfahren **schriftlich und in nachvollziehbarer Weise zu dokumentieren**.

Die **Interne Revision** hat die Zweckmäßigkeit dieses Systems mindestens einmal jährlich zu prüfen.

Das Risikomanagementsystem hat insbesondere folgende Risiken abzudecken:

- das Kreditrisiko und das Gegenparteiausfallsrisiko (bei Derivaten),

- das Konzentrationsrisiko,

- das Marktrisiko,

- das Risiko einer übermäßigen Verschuldung,

- das operationelle Risiko,

- das Verbriefungsrisiko,

- das Liquiditätsrisiko,

- das Zinsrisiko im Bankbuch,

- das Restrisiko aus kreditrisikomindernden Techniken,

- die makroökonomischen Risiken,

- der Belegenheitsort der Risikopositionen eines Kreditinstituts,

- das Risiko von Geldwäscherei und Terrorismusfinanzierung,

- das Risiko aus dem Geschäftsmodell des Instituts,

- die Ergebnisse von Stresstests, sofern interne Ansätze angewendet werden, und

- die Regelungen zur Unternehmensprüfung und -kontrolle von Kreditinstituten und den gemäß § 30 Abs 6 verantwortlichen Unternehmen, ihre Unternehmenskultur und die Fähigkeit des Leitungsorgans zur Erfüllung ihrer Pflichten.

Diese Liste von Risiken bildet den **Risikokatalog der Säule 2**, welcher weit über die Risiken der Säule I (Kreditrisiko, bestimmte Marktrisiken, operationelles Risiko und das CVA-Risiko) hinausgeht.

Konkretere Anforderungen an die Ausgestaltung der Risikomanagementsysteme pro Risikokategorie regelt die auf Basis der Verordnungsermächtigung gemäß § 39 Abs 3 BWG von der FMA erlassene **Kreditinstitute-Risikomanagement-Verordnung (KI-RMV)**.

Die **Regelung für neue Produkte** gemäß § 39 Abs 2c BWG verlangt, dass insbesondere bei neuartigen Geschäften, über deren Risikogehalt keine Erfahrungswerte vorliegen, auf die Sicherheit der anvertrauten fremden Gelder und die Erhaltung der Eigenmittel Bedacht zu nehmen ist. Das Risikomanagementsystem hat die weitestmögliche Erfassung und Beurteilung der sich aus neuartigen Geschäften ergebenden Risiken sowie von Konzentrationsrisiken sicher zu stellen.

Kreditinstitute von erheblicher Bedeutung (ab EUR 5 Milliarden Bilanzsumme) haben eine **vom operativen Geschäft unabhängige Risikomanagementabteilung** (mit direktem Zugang zur Geschäftsleitung) einzurichten. Aufgrund der Formulierung des BWG ist davon auszugehen, dass der Gesetzgeber eine Stelle in der zweiten Führungsebene mit direkter Berichterstattung an die Geschäftsleiter im Auge hat, die sich mit dem Gesamtrisikoprofil der Bank zu beschäftigen hat und daher noch passender als *Risikocontrollingstelle* bezeichnet werden könnte.

Die **Leitung dieser Risikomanagementabteilung** hat eine Führungskraft zu übernehmen, die ausschließlich diese Funktion ausübt und hat für die Ausübung ihrer Funktion fachlich geeignet zu sein und die formalen Eignungsanforderungen des § 5 Abs 1 Z 6 und 7 BWG zu erfüllen. Bei geringer Komplexität des Kreditinstitutes kann eine andere Führungskraft des Instituts diese Funktion wahrnehmen, sofern kein Interessenkonflikt besteht. Der Leiter der Risikomanagementabteilung kann seines Amtes **nicht ohne die vorherige Information des Aufsichtsrates enthoben** werden. Darin ist eine intendierte Stärkung des Risikomanagements bzw Risikocontrollings in Kreditinstituten zu erkennen.

Die **Aufgaben der Risikomanagementabteilung** sind wie folgt im BWG umrissen:

- die Erkennung und Messung der Ausprägung von bankgeschäftlichen und bankbetrieblichen Risiken,

- die Meldung dieser Risiken und der Risikolage an die Geschäftsleiter,

- die Beteiligung an der Ausarbeitung der Risikostrategie des Kreditinstituts und an wesentlichen Entscheidungen zum Risikomanagement, und

- die Schaffung eines vollständigen Überblicks über die Ausprägung der Risikoarten und der Risikolage.

13.2.2 BWG-Compliance-Funktion

Die Regeln zur BWG-Compliance-Funktion bedeuten für alle Institute, dass sie unter Berücksichtigung der Art, des Umfangs und der Komplexität ihrer Geschäftstätigkeit angemessene Grundsätze und Verfahren schriftlich festzulegen, regelmäßig zu aktualisieren und laufend einzuhalten haben, die darauf ausgelegt sind, Risiken einer etwaigen Missachtung der in § 69 Abs 1 BWG aufgelisteten bankenaufsichtsrechtlichen Vorschriften sowie die damit verbundenen Risiken aufzudecken und diese Risiken auf ein Mindestmaß zu beschränken.

Für Kreditinstitute von erheblicher Bedeutung ist zudem eine dauerhafte, wirksame und unabhängig arbeitende Compliance-Funktion mit direktem Zugang zur Geschäftsleitung einzurichten, die die ständige Überwachung und regelmäßige Bewertung der Angemessenheit und Wirksamkeit der eingerichteten Grundsätze und Verfahren, sowie der Maßnahmen, die zur Behebung etwaiger Mängel unternommen wurden, sowie die diesbezügliche Beratung der Geschäftsleitung zur Aufgabe hat. Mit der Leitung der Compliance-Funktion ist eine Person zu betrauen, die die formalen Eignungsanforderungen des § 5 Abs 1 Z 6 und 7 BWG erfüllt und fachlich für die Ausübung ihrer Funktion geeignet ist.

Laut FMA-Mindeststandards sind die Erstellung einer Risikoanalyse, die Berücksichtigung des BWG-Compliance-Risikos in der Gesamtbankrisikostrategie, die Festlegung eines risikobasierten Prüfprogramms sowie ein Regulatory Monitoring erforderlich.

13.2.3 Risikoausschuss

Laut § 39d BWG besteht die Verpflichtung zur Einrichtung eines **Risikoausschusses** durch den Aufsichtsrat, sofern die Bilanzsumme 5 Milliarden Euro übersteigt.

Zu den **Aufgaben des Risikoausschusses** zählen:

- die Beratung der Geschäftsleitung in Hinblick auf die aktuelle und zukünftige Risikobereitschaft und Risikostrategie,

- die Überwachung der Umsetzung dieser Risikostrategie im Rahmen der Risikosteuerung,

- die Überprüfung, ob die Preisgestaltung der angebotenen Dienstleistungen und Produkte im Geschäftsmodell und der Risikostrategie des Kreditinstituts angemessen berücksichtigt ist, und gegebenenfalls die Vorlage eines Plans mit Abhilfemaßnahmen und

- die Überprüfung der Anreize des gewählten Vergütungssystems.

Ist aufgrund der geringen Bilanzsumme des Instituts kein Risikoausschuss einzurichten, so kommen – in analoger Anwendung der FMA-Interpretation zum Nominierungsausschuss – die Aufgaben des Risikoausschusses dem Gesamtaufsichtsrat zu.

Der Risikoausschuss hat aus **mindestens drei Mitgliedern des Aufsichtsrats** zu bestehen, die über die erforderliche Expertise und Erfahrung zur Überwachung der Umsetzung der Risikostrategie des Kreditinstitutes verfügen. Der Vorsitzende des Risikoausschusses muss gemäß § 28a Abs 5b BWG unabhängig sein. Darüber hinaus ist laut FMA Fit & Proper Rundschreiben ein weiteres unabhängiges Mitglied erforderlich, wobei hier auch ArbeitnehmervertreterInnen angerechnet werden dürfen.

Bei Kreditinstituten, die von der FMA als systemrelevantes Institut eingestuft wurden, hat überdies die Mehrheit der Mitglieder und der Vorsitzende des Risikoausschusses unabhängig im Sinne des § 28a Abs 5b BWG zu sein.

Der Risikoausschuss hat **mindestens eine Sitzung pro Jahr** abzuhalten. Ein Vertreter der Risikomanagementabteilung hat an den Sitzungen des Aufsichtsrats teilzunehmen und über Risikoarten und Risikolage zu berichten.

13.2.4 Liquiditätsrisikomanagement

Anforderungen an das **institutsspezifische Liquiditätsrisikomanagement** finden sich in § 39 Abs 3 BWG. Nach dieser Bestimmung haben Kreditinstitute

- dafür zu sorgen, ihren Zahlungsverpflichtungen jederzeit nachkommen zu können,

- eine unternehmensspezifische, den bankwirtschaftlichen Erfahrungssätzen entsprechende Finanz- und Liquiditätsplanung einzurichten,

- durch die dauernde Haltung ausreichender flüssiger Mittel für den Ausgleich künftiger Ungleichgewichte der Zahlungseingänge und Zahlungsausgänge vorzusorgen,

- über Regelungen zur Überwachung und Kontrolle des Zinsrisikos sämtlicher Geschäfte zu verfügen,

- entsprechend der Fälligkeitsstruktur ihrer Forderungen und Verbindlichkeiten insbesondere die Zinsanpassungs- und Kündigungsmöglichkeiten so zu gestalten, dass auf mögliche Veränderungen der Marktverhältnisse Bedacht genommen wird, und

- über Unterlagen zu verfügen, anhand derer sich die finanzielle Lage des Kreditinstitutes jederzeit mit hinreichender Genauigkeit rechnerisch bestimmen lässt; diese Unterlagen sind versehen mit entsprechenden Kommentierungen auf Verlangen der FMA vorzulegen.

Auf Basis der Verordnungsermächtigung in § 39 Abs 4 BWG sind die Anforderungen in der FMA Kreditinstitute-Risikomanagementverordnung (KI-RMV) konkretisiert. Für den Bereich Liquiditätsrisikomanagement schreibt § 12 KI-RMV vor:

- Kreditinstitute haben geeignete Strategien, Grundsätze, Verfahren und Systeme für die Identifizierung, Messung, Steuerung, Überwachung und Begrenzung des Liquiditätsrisikos (einschließlich innerhalb eines Geschäftstages) einzurichten, um sicherzustellen, dass sie über angemessene Liquiditätspuffer verfügen,

- Mechanismen für eine angemessene Allokation der Liquiditätskosten, -vorteile und -risiken (Liquiditätskostentransferpreissystem),

- Methoden für die Identifizierung, Messung und Steuerung und Überwachung von Finanzierungspositionen,

- Unterscheidung zwischen belasteten und unbelasteten Vermögenswerten und Steuerung der Risiken der Reservierung von Vermögenswerten (Asset Encumbrance),

- Vorkehrungen zur Minderung des Liquiditätsrisikos, insbesondere Limitsysteme und Liquiditätspuffer für unterschiedliche Stressfälle,

- Eine hinreichend diversifizierte Refinanzierungsstruktur und Prüfung des Zugangs zu diesen Refinanzierungsquellen,

- Stresstests (institutsspezifisch, marktweit und kombiniert) für Liquiditätspositionen und Risikominderungsfaktoren und mindestens jährliche Überprüfung der Annahmen,

- Wirkungsvolle Notfallkonzepte um etwaige Liquiditätsengpässe zu überwinden.

Als Orientierung für die konkrete Ausgestaltung der Stresstests, Liquiditätspuffer und Liquiditätstransferpreissysteme dienen die CEBS-Leitlinien für Liquiditätspuffer und Überlebensdauer sowie die CEBS-Leitlinien zur Allokation der Liquiditätskosten, -vorteile und -risiken.

13.3 ICAAP (§ 39a BWG)

Unter dem „**Internal Capital Adequacy Assessment Process**" (**ICAAP – internes Kapitaladäquanzverfahren**) versteht man die **Strategie und die zugehörigen Prozesse**, mit denen Kreditinstitute die **Zusammensetzung und Aufteilung ihres ökonomischen Kapitals sicherstellen (Risikotragfähigkeit)**. Die Grundlage des ICAAP ist ein funktionierendes Risikomanagementsystem und damit verbunden die Identifizierung, Messung und Steuerung sämtlicher Risiken (Marktrisiko, Kreditrisiko, operationelles Risiko, etc) des Instituts.

Der ICAAP sollte ein integrativer Bestandteil des Management- und Entscheidungsprozesses sein. Die **Gesamtverantwortung** für die Umsetzung des ICAAP liegt bei den **Geschäftsleitern**.

Bei der Berechnung der Risikotragfähigkeit im ICAAP sind die wesentlichen Risiken eines Instituts zu identifizieren, zu quantifizieren und zu aggregieren (ökonomisches Kapital), und dem internen Kapital als zur Verfügung stehende Risikodeckungsmasse gegenüberzustellen. Die Messung der Risiken sowie die Bestimmung der Risikodeckungsmasse kann – und soll – von den Methoden und Definitionen der Säule 1 aus Basel II (Mindesteigenmittelerfordernis bzw anrechenbare Eigenmittel) abweichen, um intern definierte angemessene Parameter und Annahmen, die die Risikolage des Instituts adäquater widerspiegeln, zum Ansatz zu bringen.

Gefordert ist (gemäß dem OeNB/FMA-Leitfaden zur Gesamtbanksteuerung) die Berechnung von **zwei Szenarien**:

- Going concern-Sicht (genügend Eigenkapital steht unter Einhaltung der Mindesteigenmittelanforderungen zur laufenden Verlustabdeckung zur Verfügung, um den Fortbestand des Unternehmens sicherzustellen),

- Gone concern-Sicht (das Eigenkapital wird zur Befriedigung der Fremdkapitalgläubiger in der geordneten Abwicklung verwendet – „Liquidationssicht").

Die im ICAAP zur Verfügung stehende Deckungsmasse ist im Rahmen eines Limitsystems auf einzelne Risiken und Einheiten aufzuteilen. Weiters sind Gesamtbankrisikostresstests zu berechnen.

Der ICAAP ist auch Ausgangspunkt für die Implementierung eines risikoadäquaten Pricings.

Mit dem „Leitfaden der EZB für den internen Prozess zur Beurteilung der Angemessenheit des Kapitals (internal capital adequacy assessment Process – ICAAP)" wurden seitens der EZB für SI (significant institutions) verbindliche Neuerungen in Bezug auf den ICAAP eingeführt. Insbesondere werden eine „normative" und eine „ökonomische" Perspektive etabliert. Da vor dem Hintergrund der Konvergenz von Aufsichtsstandards im SSM zu erwarten ist, dass die EZB zur Erreichung einer kohärenten Anwendung des ICAAP mittelfristig – unter Berücksichtigung des Proportionalitätsprinzips – auch sinngemäße Anforderungen für die LSI (less significant institutions) im Rahmen ihrer indirekten Aufsicht in diesem Bereich schaffen wird, stellt die FMA es auch LSI frei, bereits jetzt die Steuerungssichtweisen in Form der „normativen" und „ökonomischen" Perspektive, die komplementär zu betrachten sind, umzusetzen.

Für **nachgeordnete Kreditinstitute** besteht gemäß § 39a Abs 4 BWG eine **Befreiung zur Erstellung des ICAAP**. Der ICAAP ist eine Verpflichtung auf Ebene der **Kreditinstituts-gruppe**. Immer häufiger werden jedoch Fälle bekannt, bei denen die FMA unter Rückgriff auf die allgemeinen Sorgfaltspflichten des § 39 Abs 1 und Abs 2 BWG auch für grundsätz-lich befreite Institute eine Risikotragfähigkeitsrechnung iS eines ICAAPs fordert.

Hinweis für Fit & Proper Tests:

Zur Vorbereitung auf die Fit & Proper Prüfung sollten sich Kandidaten die Aufbau- und Ablauforganisation, die angewendeten Methoden und Modelle, allfällige Ver-änderungen im Zeitablauf, bestehende Sensitivitäten sowie die Interpretation der Ergebnisse der letzten ICAAP Berechnungen des eigenen Instituts von den zustän-digen Experten des Kreditinstituts erläutern lassen.

13.4 Sorgfaltspflichten – Grundsätze der Vergütungspolitik und -praktiken (§ 39b BWG)

13.4.1 Vergütungspolitik

Die **Regulierung der Vergütungspolitiken** der Kreditinstitute verfolgt den **Zweck**, die Vergütungssysteme in Einklang mit den **langfristigen Interessen des Unternehmens** zu bringen und diese **risikoadäquat und nachhaltig** auszugestalten. Es soll für Risikokäu-fer (siehe Definition weiter unten) nicht möglich sein, durch das Eingehen unangemessen hoher Risiken, eine Optimierung des eigenen Bonus zu erzielen bei womöglich nicht nach-haltigen Auswirkungen auf das Risikoprofil des Instituts.

Die FMA erläutert in ihrem Rundschreiben, dass falsche Anreize in der Vergütungspolitik ein effizientes und solides Risikomanagement untergraben können. Wird das Erzielen kurz-fristiger Gewinne belohnt, und werden die Mitarbeiter dazu verleitet, mit unüblich hohen Risiken verbundene Tätigkeiten fortzusetzen, sind die Kreditinstitute in Folge langfristig höheren, potenziellen Verlusten ausgesetzt. Der Zweck der Vergütungsbestimmungen des BWG liegt also darin, eine Anreizpolitik festzulegen, die die Mitarbeiter des Kreditinstitu-tes zu nachhaltigem und langfristigem Handeln bewegt.[17]

Bei den Regelungen zur Vergütungspolitik unterscheidet die FMA in ihrem Rundschreiben zwischen generellen und speziellen Grundsätzen. Während die generellen Grundsätze für das gesamte Kreditinstitut bzw alle Mitarbeiter gelten, sind die speziellen Grundsätze nur auf die gemäß § 39b BWG und auf Basis der Delegierten Verordnung EU Nr 923/2021 vom Kreditinstitut identifizierten speziellen Mitarbeiter („Identified Staff" bzw „Risiko-käufer iwS") anwendbar. Dabei sind als **Risikokäufer** folgende Funktionen einzustufen:

- Geschäftsleiter, Aufsichtsräte und die Mitglieder des höheren Managements,
- Mitarbeiter mit Managementverantwortung für die Kontrollaufgaben oder we-sentliche Geschäftsbereiche des Kreditinstituts,

---

17 RS der FMA zu §§ 39 Abs 2, 39b, 39c BWG: Grundsätze der Vergütungspolitik und Praktiken. I Vorbemerkungen. Z 3.

- Mitarbeiter mit besonders hohen Gesamtvergütungen (mind. EUR 500.000), die wesentliche Geschäftsbereiche leiten.

Die Vergütungspolitik der Kreditinstitute muss ihrer Größe, ihrer internen Organisation und der Art, dem Umfang und der Komplexität ihrer Geschäfte angemessen sein (**Proportionalitätsgrundsatz**).

In der Anlage zu § 39b sind ua **folgende Grundsätze** aufgelistet:

• die Vergütungspolitik ist mit dem Risikomanagement vereinbar und ermutigt nicht zur Übernahme von Risiken, die über das vom Institut tolerierte Maß hinausgehen (Z 1);	• bei erfolgsabhängiger Vergütung ist die Leistung des Mitarbeiters, seiner Abteilung und auch des gesamten Kreditinstitutes zu berücksichtigen und dabei werden sowohl finanzielle als auch nichtfinanzielle Kriterien berücksichtigt (Z 7);
• die Vergütungspolitik und -praktiken sind geschlechtsneutral (Z 1a)	• fixe und variable Gehaltsbestandteile stehen in einem angemessenen Verhältnis und auch der Entfall des variablen Anteils muss für den Mitarbeiter verzichtbar sein (Z 8);
• die Vergütungspolitik steht mit der Geschäftsstrategie, den Zielen, den Werten und den langfristigen Interessen im Einklang und beinhaltet Vorkehrungen zur Vermeidung von Interessenkonflikten (Z 2);	• Festlegung eines angemessenen Verhältnisses zwischen fixer und variabler Vergütung: max. 1:1 (Z 8a); • Möglichkeit mit Zustimmung der Eigentümer das Verhältnis zwischen variabler und fixer Vergütung auf bis zu 2:1 zu erhöhen (Z 8b);
• der Aufsichtsrat bzw der Vergütungsausschuss hat die allgemeinen Grundsätze der Vergütungspolitik zu genehmigen, sie regelmäßig zu überprüfen und ist für ihre Umsetzung verantwortlich (Z 3);	• Zahlungen im Zusammenhang mit der vorzeitigen Beendigung eines Vertrages spiegeln den langfristigen Erfolg wider; ein Misserfolg soll nicht belohnt werden (Z 9);
• die Umsetzung der Vergütungspolitik ist im Rahmen einer internen Überprüfung mindestens einmal jährlich zu überprüfen (Z 4);	• die Erfolgsmessung von variablen Vergütungskomponenten schließt eine Berichtigung für alle Arten von laufenden und künftigen Risiken ein (Z 10);
• Mitarbeiter mit Kontrollfunktionen müssen unabhängig von der Performance der Einheiten, die sie kontrollieren, entlohnt werden (Z 5);	• mind. 50 % des variablen Gehaltsbestandteils müssen in Aktien oder vergleichbaren handelbaren unbaren Instrumente ausgezahlt werden und unterliegen einer angemessenen Zurückstellungspolitik (Z 11);

• die Vergütung des höheren Managements im Risikomanagement und in Compliance-Funktionen ist vom Vergütungsausschuss zu überprüfen (Z 6);	• mindestens 40 % des variablen Gehaltsbestandteils muss auf mindestens 5 Jahre zurückgestellt werden (Z 12);
• Festlegung der Kriterien für fixe und variable Vergütungskomponenten (Z 6a);	• Die Auszahlung in Instrumenten (Z 11), Rückstellung und ex-post Risikobetrachtung (Z 12) ist nicht anzuwenden auf: a) Kreditinstitute, die keine großen CRR-Institute gemäß Art 4 Abs 1 Nr 146 CRR sind und deren Bilanzsumme auf Einzelbasis im Durchschnitt der letzten vier Jahre unmittelbar vor dem laufenden Geschäftsjahr aa) höchstens 5 Milliarden Euro betragen hat, oder bb) mehr als 5 Milliarden Euro, jedoch höchstens 15 Milliarden Euro betragen hat und das Kreditinstitut die Voraussetzungen gemäß Art 4 Abs 1 Nr 145 Buchstaben c, d und e der CRR erfüllt; b) Mitarbeiter, deren jährliche variable Vergütung 50 000 Euro nicht übersteigt und nicht mehr als ein Drittel der Gesamtjahresvergütung des jeweiligen Mitarbeiters ausmacht (Z 13);

Die **Auszahlung der variablen Vergütung** einschließlich des zurückgestellten Anteils darf nur dann erfolgen, wenn sie angesichts der Finanzlage des Kreditinstitutes insgesamt tragbar und nach der Leistung der betreffenden Geschäftsabteilung und Person gerechtfertigt ist. Unbeschadet der allgemeinen Grundsätze des Zivil- und Arbeitsrechts wird die gesamte variable Vergütung erheblich beschränkt, wenn es zu einer verschlechterten oder negativen Finanz- oder Ertragslage des Kreditinstitutes kommt.[18]

In Abhängigkeit von Art, Umfang und Komplexität der Kreditinstitute und der von ihnen betriebenen Geschäfte dürfen **bestimmte Grundsätze (Auszahlung in Instrumenten, Rückstellung eines Anteils und ex-post Risikoadjustierung)** neutralisiert werden, das heißt, sie müssen nicht angewendet werden. Diese Möglichkeit besteht jedenfalls für Kreditinstitute, deren Bilanzsumme auf Einzelbasis im Durchschnitt der letzten vier Jahre unmittelbar vor dem laufenden Geschäftsjahr höchstens 5 Milliarden Euro betragen hat (oder wenn die Bilanzsumme zwar mehr als EUR 5 Mrd, jedoch höchstens EUR 15 Mrd, betragen hat und das Kreditinstitut die Voraussetzungen gemäß Art 4 Abs 1 Nr 145 Buchstaben c, d und e der Verordnung (EU) Nr 575/2013 erfüllt).

---

18   Vgl Anlage zu § 39b Z 12 lit a BWG.

Eine weitere Möglichkeit, die oben genannten Grundsätze zu neutralisieren, besteht für variable Vergütungen unter einer **Erheblichkeitsschwelle**, nämlich bis zu 50.000 Euro oder 1/3 der Gesamtvergütung.[19]

Nach Auslegung der FMA in ihrem Rundschreiben zur Vergütungspolitik kann allerdings die Anforderung, Clawback-Mechanismen auch für bereits ausbezahlte Bonusbestandteile im Falle vorsätzlicher oder grob fahrlässiger Schädigungen des Instituts vorzusehen, nicht neutralisiert werden.

Zur Überprüfung der Geschlechtsneutralität der Vergütungen haben Institute laut den EBA Leitlinien zur Vergütung das geschlechtsspezifische Lohngefälle (Gender Pay Gap) zu berechnen und im Aufsichtsrat (bzw Vergütungsausschuss) zu berichten. Der **Gender Pay Gap** muss ermittelt werden für:

- alle Risikokäufer,
- Geschäftsleitung,
- Aufsichtsrat, und
- alle anderen Mitarbeiter.

13.4.2 Vergütungsausschuss

Kreditinstitute, die von erheblicher Bedeutung sind, dh im Wesentlichen solche, deren Bilanzsumme größer als 5 Milliarden Euro ist, haben gemäß § 39c Abs 1 BWG einen **Vergütungsausschuss** einzurichten. Zu den **Aufgaben** des Vergütungsausschusses gehört die Überwachung der Vergütungspolitik, Vergütungspraktiken und der vergütungsbezogenen Anreizstrukturen. Der Vergütungsausschuss besteht aus **mindestens drei Aufsichtsratsmitgliedern** inklusive eines Vergütungsexperten, bei Banken mit einer Bilanzsumme unter 5 Milliarden Euro muss der Vergütungsexperte nicht dem Aufsichtsrat angehören. Vorsitzender des Vergütungsausschusses oder Vergütungsexperte darf nicht sein, wer in den letzten drei Jahren Geschäftsleiter oder leitender Angestellter des Kreditinstitutes war oder aus anderen Gründen nicht unabhängig und unbefangen ist. Dies wird im FMA Rundschreiben – unter Rückgriff auf die Meinung der EBA – im Sinne der strengen formalen Unabhängigkeitsanforderungen des § 28a Abs 5b BWG verstanden.

Nach Auslegung der FMA müssen – ebenso wie im Risikoausschuss – bei allen Kreditinstituten von erheblicher Bedeutung zumindest zwei unabhängige Mitglieder vertreten sein, wobei der Vorsitzende des Vergütungsausschusses und der Vergütungsexperte in allen Instituten die Unabhängigkeitskriterien des § 28a Abs 5b erfüllen muss.

Der Ausschuss muss mindestens eine Sitzung pro Jahr abhalten.

13.5   Beschwerdeabwicklungsverfahren (§ 39e BWG)

Seit 31. Dezember 2016 haben Kredit- und Finanzinstitute transparente und angemessene Verfahren zur Bearbeitung von Beschwerden ihrer Kunden und Geschäftspartner einzurichten, um wiederholt auftretende sowie potenzielle rechtliche und operationelle Risiken feststellen, analysieren und beheben zu können.

Damit einhergehend erfolgt auch gemäß VERA-Verordnung eine Meldung der Anzahl von Beschwerden nach Geschäftsarten.

---

19   Vor Umsetzung der CRD V (Mai 2021) betrugen diese Schwellenwerte 30.000 Euro bzw 25% der fixen Vergütung.

Details sowie Auslegungen (zB Definition einer Beschwerde) sind den „Leitlinien zur Beschwerdeabwicklung für den Wertpapierhandel (ESMA) und das Bankwesen (EBA)" vom 27. Mai 2014, JC/2014/43 zu entnehmen.

13.6 Sorgfaltspflichten – Bekämpfung von Geldwäscherei und Terrorismusfinanzierung (FM-GwG und § 41 BWG)

13.6.1 Allgemeines

Unter **Geldwäscherei** wird das Verschleiern der Herkunft von Geldern und Vermögenswerten verstanden, die aus begangenen Straftaten herrühren sowie auch das Einschleusen dieser Gelder und Vermögenswerte in den legalen Finanz- und Wirtschaftskreislauf. Geldwäscherei erfolgt üblicherweise gemäß dem **3-Phasen-Modell**:

1. Phase: Placement (Einspeisung)

In dieser Phase wird das aus Straftaten erworbene Bargeld in Buchgeld umgewandelt. Dabei ist die Einzahlung oder der Transfer auf Bankkonten erforderlich.

2. Phase: Layering (Splitting und Streuung)

Ziel dieser Phase ist es, die Spur der Herkunft des Geldes mittels Durchführung von Transaktionen zu verwischen, um dadurch eine Rückverfolgung der Mittelherkunft zu erschweren. In der Praxis erfolgt dies häufig durch komplexe, länderübergreifende Finanztransaktionen, teilweise auch unter Einbeziehung von Offshore-Unternehmen.

3. Phase: Integration (Integration)

In der dritten und letzten Phase werden die illegal erworbenen Gelder in den legalen Finanz- und Wirtschaftskreislauf eingeschleust. Dadurch werden diese Mittel dauerhaft legalisiert.

Der **Tatbestand der Geldwäscherei** und die zu verhängenden Strafen sind in § 165 StGB geregelt. Laut dieser Regelung fallen das Verbergen oder Verschleiern der Herkunft von Vermögensbestandteilen, die aus einer strafbaren Handlung stammen bzw die wissentliche Inbesitznahme, Verwahrung, Anlage, Verwaltung, Umwandlung, Verwertung oder die Übertragung der genannten Vermögensbestandteile an einen Dritten, unter diesen Tatbestand.

Als strafbare Handlungen (sog **Vortaten**) gelten Verbrechen (das sind vorsätzliche Handlungen, die mit mehr als einer einjährigen Freiheitsstrafe geahndet werden, wie zB Erpressung oder Drogenhandel), Bestechungsdelikte, strafbare Finanzvergehen des Schmuggels oder der Hinterziehung von Ein- und Ausgangsabgaben und bestimmte andere Finanzvergehen (gewerbsmäßige Abgabenhinterziehung, bandenmäßige Abgabenhinterziehung oder Abgabenbetrug).

Der Tatbestand der **Terrorismusfinanzierung** ist in § 278d StGB definiert und umfasst das Bereitstellen oder Sammeln von Vermögenswerten mit dem Vorsatz, dass sie, wenn auch nur zum Teil, zur Ausführung eines terroristischen Aktes verwendet werden sollen. Diese Gelder können auch eine legale Herkunft haben und müssen nicht zwangsweise aus Straftaten herrühren.

Wenn Institute für die Zwecke der Geldwäscherei oder der Terrorismusfinanzierung missbraucht werden, so entstehen für diese wesentliche Risiken. Es besteht das Risiko der Mitwirkung in einem strafrechtlichen Bereich, das Risiko der Verletzung aufsichtsrechtlicher Bestimmungen und das Risiko des Image- und Vertrauensschadens.

Die Vorschriften zur Vermeidung von Geldwäscherei und Terrorismusfinanzierung für Kredit- und Finanzinstitute sind im Finanzmarkt-Geldwäschegesetz enthalten. Das in der 4. Geldwäscherichtlinie vorgesehene Register der wirtschaftlichen Eigentümer wurde in einem eigenen Gesetz geregelt (Gesetz über das Register der wirtschaftlichen Eigentümer – WiEReG). Die Meldepflichten an die Geldwäsche-Meldestelle finden sich in § 41 BWG.

Der **Anwendungsbereich** des FM-GwG erstreckt sich auf

- Kredit- und Finanzinstitute mit Sitz in Österreich und
- auf die in Österreich gelegenen Zweigniederlassungen bzw Zweigstellen von Kredit- und Finanzinstituten, die ihren Rechtssitz in einem anderen EWR-Mitgliedstaat haben.
- Dienstleister in Bezug auf virtuelle Währungen (für die seit Umsetzung der 5. Geldwäscherichtlinie auch eine Registrierungspflicht in Österreich gilt).

Vom FM-GwG ausgenommen sind die in anderen Mitgliedstaaten des EWR gelegenen Zweigstellen bzw Zweigniederlassungen von Kredit- und Finanzinstituten, die ihren Rechtssitz in Österreich haben.

Die Regelungen zur Verhinderung von Geldwäscherei und Terrorismusfinanzierung verfolgen den sog **„risikobasierten Ansatz"**. Dieser Ansatz besagt, dass Transaktionen oder Kunden mit unterschiedlichem Geldwäscherisiko auch unterschiedlich zu behandeln sind.

13.6.2 Risikoanalyse

Auf nationaler Ebene wird durch ein **Koordinierungsgremium**, das beim Bundesministerium für Finanzen angesiedelt ist und aus mindestens einem Mitglied aus je vier Bundesministerien sowie aus Vertretern der FMA und der OeNB besteht, eine **nationale Risikoanalyse** erstellt. Diese Analyse beinhaltet die Ermittlung und Bewertung der bestehenden Risiken der Geldwäscherei und Terrorismusfinanzierung sowie alle damit zusammenhängenden Datenschutzprobleme. In der nationalen Risikoanalyse werden die Ergebnisse der Analyse der europäischen Kommission auf Unionsebene berücksichtigt. Die Risikoanalyse wird auf der Homepage des Bundesministeriums für Finanzen veröffentlicht.[20]

Die dem Geldwäschegesetz unterliegenden Institute müssen regelmäßig eine **Risikoanalyse auf Unternehmensebene** durchzuführen. Diese umfasst die Ermittlung und die Bewertung der potenziellen Risiken der Geldwäscherei und Terrorismusfinanzierung, denen das Unternehmen ausgesetzt ist, und muss unter Berücksichtigung der Risikoanalysen der europäischen Kommission und des österreichischen Koordinierungsgremiums erstellt werden. Die Ermittlungs- und Bewertungsschritte sowie die Ergebnisse sind vom Institut nachvollziehbar aufzuzeichnen, auf dem aktuellen Stand zu halten und auf Anfrage der

---

20 https://www.bmf.gv.at/finanzmarkt/geldwaesche-terrorismusfinanzierung/geldwaesche.html.

FMA zur Verfügung zu stellen. Die Risikoanalyse auf Unternehmensebene dient zur Bestimmung des Umfanges der anzuwendenden Sorgfaltspflichten. Auf Grundlage der Risikoanalyse auf Unternehmensebene müssen die Institute den Umfang der anzuwendenden Sorgfaltspflichten festlegen.

13.6.3 Identifizierungspflicht

Um der Geldwäscherei und Terrorismusfinanzierung vorzubeugen, müssen Institute gesetzlich geregelte **Identifizierungspflichten** einhalten (**Know your customer – KYC**). Der Identifizierungsprozess des Kunden zerfällt dabei in zwei Abschnitte:

- das Feststellen der Identität des Kunden: darunter versteht man die Erhebung von Angaben, die zur Identifizierung der natürlichen oder juristischen Person dienen;

- die Überprüfung der Identität des Kunden: die erhobenen Angaben zur Person werden anhand von beweiskräftigen Urkunden und Informationen überprüft.

Der **Zeitpunkt** der Identifizierung ist ebenfalls im FM-GwG festgelegt. Demnach ist ein Kunde zu identifizieren:

- bei Begründung einer dauerhaften Geschäftsbeziehung,

- bei der Durchführung eines einmaligen Bankgeschäftes (Transaktion) von mehr als 15.000 Euro oder eines Geldtransfers von mehr als 1.000 Euro,

- bei Ein- oder Auszahlung von Spareinlagen, wenn der ein- oder auszuzahlende Betrag mindestens 15.000 Euro beträgt,

- bei Verdacht oder begründeter Annahme, dass der Kunde einer terroristischen Vereinigung angehört oder dass die Transaktion der Geldwäscherei oder Terrorismusfinanzierung dient, oder

- wenn Zweifel an der Echtheit oder Angemessenheit der erhaltenen Kundenidentifikationsdaten bestehen (zB Zweifel an der Echtheit eines amtlichen Lichtbildausweises).

Zusätzlich müssen Kreditinstitute den Kunden auffordern, bekanntzugeben, ob er die Geschäftsbeziehung auf eigene oder auf fremde Rechnung bzw im fremden Auftrag betreiben will (Abklärung einer eventuellen **Treuhandschaft**). Ebenfalls Bestandteil des Identifizierungsprozesses ist die Feststellung bzw die Überprüfung des wirtschaftlichen Eigentümers und die Prüfung, ob es sich beim Kunden um eine politisch exponierte Person handelt (**PEP-Eigenschaft**).

Gemäß § 2 FM-GwG gelten als wirtschaftliche Eigentümer einer juristischen Person *„die natürlichen Personen, in deren Eigentum oder unter deren Kontrolle eine Rechtsperson [...] letztlich steht [...]"*. Laut den weiteren Ausführungen des Gesetzes können wirtschaftliche Eigentümer einer Gesellschaft nur natürliche Personen sein, welche

- direkt oder indirekt mit mehr als 25 % an der Gesellschaft beteiligt sind,

- direkt oder indirekt mehr als 25 % der Stimmrechte der Gesellschaft halten oder

- auf andere Art und Weise Kontrolle über die Geschäftsleitung der Gesellschaft ausüben.

Das Vorliegen obiger Prämissen ist für jeden potenziellen wirtschaftlichen Eigentümer gesondert zu prüfen.

Als **politisch exponierte Person** gelten jene natürlichen Personen, die im Inland oder für einen Mitgliedstaat, ein Drittland oder für eine internationale Organisation ein wichtiges öffentliches Amt ausüben oder bis vor mindestens einem Jahr ausgeübt haben, sowie deren unmittelbaren Familienmitglieder oder die ihnen bekanntermaßen nahestehenden Personen.

Sollte die Identifizierung des Kunden nicht möglich sein, darf die Geschäftsbeziehung nicht begründet bzw die in Auftrag gegebene Transaktion nicht abgewickelt werden. Eine allenfalls bereits bestehende Geschäftsbeziehung ist in einem solchen Fall zu beenden. Außerdem ist zu überlegen, ob eine Verdachtsmeldung erstattet werden muss.

13.6.3.1 Sonderfall: Feststellung der Identität durch Dritte gemäß § 13 FM-GwG

Die Identifizierung des Kunden kann auch über sog **qualifizierte Dritte** erfolgen. Als solche sind zu verstehen:

- Kredit- und Finanzinstitute,

- Abschlussprüfer, externe Buchprüfer und Steuerberater,

- Notare und andere selbständige Angehörige von Rechtsberufen, wenn diese im Namen und auf Rechnung ihres Klienten Finanz- oder Immobilientransaktionen erledigen.

Qualifizierte Dritte müssen einer anerkannten obligatorischen Registrierung hinsichtlich ihres Berufes und der Aufbewahrungspflichten von Kundenunterlagen unterliegen.

Erfolgt die Identifizierung des Kunden über qualifizierte Dritte, so hat das Institut zu veranlassen, dass diese ihnen alle zur Erfüllung der Sorgfaltspflichten erforderlichen Informationen unverzüglich zur Verfügung stellen bzw auf Ersuchen des Instituts alle zur Feststellung und Überprüfung der Identität notwendigen Unterlagen übermitteln. Auf Dritte, die in Drittländern mit hohem Risiko ihre Niederlassung haben, darf hierbei nicht zurückgegriffen werden. Die endgültige Verantwortung für die Erfüllung der Bestimmungen des FM-GwG verbleibt jedoch bei jenem Institut, das auf den Dritten zurückgreift.

13.6.3.2 Sonderfall: Ferngeschäft

Bei einem **Ferngeschäft** darf die Identität des Kunden nur über das Online-Identifikations-Verfahren, über einen elektronischen Ausweis, über eine qualifizierte elektronische Signatur, über eine eingeschriebene Postzustellung („Ident. Brief-Verfahren" – Identifizierung durch den Postboten) oder durch die erstmalige Einzahlung über ein bereits identifiziertes Konto festgestellt werden.

Exkurs: Online-Identifikation

Auf der Grundlage der Online-Identifikationsverordnung ist auch die **videogestützte Online-Identifikation** von Kunden bzw die Anwendung biometrischer Identifikationsverfahren möglich. Für die Online-Identifikation sind nur Mitarbeiter einzusetzen, die für die Durchführung hinreichend geschult und zuverlässig sind. Der Mindestinhalt der Schulung muss den rechtlichen Rahmen, die technische Voraussetzung und die praktische Sicherstellung der Überprüfung umfassen. Die zur Identifizierung zuständigen Mitarbeiter dürfen die Online-Identifikation nur in einem abgetrennten und mit einer Zugangskontrolle ausgestatteten Raum durchführen.

Zu Beginn der Online-Identifikation muss von dem zu identifizierenden Kunden die Zustimmung dafür erteilt werden. Das Identifikationsverfahren ist zumindest akustisch in seiner Gesamtheit aufzuzeichnen. Zusätzlich sind Bildschirmkopien vom Gesicht sowie von der Vorder- und Rückseite des amtlichen Lichtbildausweises des Kunden anzufertigen. Während der Online-Identifikation muss der Kunde die Seriennummer seines Lichtbildausweises mitteilen.

Der Mitarbeiter, der die Online-Identifikation durchführt, muss sich von der Authentizität des amtlichen Lichtbildausweises überzeugen. Diese Kontrolle erfolgt durch visuelle Prüfung des Vorhandenseins der optischen Sicherheitsmerkmale anhand der korrekten alphanumerischen Ziffernorthographie der Seriennummer, durch die Kontrolle der Unversehrtheit der Laminierung und durch die logische Konsistenz der diversen Merkmale (zB Geburtsdatum, Lichtbild etc).

Die Online-Identifizierung ist dann zwingend abzubrechen, wenn eine visuelle Überprüfung nicht möglich ist sowie beim Vorliegen von Unstimmigkeiten oder bei Unsicherheiten.

Bei den **biometrischen Identifikationsverfahren** erfolgt die Identifizierung auf Basis des Auslesens elektronisch gespeicherter Ausweisdaten und eines Abgleichs mit dem Bild des Kunden.

13.6.3.3   Sonderfall: Stiftungen

Sollte es sich beim Kunden des Institutes um eine **Stiftung** handeln, so besteht ebenfalls die Verpflichtung zur Feststellung des wirtschaftlichen Eigentümers. **Wirtschaftliche Eigentümer** einer Stiftung sind:

- Personen, welche die Begünstigten von 25 % oder mehr der Zuwendungen der Sachgesamtheit sind,

- Personen, welche die Kontrolle von 25 % oder mehr des Vermögens der Sachgesamtheit ausüben, oder

- jene Gruppe von Personen, in deren Interesse die Stiftung hauptsächlich errichtet wurde.

Das Vorliegen aller genannten Voraussetzungen ist zu prüfen. Die Feststellung und Überprüfung der Identität der Stiftung selbst und der wirtschaftlichen Eigentümer erfolgt anhand der Stiftungsurkunde und -zusatzurkunde.

13.6.3.4 Sonderfall: Treuhandkonten

Ein Treuhandkonto wird im Auftrag eines **Treugebers** durch einen **Treuhänder** eröffnet und verwaltet. Der Treuhänder handelt somit auf fremde Rechnung oder im fremden Auftrag. Im Falle solcher Treuhandkonten sieht § 6 Abs 3 FM-GwG besondere Identifizierungspflichten vor. Die Identität des Treuhänders ist ausschließlich bei physischer Anwesenheit desselben festzustellen und zu prüfen. Eine Identifizierung durch Dritte ist ausgeschlossen. Der Treuhänder muss weiters die Identität des Treugebers durch beweiskräftige Urkunden bzw anhand eines amtlichen Lichtbildausweises nachweisen. Zusätzlich ist eine schriftliche Erklärung des Treuhänders notwendig, mit welcher er bestätigt, dass er sich persönlich oder durch verlässliche Gewährspersonen von der Identität des Treugebers überzeugt hat.

Als **verlässliche Gewährspersonen** gelten Gerichte und sonstige staatliche Behörden, Notare, Rechtsanwälte und qualifizierte Dritte, sofern sie ihren amtlichen Wirkungsbereich, Sitz oder Wohnsitz in einem Staat haben, der gegen Geldwäscherei und Terrorismusfinanzierung dem österreichischen Standard gleichwertige Maßnahmen ergreift.

13.6.4 Sorgfaltspflichten

Kreditinstitute haben die **allgemeinen Sorgfaltspflichten** anzuwenden. Diese beinhalten die folgenden Punkte:

- die Identitätsfeststellung des Kunden,
- die Identitätsfeststellung des wirtschaftlichen Eigentümers,
- die Einholung und Bewertung von Informationen über den Zweck und über die Art der Geschäftsbeziehung,
- die Einholung von Informationen über die Herkunft der eingesetzten Mittel,
- die Identitätsfeststellung des Treugebers bzw Treuhänders,
- die kontinuierliche Überwachung der Geschäftsbeziehung und
- die regelmäßige Überprüfung und Aktualisierung der erforderlichen Informationen, Daten und Dokumente.

Basierend auf der Risikoeinschätzung durch das Institut bzw in gesetzlich normierten Fällen können auch vereinfachte bzw müssen verstärkte Sorgfaltspflichten angewendet werden.

13.6.4.1 Vereinfachte Sorgfaltspflichten

Voraussetzung für die Anwendung der **vereinfachten Sorgfaltspflichten** ist, dass das Institut aufgrund seiner Risikoanalyse feststellt, dass in bestimmten Bereichen nur ein geringes

Risiko der Geldwäscherei oder Terrorismusfinanzierung gegeben ist. Bei der Beurteilung des Risikos sind die in der Anlage II des FM-GwG aufgezählten Faktoren und Anzeichen (ua bezüglich der Kunden, Produkte, Länder) zu berücksichtigen, aufgrund derer ein potenziell geringes Risiko besteht. Die Anlage II enthält allerdings keine abschließende Aufzählung solcher Anzeichen.

Vor der Durchführung einer Transaktion oder dem Eingehen einer konkreten Geschäftsbeziehung muss sich das Institut vergewissern, dass tatsächlich nur ein geringes Risiko vorliegt. Die Institute haben ausreichende Informationen aufzubewahren, um gegebenenfalls nachweisen zu können, dass die Voraussetzungen für die Anwendung der vereinfachten Sorgfaltspflichten gegeben sind.

Durch Verordnung kann die FMA mit Zustimmung des Bundesministers für Finanzen festlegen, in welchen Bereichen ein geringes Risiko der Geldwäscherei oder Terrorismusfinanzierung besteht.

Vereinfachte Sorgfaltspflichten können gemäß den derzeit geltenden **FMA-Verordnungen** beispielsweise angewendet werden:

- bei Anderkonten von Rechtsanwälten oder Notaren (Anderkonten-Sorgfaltspflichtenverordnung, AndKo-SoV),

- bei Schulsparen (Schulsparen-Sorgfaltspflichtenverordnung, Schulspar-SoV)

- im Mitarbeitervorsorgekassengeschäft (BVK-Risikoanalyse- und Sorgfaltspflichtenverordnung – BVK-RiSoV).

Unter einem **Anderkonto** von Rechtsanwälten oder Notaren versteht man den Sonderfall eines Treuhandkontos, bei welchem der Einzelnachweis der Identität jedes einzelnen Treugebers im Rahmen der Vertretung von größeren Miteigentumsgemeinschaften mit wechselnder Zusammensetzung untunlich ist. Der Rechtsanwalt bzw Notar verpflichtet sich zur Identifizierung der Treugeber und muss dies dem Kreditinstitut schriftlich bestätigen. Außerdem hat der Treuhänder dem Institut regelmäßig eine vollständige Liste seiner dem Anderkonto zugeordneten Klienten zu übermitteln.

Die Anwendung der vereinfachten Sorgfaltspflichten führt zu verminderten Identifizierungspflichten, geringeren Ermittlungs- und Offenlegungspflichten sowie zu geringeren Überwachungspflichten durch das Institut. Dennoch muss das Kreditinstitut durch ihre angelegte Dokumentation in der Lage sein, die Voraussetzung für die Anwendung der vereinfachten Sorgfaltspflichten jederzeit nachzuweisen.

13.6.4.2 Verstärkte Sorgfaltspflichten

Gemäß § 9 FM-GwG besteht die Pflicht zur Anwendung von **verstärkten Sorgfaltspflichten** bei jenen Kunden mit erhöhtem Risiko hinsichtlich Geldwäscherei oder Terrorismusfinanzierung. Auf jeden Fall trifft dies zu

- bei politisch exponierten Personen und

- bei natürlichen und juristischen Personen mit Bezug zu Drittländern mit hohem Risiko.

Weiters haben die Verpflichteten, soweit dies im angemessenen Rahmen möglich ist, Hintergrund und Zweck aller Transaktionen zu untersuchen, die eine der folgenden Bedingungen erfüllen:

1. es handelt sich um komplexe Transaktionen;
2. die Transaktionen sind ungewöhnlich groß;
3. die Transaktionen folgen einem ungewöhnlichen Transaktionsmuster;
4. die Transaktionen haben keinen offensichtlichen wirtschaftlichen oder rechtmäßigen Zweck.

Um zu bestimmen, ob diese Transaktionen oder Tätigkeiten verdächtig sind, haben die Verpflichteten insbesondere den Umfang und die Art der Überwachung der Geschäftsbeziehung zu verstärken.

Bei der institutsinternen Risikobeurteilung sind die in Anlage III des FM-GwG aufgezählten Faktoren und Anzeichen hinsichtlich Kunden, Produkte und Dienstleistungen, Transaktionen, Vertriebskanäle und Länder, aufgrund derer ein potenziell höheres Risiko besteht, zu berücksichtigen. Die Anlage III enthält allerdings keine abschließende Aufzählung solcher Anzeichen.

Geschäftsbeziehungen mit natürlichen und juristischen Personen mit Bezug zu Drittländern mit hohem Risiko

§ 2 Z 16 FM-GwG definiert als Drittländer mit hohem Risiko: „Drittländer, die in ihren nationalen Systemen zur Bekämpfung von Geldwäscherei und Terrorismusfinanzierung strategische Mängel aufweisen, die wesentliche Risiken für das Finanzsystem der Union darstellen und dies von der Europäischen Kommission mit einer delegierten Verordnung festgestellt wurde."

In Bezug auf Geschäftsbeziehungen oder Transaktionen, an denen Drittländer mit hohem Risiko beteiligt sind, haben die Verpflichteten jedenfalls die folgenden verstärkten Sorgfaltsmaßnahmen gegenüber Kunden anzuwenden:

- Einholung und angemessene Überprüfung zusätzlicher Informationen über den Kunden und seine wirtschaftlichen Eigentümer;
- Einholung zusätzlicher Informationen über den Zweck und die angestrebte Art der Geschäftsbeziehung;
- Einholung von zusätzlichen Informationen für die Überprüfung der Herkunft der eingesetzten Mittel und Einholung von zusätzlichen Informationen über die Vermögensverhältnisse des Kunden und seiner wirtschaftlichen Eigentümer;
- Einholung von Informationen über die Gründe für die geplanten oder durchgeführten Transaktionen;
- Einholung der Zustimmung ihrer Führungsebene, bevor sie Geschäftsbeziehungen zu diesen Kunden aufnehmen oder fortführen und
- verstärkte kontinuierliche Überwachung der Geschäftsbeziehung durch eine weitere Erhöhung der Häufigkeit und der Intervalle der Kontrollen und durch die zusätzliche Auswahl von Transaktionsmustern, die einer weiteren Prüfung bedürfen.

<u>Grenzüberschreitende Korrespondenzbankbeziehungen zu Korrespondenzbanken aus Drittländern</u>

Eine **Korrespondenzbankbeziehung** ist eine Vereinbarung, in deren Rahmen eine Bank Zahlungsverkehrs- und andere Dienstleistungen für eine andere Bank erbringt. Bei Korrespondenzbankbeziehungen zu Korrespondenzbanken aus Drittländern sind zusätzlich zu den Sorgfaltspflichten nach § 6 FM-GwG folgende zusätzliche Informationen einzuholen und zu prüfen:

- Informationen über das Respondenzinstitut, Art der Geschäftätigkeit, den Ruf, Informationen über den Sitzstaat der Respondenzbank und über die Qualität des Aufsichtsregimes,

- Angemessenheit der vom Respondenzinstitut implementierten Kontrollen zur Bekämpfung von Geldwäscherei und Terrorismusfinanzierung,

- Informationen über die Eigentümer und Organe inklusive der Eigentümer- und Leitungsstruktur.

Im Falle von **Durchlaufkonten** („payable-through accounts") auch Informationen darüber, dass das Respondenzinstitut die Identität der Kunden, die direkten Zugang zu den Konten des Respondenzinstituts haben, überprüft hat und diese Kunden ferner einer kontinuierlichen Überwachung unterzogen sind; sowie dass das Respondenzinstitut in der Lage ist, dem Verpflichteten auf dessen Ersuchen entsprechende Daten in Bezug auf diese Sorgfaltspflichten gegenüber Kunden vorzulegen.

Vor dem Eingehen einer neuen Geschäftsbeziehung mit Korrespondenzbanken aus Drittländern muss außerdem die **Zustimmung der Führungsebene** eingeholt werden.

Bei Korrespondenzbankbeziehungen zu **Banken aus EWR-Mitgliedstaaten** ist zu überprüfen, ob die Voraussetzungen für die Anwendung der normalen oder vereinfachten Sorgfaltspflichten gegeben sind.

<u>Politisch exponierte Personen (PEP)</u>

Das FM-GwG legt fest, dass Kreditinstitute über angemessene Risikomanagementsysteme verfügen müssen, um feststellen zu können, ob es sich beim Kunden, beim wirtschaftlichen Eigentümer des Kunden oder beim Treugeber um eine **politisch exponierte Person** handelt. Die PEP-Eigenschaft eines Kunden ist bei Eröffnung der Geschäftsbeziehung und in regelmäßigen Abständen während des Bestehens derselben zu überprüfen.

Bei Eröffnung einer Geschäftsbeziehung mit einer ausländischen oder inländischen politisch exponierten Person ist jeweils die **Zustimmung der Führungsebene** einzuholen. Ein wesentliches Element der verstärkten Sorgfaltspflichten bei PEPs bildet die Prüfung der **Herkunft der Mittel**.

Die Geschäftsbeziehung mit einer politisch exponierten Person ist einer **verstärkten kontinuierlichen Überwachung** zu unterziehen; sie sollte auch bei Auftreten eines untypischen Kontoverhaltens, bei auffälligen Kontobewegungen und Transaktionen, beim Erhalt von neuen oder zusätzlichen Informationen, sowie beim Kauf zusätzlicher Produkte oder Dienstleistungen erneut überprüft werden. Die Aktualisierungen der Kundeninformationen sollten bei juristischen Personen auch alle Änderungen der Eigentümer- und Kontrollstrukturen beinhalten.

13.6.5 Laufendes Monitoring

Kreditinstitute müssen auch risikobasierte und angemessene Maßnahmen ergreifen, um die **kontinuierliche Überwachung der Geschäftsbeziehung**, inklusive der Überprüfung der abgewickelten Transaktionen, sicherzustellen. Dadurch soll gewährleistet werden, dass die abgewickelten Transaktionen mit den Kenntnissen der Institute über den Kunden, seine Geschäftstätigkeit und sein Risikoprofil, einschließlich der Herkunft der Geld- oder Finanzmittel, kohärent sind. Es ist in diesem Zusammenhang zwischen vereinfachten Sorgfaltspflichten, normalen Sorgfaltspflichten und verstärkten Sorgfaltspflichten gegenüber Kunden (zB Korrespondenzbankbeziehung in Drittländern, PEPs) zu unterscheiden.

Jeder Kunde ist in eine **Geldwäsche-Risikoklasse** einzuordnen. Je nach Risikoprofil des Kunden sind die kundenspezifischen Dokumente, Daten und Informationen in regelmäßigen Fristen zu aktualisieren. Auch hat regelmäßig eine Reevaluierung des Risikoprofils des Kunden zu erfolgen.

13.6.6 Organisation und Verfahren

Institute müssen Strategien, Kontrollen und Verfahren zur Minderung und Steuerung der Risiken von Geldwäscherei und Terrorismusfinanzierung definieren, einrichten und schriftlich festlegen. Diese müssen insbesondere folgende Punkte umfassen:

- die Risikoklassifizierung auf Kundenebene,
- die Risikomanagementsysteme,
- die Sorgfaltspflichten gegenüber Kunden,
- die Verdachtsmeldungen,
- die Aufbewahrung der Unterlagen und
- die Beurteilung der Zuverlässigkeit bei der Auswahl von Beschäftigten.

Außerdem müssen Kreditinstitute gewährleisten, dass in ihren **Zweigstellen und Tochterunternehmen in Drittländern** alle Maßnahmen angewendet werden, die zumindest jenen entsprechen, die im FM-GwG in Hinblick auf die Sorgfaltspflichten gegenüber Kunden, die Meldepflichten, die Strategien und Verfahren, die Regelungen für den Geldwäschebeauftragen, die Interne Revision und die Aufbewahrung von Aufzeichnungen, festgelegt sind. Das gilt aber nur insoweit, als damit die Bekämpfung der Geldwäscherei und der Terrorismusfinanzierung betroffen ist.

Es sind weiters geeignete Maßnahmen zu ergreifen, um das mit der Abwicklung der Transaktionen befasste Personal in den Bestimmungen, die zur Verhinderung oder der Bekämpfung der Geldwäscherei oder der Terrorismusfinanzierung dienen, zu schulen. Diese Maßnahmen haben unter anderem die Teilnahme an speziellen **Fortbildungsprogrammen** zu umfassen.

13.6.7 Geldwäschebeauftragter (GWB)

Die Grundlage für die Einrichtung eines Geldwäschebeauftragten (GWB) findet sich in § 23 Abs 3 FM-GwG: „Die Verpflichteten haben […] innerhalb ihres Unternehmens einen besonderen Beauftragten zur Sicherstellung der Einhaltung der Bestimmungen dieses Bundesgesetzes zu bestellen". Weiters besteht nach § 23 Abs 4 FM-GwG auch die Verpflichtung, ein Mitglied des Leitungsorgans zu bestimmen, das für die Einhaltung der Bestimmungen, die der Verhinderung oder der Bekämpfung der Geldwäscherei oder der Terrorismusfinanzierung dienen, zuständig ist.

Die **Aufgabe** des GWB besteht darin, die Einhaltung der Sorgfaltspflichten zur Bekämpfung der Geldwäscherei und Terrorismusfinanzierung innerhalb des Unternehmens sicherzustellen. Der Geldwäschebeauftragte ist unter anderem für die Erstellung der Geldwäsche-Risikoanalyse, die Schulung der Mitarbeiter, die Implementierung von Verfahren und Richtlinien zur Vermeidung von Geldwäscherei und Terrorismusfinanzierung sowie für die Erstattung von Verdachtsmeldungen verantwortlich.

Die **Position** des GWB ist so einzurichten, dass dieser den Geschäftsleitern gegenüber verantwortlich ist und denselben direkt – ohne Zwischenebene – sowie auch dem Aufsichtsrat zu berichten hat. Vorgaben für die Struktur des Tätigkeitsberichts ergeben sich aus den EBA Leitlinien für die Aufgaben des AML Compliance Officers.

Das Institut muss der **FMA** den Namen des GWB und jenen des Stellvertreters melden.[21] Dem GWB sind freier Zugang zu sämtlichen Informationen, Daten, Aufzeichnungen und Systemen, die in irgendeinem möglichen Zusammenhang mit Geldwäscherei und Terrorismusfinanzierung stehen könnten, und zudem ausreichende weitere Befugnisse einzuräumen.

Das Institut muss durch entsprechende organisatorische Vorkehrungen sicherstellen, dass die Aufgaben des GWB jederzeit vor Ort erfüllt werden können.

13.6.8 Meldung an die Geldwäsche-Meldestelle

Nach § 41 Abs 1 BWG iVm § 16 Abs 1 FM-GwG haben Kreditinstitute **bei Verdacht auf Geldwäscherei** (§ 165 StGB) und Finanzierung von Terrorismus oder kriminellen Vereinigungen und Organisationen (§ 278 ff StGB) die Geldwäsche-Meldestelle (BKA) unverzüglich darüber in Kenntnis zu setzen. Konkret besteht eine **Meldepflicht** bei Verdacht oder berechtigtem Grund zur Annahme, dass

- eine versuchte, bevorstehende, laufende oder bereits erfolgte Transaktion der Geldwäscherei oder der Terrorismusfinanzierung dient, bzw diese im Zusammenhang mit einer kriminellen oder terroristischen Vereinigung steht,

- ein Vermögensbestandteil aus einer gemäß § 165 StGB strafbaren Handlung herrührt. oder

- der Kunde der Verpflichtung zur Offenlegung von Treuhandbeziehungen zuwiderhandelt.

---

21   Vgl FMA Rundschreiben zum Geldwäschereibeauftragten.

Bis zur Klärung des Sachverhaltes hat das Kreditinstitut jede weitere **Abwicklung der Transaktion** zu unterlassen, ausgenommen, es besteht die Gefahr, dass die Verzögerung der Transaktion die Ermittlung des Sachverhalts erschweren oder verhindern würde.

Äußert sich die Behörde bis zum Ende des darauffolgenden Bankarbeitstages nicht, so darf die Transaktion unverzüglich abgewickelt werden. **Im Zweifel** dürfen Aufträge über Geldeingänge angenommen und durchgeführt werden, Aufträge über Geldausgänge sind aber zu unterlassen. Insbesondere bei komplexen oder unüblich hohen Transaktionen bzw. unüblichen Mustern von Transaktionen ohne offensichtlich wirtschaftlichen Beweggrund oder erkennbaren rechtmäßigen Zweck sind Hintergrund und Zweck der Transaktionen zu prüfen und schriftliche Aufzeichnungen darüber zu erstellen. Das gilt auch im Zusammenhang mit Staaten, die ein erhöhtes Risiko der Geldwäscherei und Terrorismusfinanzierung aufweisen.

13.6.9 Sanktionsregelungen

Für den Fall, dass eine **juristische Person** die Identifizierungspflichten, Berichts- und Meldepflichten, Aufzeichnungs- und Aufbewahrungspflichten sowie die Pflicht zur Implementierung interner Kontrollverfahren „systematisch" nicht erfüllt, oder bei schwerwiegenden oder wiederholten Verstößen gegen die Bestimmungen des FM-GwG sind **Verwaltungsstrafen** von bis zu 10 % des jährlichen Gesamtumsatzes des vorangegangenen Geschäftsjahres vorgesehen, womit sich das Bußgeld nicht mehr an einem fixen Betrag ausrichtet. Im Falle einer **natürlichen Person** können Verwaltungsgeldstrafen von bis zu 5 Millionen Euro verhängt werden. Des Weiteren erfolgt die öffentliche Bekanntgabe der natürlichen oder juristischen Person und der Art des Verstoßes. In Ausnahmefällen kann dem Institut sogar die (Bank-)Konzession entzogen werden.

Exkurs: EBA-Leitlinien zu Strategien und Verfahren in Bezug auf das Compliance-Management und die Rolle und Zuständigkeiten des Geldwäschebeauftragten

Die Europäische Bankenaufsicht hat am 14. Juni 2022 ihre Leitlinien zur Rolle und den Zuständigkeiten des Geldwäschebeauftragten und des Leitungsorgans von Kreditinstituten veröffentlicht. In diesen Leitlinien werden insbesondere die Rolle, die Aufgaben und die Zuständigkeiten des Geldwäschebeauftragten und des Leitungsorgans sowie die internen Strategien, Kontrollen und Verfahren festgelegt. Mit diesen Leitlinien will die EBA eine einheitliche Auslegung und ordnungsgemäße Umsetzung der internen Governance-Bestimmungen zur Bekämpfung von Geldwäsche und Terrorismusfinanzierung in der gesamten EU sicherstellen. Sie sind mit 1. Dezember 2022 in Kraft getreten.

Eine wesentliche Neuerung betrifft die Verpflichtung von Kreditinstituten, ein **für die Bekämpfung von Geldwäsche und Terrorismusfinanzierung zuständiges Mitglied des Leitungsorgans** zu bestimmen. Diese Person sollte ausreichende Kenntnisse, Fähigkeiten und Erfahrungen bezüglich der Risiken in Zusammenhang mit Geldwäsche und Terrorismusfinanzierung sowie der Umsetzung von Strategien, Kontrollen und Verfahren bezüglich der Bekämpfung von Geldwäsche und Terrorismusfinanzierung besitzen. Außerdem sollte das Mitglied über ein gutes Verständnis des Geschäftsmodells des Instituts und des Sektors, in dem es tätig ist, verfügen. Das für die Bekämpfung von Geldwäsche und Terrorismusfinanzierung zuständige Mitglied des Leitungsorgans sollte der Hauptansprechpartner für den Geldwäschebeauftragten auf der Leitungsebene sein.

Gemäß den Leitlinien besteht für Kreditinstitute bei geringem Geldwäsche-Risiko die **Möglichkeit**, dass **kein Geldwäschebeauftragter bestellt** wird und die entsprechenden Aufgaben auf ein Mitglied des Leitungsorgans übertragen werden können. In diesem Fall hat das Leitungsorgan jedenfalls darauf zu achten, dass mögliche Interessenkonflikte vermieden werden. Dabei sind die Gründe dieser Entscheidung ausreichend zu dokumentieren. Bei den Überlegungen, ob ein Geldwäschebeauftragter bestellt werden soll, sind insbesondere die Art der Geschäftstätigkeit, die Anzahl der Kunden, das Transaktionsvolumen, die Anzahl der Mitarbeiter und die einschlägigen Risikofaktoren (Länderrisiko, Kundenrisiko, Vertriebskanäle, Produkte und Dienstleistungen) zu berücksichtigen.

Die EBA stellt in den Leitlinien klar, dass der **Geldwäschebeauftragte** eine Leitungsfunktion innehaben sollte. Dadurch soll sichergestellt werden, dass er über **ausreichende Befugnisse** verfügt, um aus eigener Initiative alle Maßnahmen vorzuschlagen, die erforderlich oder angemessen sind, um die Einhaltung und Wirksamkeit der internen Maßnahmen zu gewährleisten.

Exkurs: EBA-Leitlinien zur Fernidentifizierung von Kunden

Am 22. November 2022 hat die Europäische Bankenaufsicht die endgültige Fassung ihrer Leitlinien zur Fernidentifizierung von Kunden veröffentlicht. Die Leitlinien sind sechs Monate nach Veröffentlichung in allen EU-Sprachen anzuwenden (voraussichtlich im Laufe des zweiten Halbjahres 2023).

Die Leitlinien gelten grundsätzlich für die Prozesse zu den Standard-Sorgfaltspflichten, während die Institute im Falle der Anwendung von vereinfachten Sorgfaltspflichten die Anforderungen an die Art und den Typ der für die Identifizierung erforderlichen Daten und Unterlagen auf der Grundlage eines **risikobasierten Ansatzes** auslegen können.

Der Inhalt der Leitlinien ist in **sieben Kapitel** unterteilt, die jeweils die folgenden Themen behandeln:

1. Interne Verfahren und Strategien;

2. Informationsbeschaffung;

3. Authentizität und Integrität von Dokumenten;

4. Überprüfung, ob die sichtbare Identität des Kunden mit den vorgelegten Unterlagen übereinstimmt;

5. Identifizierung Dritter und Outsourcing;

6. Cyber-Risikomanagement und

7. Inanspruchnahme von Vertrauensdiensten u. nationalen Identifizierungsverfahren.

Institute sollen **interne Verfahren** einführen, die speziell auf die Erfüllung der Sorgfaltspflichten in Fällen abzielen, in denen die Aufnahme der Kundenbeziehung aus der Ferne erfolgt. Diese Dokumente müssen Informationen enthalten über

- Die **Merkmale und die Funktionsweise** der Lösung, die für die Erfassung, Überprüfung und Aufzeichnung von Informationen während des Onboarding-Prozesses für Kunden eingesetzt wird;

- Die **Situationen, in denen diese Lösung eingesetzt werden kann**, unter Berücksichtigung der identifizierten und bewerteten Risikofaktoren, auch auf Unternehmensebene, in Bezug auf die verschiedenen Kundenkategorien und die verschiedenen angebotenen Produkte und Dienstleistungen;

- Die **vollautomatischen Schritte** und diejenigen, die einen menschlichen Eingriff erfordern;

- Die **Kontrollen**, die sicherstellen sollen, dass die erste Transaktion mit einem neu erworbenen Kunden erst dann durchgeführt wird, wenn alle anfänglichen Sorgfaltspflichten gegenüber dem Kunden erfüllt wurden;

- Eine Beschreibung der **regelmäßigen Schulungsprogramme** für das Personal in Bezug auf die Funktionsweise, die Risiken und die damit verbundenen Sicherheitsvorkehrungen der Remote-Onboarding-Lösung.

Der Einführung einer neuen Lösung für das Remote-Onboarding sollte immer eine Vorabbewertung vorausgehen, die nach internen Verfahren durchgeführt wird und Gegenstand einer nachträglichen Überprüfung durch die zuständige nationale Behörde sein kann.

In Bezug auf die **Beschaffung von Informationen** verlangen die Leitlinien, dass die Verpflichteten in ihren internen Verfahren die zur Identifizierung des Kunden erforderlichen Informationen, die Arten von Dokumenten, Daten und Informationen, die zur Überprüfung der Identität des Kunden verwendet werden, und die Art und Weise, in der diese Informationen überprüft werden, festlegen.

Die Institute müssen **sicherstellen**, dass

- Die erhaltenen Informationen aktuell sind und den rechtlichen und regulatorischen Anforderungen genügen;

- Alle Bilder, Videos, Töne und Daten in einem lesbaren Format und in ausreichender Qualität erfasst werden, um den Kunden eindeutig erkennbar zu machen;

- Der Identifizierungsprozess bei technischen Problemen oder unerwarteten Unterbrechungen der Verbindung nicht fortgesetzt wird.

Reproduktionen eines Originaldokuments, die ohne Einsichtnahme in das Originaldokument verwendet wurden, können nur dann als zuverlässig angesehen werden, wenn bestimmte IT- und technische **Sicherheitsvorkehrungen** vorhanden sind.

Remote-Onboarding-Lösungen sollten es auch ermöglichen, die **Übereinstimmung zwischen den Angaben der sichtbaren Person und den vorgelegten Unterlagen** sowie – im Falle eines Kunden mit einer juristischen Person – die Befugnisse der als Vertreter handelnden natürlichen Person stets zu überprüfen.

In den internen Verfahren und Strategien sollte außerdem festgelegt werden, welche Tätigkeiten zur Kundenidentifizierung intern durchgeführt werden und welche, wenn überhaupt, von **Dritten** durchgeführt oder ausgelagert werden. In dieser Hinsicht müssen die Institute sicherstellen, dass die Verfahren zur Erfüllung der Sorgfaltspflichten gegenüber Dritten mit den Leitlinien übereinstimmen und dass die erhobenen Daten und Informationen ausreichend und kohärent sind. Im Falle der **Auslagerung** müssen die Institute

- sicherstellen, dass der Dienstleister die Richtlinien und Verfahren des Auftraggebers für das Remote-Onboarding einhält, und zwar durch regelmäßige Berichterstattung, laufende Überwachung, Besuche vor Ort oder Stichprobentests;

- sich vergewissern, dass der Dienstleister über die technischen und organisatorischen Voraussetzungen verfügt, um die ihm übertragenen Tätigkeiten auszuführen;

- einen angemessenen Informationsfluss zwischen dem Dienstleister und dem Auftraggeber in Bezug auf alle Änderungen oder vorgeschlagenen Änderungen des Remote-Onboarding-Prozesses einrichten.

In Bezug auf das **Management von IT-Sicherheitsrisiken** müssen die Verpflichteten ihre eigenen Risiken hinsichtlich des Prozesses der Remote-Due-Diligence identifizieren und steuern, auch im Falle der Nutzung von Dritten oder des Outsourcings (auch gruppenintern).

Um die Regelungen dieser Leitlinien einzuhalten, können die Institute auch **Vertrauensdienste und elektronische Identifizierungsverfahren** nutzen, die von den zuständigen nationalen Behörden geregelt, anerkannt, genehmigt oder akzeptiert werden. In diesen Fällen müssen die Verpflichteten weiterhin prüfen, ob die Lösung mit den Leitlinien übereinstimmt, und die erforderlichen Maßnahmen ergreifen, um die mit der Nutzung solcher Lösungen verbundenen Risiken zu mindern (insbesondere im Hinblick auf einen möglichen Betrug und Identitätsdiebstahl).

13.6.10 Anforderungen aufgrund des „Wirtschaftliche Eigentümer Registergesetz – WiEReG"

Mit der Umsetzung der 4. Geldwäscherichtlinie waren die Mitgliedstaaten des EWR verpflichtet, **zentrale Register** einzurichten und darin alle Daten zu den wirtschaftlichen Eigentümern von Unternehmen und Trusts aufzubewahren.

Auf nationaler Ebene finden sich die Regelungen im Bundesgesetz über die Einrichtung eines Registers der wirtschaftlichen Eigentümer von Gesellschaften, anderen juristischen

Personen und Trusts. Das Register wird von der WiEReG-Registerbehörde im BMF geführt und den Aufsichtsbehörden und Unternehmen, die zur Einhaltung der Geldwäschebestimmungen verpflichtet sind (darunter insb Kreditinstitute), zugänglich gemacht. Natürliche Personen und Organisationen können bei der Registerbehörde schriftlich einen **Antrag auf Einsichtnahme** stellen.

Festzuhalten gilt allerdings, dass sich Verpflichtete bei der Anwendung ihrer Sorgfaltspflichten gegenüber Kunden nicht ausschließlich auf die im Register enthaltenen Angaben über die wirtschaftlichen Eigentümer eines Rechtsträgers verlassen dürfen, sondern bei der Erfüllung ihrer Sorgfaltspflichten nach einem **risikobasierten Ansatz** vorzugehen haben. Insbesondere zur Überprüfung der wirtschaftlichen Eigentümer sind deshalb risikobasiert weitere Prüf- und Kontrollschritte zu setzen.

Bei Existenz eines vollständig und gültigen **Compliance-Packages** (das sind alle Informationen, die zur Feststellung und Überprüfung des wirtschaftlichen Eigentümers erforderlich sind) dürfen Verpflichtete im Rahmen der Überprüfung der Identität des wirtschaftlichen Eigentümers auf die dort enthaltenen Dokumente und Nachweise zurückgreifen, sofern ihnen aufgrund der risikoorientierten Anwendung der Sorgfaltspflichten keine Anhaltspunkte vorliegen, die sie an der Richtigkeit der Meldung oder der Echtheit, Aktualität, Richtigkeit und Vollständigkeit der im Compliance-Package enthaltenen Dokumente und Nachweise zweifeln lassen.

Fit & Proper Selbsttest:

- Benennen Sie vier Grundsätze, die in der Anlage zu § 39b der Vergütungspolitik von Kreditinstituten aufgelistet sind.

- Was versteht man unter Neutralisierung?

- Wer gilt idR als Risikokäufer?

- Nennen Sie drei Fälle, in denen Kreditinstitute ihre Kunden zu identifizieren haben!

- In welchen Fällen sind zwingend verstärkte Sorgfaltspflichten bei der Identifizierung von Kunden anzuwenden?

- Welche Bestimmungen regeln die Einrichtung des Geldwäschebeauftragten?

14 Digital Operational Resilience Act (DORA)

Am 27. Dezember 2022 wurde die Verordnung über die digitale operationale Resilienz im Finanzsektor im Amtsblatt der Europäischen Union veröffentlicht. Diese legt für die betroffenen Unternehmen und mit diesen zusammenarbeitenden Drittanbieter EU-weit einheitliche Anforderungen an die Informations- und Kommunikationstechnik (IKT)-Systeme fest, um Cyber-Angriffen und anderen Risiken vorzubeugen. Zudem sollen die Unternehmen in die Lage versetzt werden, die Betriebsstabilität im Falle einer schwerwiegenden Störung aufrechtzuerhalten.

DORA trat am 20. Tag nach der Veröffentlichung im Amtsblatt, am 17. Jänner 2023, in Kraft und ist ab dem 17. Jänner 2025 unmittelbar anwendbar.

14.1 Anwendungsbereich

In den Anwendungsbereich der neuen Vorschriften fallen nahezu alle Finanzunternehmen. Unter anderem ist die Verordnung auf Kreditinstitute, Zahlungsinstitute, E-Geld-Institute, Wertpapierfirmen, Anbieter von Krypto-Asset-Diensten, zentrale Wertpapierdepots, Börsen, Versicherungs- und Rückversicherungsunternehmen und Einrichtungen der betrieblichen Altersversorgung anwendbar. Auch IKT-Drittanbieter, die digitale Dienste erbringen, unterliegen den Regelungen zur digitalen operationellen Resilienz.

14.2 Inhaltliche Anforderungen

1)   Governance und interne Organisation:

Finanzunternehmen müssen über einen internen Rahmen für die Cybersicherheitssteuerung und -kontrolle verfügen, um ein wirksames und umsichtiges Management aller IKT-Risiken zu gewährleisten und so ein hohes Maß an digitaler Widerstandsfähigkeit zu erreichen.

2)   IKT-Risikomanagement:

Finanzunternehmen müssen über einen robusten, umfassenden und gut dokumentierten Rahmen für das IKT- und Cyber-Risikomanagement verfügen, der Teil ihres gesamten Risikomanagementsystems ist. Dabei soll unter anderem auf Folgendes geachtet werden:

- Verwendung von belastbaren IKT-Instrumenten und -Systemen, die die Auswirkungen relevanter Risiken minimieren;
- Unverzügliche Ermittlung aller Risikoquellen und Einrichtung von Mechanismen zur Aufdeckung anormaler Aktivitäten;
- Implementierung von Schutz- und Präventionsmaßnahmen sowie Erarbeitung von Notfall- und Wiederherstellungsplänen.

Zu diesem Zweck wird das DORA-Rahmenwerk durch delegierte Verordnungen sowie von den zuständigen Aufsichtsbehörden zu erstellenden Leitlinien, technischen Regulierungsstandards (RTS) und technischen Durchführungsstandards (ITS) ergänzt werden.

3) Klassifizierung und Berichterstattung von IKT-Vorfällen:

Im Hinblick auf die Meldung von Vorfällen sollen Finanzunternehmen ein Managementverfahren einrichten und umsetzen, um IKT-bezogene Vorfälle zu überwachen und zu erfassen. Die Vorfälle sollen nach festgelegten Kriterien anhand von Wesentlichkeitsschwellen klassifiziert und ihre Auswirkungen bestimmt werden. Wenn die IKT-bezogenen Vorfälle als schwerwiegend eingestuft werden, sind sie den zuständigen Behörden zu melden.

4) Testung von IKT-Systemen:

Mindestens einmal pro Jahr müssen die für das IKT-Risikomanagement vorgesehenen Kapazitäten und Funktionen im Funktionsmodus anhand von simulierten Bedrohungsszenarien auf Abwehrbereitschaft getestet werden (sog Penetrationstests). Die durchgeführten Tests sind zu dokumentieren. Wurden Schwachstellen identifiziert, müssen entsprechende Korrekturmaßnahmen gesetzt werden.

5) Management des von IKT-Drittanbietern ausgehenden Risikos:

Um die Risiken zu mindern, die sich aus der Abhängigkeit der Finanzinstitute von Drittdienstleistern ergeben, ist vorgesehen, dass die Finanzaufsichtsbehörden mit besonderen Aufsichtsbefugnissen ausgestattet werden.

Es wird nicht nur ein europaweiter Aufsichtsrahmen für Drittanbieter kritischer IKT-Dienste geschaffen, sondern es werden auch wichtige vertragliche Aspekte (Abschluss, Ausführung, nachvertragliche Phase) harmonisiert, um sicherzustellen, dass die Finanzinstitute die Cyberrisiken Dritter überwachen. Um eine angemessene Überwachung der Anbieter von Technologiedienstleistungen zu gewährleisten, die für das Funktionieren des Finanzsektors von entscheidender Bedeutung sind, wird für jeden Drittanbieter von kritischen IKT-Dienstleistungen eine „federführende" Aufsichtsbehörde bestimmt.

15 Interne Revision (§ 42 BWG)

Empfohlene Literatur, Gesetzesstellen und FMA-Rundschreiben:

§ 42 BWG   *Interne Revision*

FMA Mindeststandards für die Interne Revision – FMA-MS

Gemäß § 42 Abs 1 BWG haben Kreditinstitute eine **Interne Revision** einzurichten, die unmittelbar den Geschäftsleitern untersteht, und ausschließlich die laufende und umfassende Prüfung der **Gesetzmäßigkeit**, **Ordnungsmäßigkeit** und **Zweckmäßigkeit** des gesamten Unternehmens wahrnimmt.

Hinweis für Fit & Proper Tests:

Fit & Proper Prüfungskandidaten sollten die Aufgaben der Internen Revision (Gesetzmäßigkeit, Ordnungsmäßigkeit und Zweckmäßigkeit) wie aus der Pistole geschossen aufsagen können.

Zu den **Qualifikationsanforderungen** an den Leiter der Internen Revision (insbesondere Ausschließungsgründe) siehe Kapitel 1.2.4 ‚Anforderungen an Schlüsselfunktionsinhaber, zB Interne Revision (§ 42 BWG) et al.‘

Die Interne Revision

- hat ihre Aufgaben unabhängig, objektiv und unparteiisch wahrzunehmen,
- unterliegt bei der Revisionsplanung, Prüfungsdurchführung, Berichterstattung und den Wertungen der Prüfungsergebnisse und bei der Entscheidung über die Einleitung von Sonderprüfungen keinen Weisungen,
- erstellt überdies eine Prüfungslandkarte, dh eine Übersicht, in der sämtliche Prüfbereiche detailliert unter Angabe der Prüfungsintervalle dargestellt werden.[22]

Die Interne Revision hat weiters einen **jährlichen Revisionsplan** aufzustellen, diesen der Geschäftsleitung zur Kenntnis zu bringen und die Prüfungen nach diesem durchzuführen. Auch anlassbezogene, ungeplante Prüfungen fallen in das Aufgabengebiet der Internen Revision. Solche müssen auch auf Anweisung von mindestens zwei Geschäftsleitern eingeleitet werden.[23]

Die **Prüfgebiete** der Internen Revision sind ua:[24]

- die inhaltliche Richtigkeit und Vollständigkeit der Anzeigen und Meldungen an die FMA und an die Oesterreichische Nationalbank (darunter auch die Richtigkeit der Berechnung der Ordnungsnormen),

---

22   Vgl FMA Mindeststandards für die Interne Revision, 6.1 Revisionsplanung Z 42.
23   Vgl § 42 Abs 3 BWG.
24   § 42 Abs 4 BWG.

- die Zuordnung von Positionen in das Handelsbuch und die jeweiligen Modelle (wenn anwendbar),

- die Einhaltung der Regelungen im Bereich Geldwäscherei und Terrorismusbekämpfung,

- die Zweckmäßigkeit und Anwendung der Risikomanagementverfahren und des ICAAP (§§ 39 Abs 2, 39a BWG).

Bei **Kreditinstitutsgruppen** hat die Interne Revision des übergeordneten Instituts auch die Aufgaben der internen Konzernrevision wahrzunehmen.

Grundsätzlich benötigt jedes Kreditinstitut eine Interne Revision. Die **Auslagerung** der Internen Revision ist für folgende Kreditinstitute gestattet:

- Kreditinstitute, deren Bilanzsumme 300 Millionen Euro nicht übersteigt oder

- Kreditinstitute, deren Mitarbeiterstand im Jahresdurchschnitt 50 vollbeschäftigte Mitarbeiter nicht übersteigt oder bei

- Kreditinstituten mit einer Bilanzsumme unter 1 Mrd Euro kann die Funktion der Internen Revision vom übergeordneten Kreditinstitut oder vom Zentralinstitut oder vom EU-Mutterkreditinstitut ausgeübt werden, sofern eine eigene Einrichtung in der Gruppe oder im Sektor für diese Zwecke existiert.

Weiters besteht die Möglichkeit der FMA, die Auslagerung der Internen Revisionseinheit in der Gruppe oder im Sektor auch bei Überschreiten der Grenze von 1 Mrd Euro zu genehmigen.

Berichtspflichten:

Die Interne Revision hat schriftlich zumindest **allen Geschäftsleitern über die Prüfungsfeststellungen aller im Berichtszeitraum durchgeführten Prüfungen unter Hervorhebung der wesentlichen Mängel, Gefahren und Risiken zu berichten**. Außerdem hat sie über den Prüfungsplan und die wesentlichen Prüfungsfeststellungen **quartalsweise dem Vorsitzenden des Aufsichtsrates** sowie dem **Prüfungsausschuss** schriftlich zu berichten. Der Vorsitzende des Aufsichtsrates hat in der nächsten Sitzung des Aufsichtsrats über den Bericht der Internen Revision zu berichten. Alternativ kann auch die Interne Revision einmal im Quartal im Plenum des Aufsichtsrats berichten.

Fit & Proper Selbsttest:

- Nennen Sie die Aufgaben der Internen Revision.

- Welche Prüfungsgebiete deckt die Interne Revision jedenfalls ab?

- In welchen Fällen ist eine Auslagerung der Internen Revision gestattet?

---

16 Bestimmungen zur Rechnungslegung (§§ 43 – 65 BWG)

Empfohlene Literatur, Gesetzesstellen und FMA-Rundschreiben:

§§ 43 – 44	*BWG*	*Allgemeine Bestimmungen*
Anlage 2 zu § 43	*BWG*	*Formblätter Bilanz und Gewinn- und Verlustrechnung*
§§ 45 – 50	*BWG*	*Allgemeine Ausweisvorschriften zur Bilanz*
§ 51	*BWG*	*Vorschriften zu einzelnen Bilanzposten*
§§ 52 – 54	*BWG*	*Besondere Vorschriften zu einzelnen Posten der Gewinn- und Verlustrechnung*
§§ 55 – 58	*BWG*	*Bewertungsregeln*
§ 59 – 59a	*BWG*	*Konzernabschluss*
§§ 60 – 63a	*BWG*	*Bankprüfer*
§ 64	*BWG*	*Anhang*
§ 65	*BWG*	*Veröffentlichung*
§§ 201 – 211	*UGB*	

AFRAC-Stellungnahme „Grundsatzfragen der unternehmensrechtlichen Bilanzierung von Finanzanlage- und Finanzumlaufvermögen" (Juni 2010)

AFRAC-Stellungnahme „Die unternehmensrechtliche Bilanzierung von Derivaten und Sicherungsinstrumenten" (Dezember 2012)

16.1 Allgemeine Bestimmungen

Gemäß § 43 Abs 1 BWG haben die Geschäftsleiter für die **Gesetzmäßigkeit der Jahresabschlüsse, Konzernabschlüsse, Lageberichte und Konzernlageberichte** zu sorgen. Bei der Aufstellung der Jahresabschlüsse, Konzernabschlüsse, Lageberichte und Konzernlageberichte, sowie deren Prüfung und Offenlegung, sind die Bestimmungen des dritten Buches des UGB anzuwenden (§ 43 Abs 1 BWG enthält jedoch eine taxative Aufzählung der von dieser Anordnung ausgenommenen Vorschriften des UGB).

Die Bilanzen und die Gewinn- und Verlustrechnungen sind entsprechend der Gliederung der in der Anlage 2 des § 43 BWG enthaltenen **Formblätter** zu erstellen. Weitere Untergliederungen sind nur dort zulässig, wo es zur Vermeidung von Unklarheiten erforderlich ist oder wo andere Rechtsvorschriften dies vorsehen.

Die geprüften Jahresabschlüsse, Lageberichte, Konzernabschlüsse und Konzernlageberichte sowie die Prüfungsberichte (inklusive der Anlage zum Prüfungsbericht (AzP)) über den Jahresabschluss sind von den Kreditinstituten innerhalb von 6 Monaten nach Abschluss des Geschäftsjahres der FMA und der OeNB vorzulegen. Zudem müssen die

Daten der Jahresabschlüsse und der Konzernabschlüsse über die Incoming Plattform in standardisierter Form der FMA und OeNB übermittelt werden.

16.2 Gliederung der Bilanz nach Anlage 2 § 43 BWG

Die **Gliederung der Bankbilanz** unterscheidet sich von der generellen Bilanzgliederung nach UGB. Die Reihung erfolgt auf der Aktivseite nach abnehmender Liquidität, dh sie beginnt mit liquiden Mitteln und endet mit den Aktiven latenten Steuern (vgl Abbildung 2: Gliederung der Aktiva der Bilanz nach Anlage 2 zu § 43 BWG).

Aktiva	Bilanz	Passiva
1. Kassenbestand, Guthaben bei Zentralnotenbanken und Postgiroämtern		
2. Schuldtitel öffentlicher Stellen und Wechsel, die zur Refinanzierung bei der Zentralnotenbank zugelassen sind		
3. Forderungen an Kreditinstitute		
4. Forderungen an Kunden		
5. Schuldverschreibungen und andere festverzinsliche Wertpapiere		
6. Aktien und andere nicht festverzinsliche Wertpapiere		
7. Beteiligungen		
8. Anteile an verbundenen Unternehmen		
9. Immaterielle Vermögensgegenstände des Anlagevermögens		
10. Sachanlagen		
11. Anteile an einer herrschenden oder an mit Mehrheit beteiligten Gesellschaft		
12. Sonstige Vermögensgegenstände		
13. Gezeichnetes Kapital, das eingefordert, aber noch nicht eingezahlt ist		
14. Rechnungsabgrenzungsposten		
15. Aktive latente Steuern		
Posten unter der Bilanz		
1. Auslandsaktiva		

Abbildung 2: Gliederung der Aktiva der Bilanz nach Anlage 2 zu § 43 BWG[25]

Aktiva Ziffer 1: Kassenbestand, Guthaben bei Zentralnotenbanken und Postgiroämtern

Der Kassenbestand besteht aus nicht gebundenen, in- und ausländischen gesetzlichen Zahlungsmitteln. Auch Münzen, die als gesetzliche Zahlungsmittel dienen, werden in diesem Posten ausgewiesen.

Die Guthaben bei Zentralnotenbanken und bei Postgiroämtern sind die in den Niederlassungsländern des Kreditinstitutes jederzeit fälligen Guthaben bei diesen Stellen. Sonstige Forderungen an diese Stellen werden unter den Aktivposten 3: „Forderungen an Kreditinstitute" oder unter dem Aktivposten 4: „Forderungen an Kunden" ausgewiesen.[26]

---

25   Quelle: KPMG.
26   Vgl § 51 Abs 1 BWG.

86

<u>Aktiva Ziffer 2: Schuldtitel öffentlicher Stellen und Wechsel, die zur Refinanzierung bei der Zentralnotenbank zugelassen sind</u>

In dieser Position werden Bundesschatzscheine und Schatzanweisungen ausgewiesen, sofern diese zur Refinanzierung bei den Zentralnotenbanken der Niederlassungsländer des Kreditinstitutes zugelassen sind. Zudem werden hier auch Wechsel im Bestand verbucht, sofern auch diese zur Refinanzierung bei den Zentralnotenbanken der Niederlassungsländer des Kreditinstitutes zugelassen sind.

Ist die Zulassung zur Refinanzierung bei den Zentralnotenbanken nicht gegeben, werden die Schuldtitel öffentlicher Stellen unter dem Aktivposten 5: „Schuldverschreibungen und andere festverzinsliche Wertpapiere" ausgewiesen, Wechsel in der Position 3: „Forderungen an Kreditinstituten" oder Position 4: „Forderungen an Kunden".[27]

<u>Aktiva Ziffer 3: Forderungen an Kreditinstitute</u>

Forderungen an Kreditinstitute sind alle Arten von Forderungen aus Bankgeschäften an in- und ausländische Kreditinstitute, ungeachtet ihrer Bezeichnung im Einzelfall. Ausgenommen sind nur die in Form von Schuldverschreibungen oder in anderer Form verbrieften Forderungen, die zum Börsehandel zugelassen sind. Diese sind im Aktivposten 5: Schuldverschreibungen und andere festverzinsliche Wertpapiere auszuweisen.[28]

Untergliederung:

- täglich fällig
- sonstige Forderungen

Die Bewertung erfolgt durch Einzelwertberichtigungen, pauschalierte Einzelwertberichtigungen und Pauschalwertberichtigungen.

<u>Aktiva Ziffer 4: Forderungen an Kunden</u>

Forderungen an Kunden sind alle Arten von Forderungen gegen in- und ausländische Nicht-Banken, ungeachtet ihrer Bezeichnung im Einzelfall. Ausgenommen sind nur die in Form von Schuldverschreibungen oder in anderer Form verbrieften Forderungen, die zum Börsehandel zugelassen sind. Diese sind im Aktivposten 5: Schuldverschreibungen und andere festverzinsliche Wertpapiere auszuweisen.[29]

Die Bewertung erfolgt durch Einzelwertberichtigungen, pauschalierte Einzelwertberichtigungen und Pauschalwertberichtigungen.

<u>Aktiva Ziffer 5: Schuldverschreibungen und andere festverzinsliche Wertpapiere</u>

Schuldverschreibungen und andere festverzinsliche Wertpapiere umfassen nur zum Handel an einer anerkannten Börse zugelassene Wertpapiere. Schuldverschreibungen öffentlicher Stellen sind nur insoweit einzubeziehen, sofern sie nicht schon im Aktivposten 2: Schuld-

---

27   Vgl § 51 Abs 2 BWG.
28   Vgl § 51 Abs 3 BWG.
29   Vgl § 51 Abs 4 BWG.

titel öffentlicher Stellen und Wechsel, die zur Refinanzierung bei der Zentralnotenbank zugelassen sind, ausgewiesen sind. Als festverzinslich gelten auch Wertpapiere, die mit einem veränderlichen Zinssatz ausgestattet sind, sofern dieser an eine bestimmte Größe, etwa an einen Interbankzinssatz oder an einen Eurogeldmarktsatz, gebunden ist. Nur die angekauften, zum Handel an einer anerkannten Börse zugelassenen eigenen Schuldverschreibungen dürfen im Darunterposten zum Aktivposten 5 lit b „von anderen Emittenten" ausgewiesen werden.[30]

Untergliederung:

- von öffentlichen Emittenten

- von anderen Emittenten

- darunter: eigene Schuldverschreibungen

Aktiva Ziffer 6: Aktien und andere nicht festverzinsliche Wertpapiere

Unter diesen Posten fallen Genussrechte und Genussscheine, Investmentfondsanteile, börsenotierte und nicht börsenotierte Aktien und sonstige, nicht festverzinsliche Schuldverschreibungen (zB Ergänzungskapitalanleihen).

Aktiva Ziffer 7: Beteiligungen

Die „Beteiligung" ist laut § 189a Z 2 UGB definiert als Anteile an anderen Unternehmen, die dazu bestimmt sind, dem eigenen Geschäftsbetrieb durch Herstellung einer dauernden Verbindung zu diesem Unternehmen zu dienen; dabei ist es gleichgültig, ob die Anteile in Wertpapieren verbrieft sind oder nicht; es wird eine Beteiligung an einem anderen Unternehmen vermutet, wenn der Anteil am Kapital 20 % beträgt oder darüber liegt; § 244 Absatz 4 und 5 über die Berechnung der Anteile ist anzuwenden; die Beteiligung als unbeschränkt haftender Gesellschafter an einer Personengesellschaft gilt stets als Beteiligung;

Untergliederung:

- darunter: an Kreditinstituten

Aktiva Ziffer 8: Anteile an verbundenen Unternehmen

Die Definition von verbundenen Unternehmen findet sich im § 189a Z 8 UGB. Demnach sind verbundene Unternehmen zwei oder mehrere Unternehmen innerhalb einer Gruppe, wobei eine Gruppe das Mutterunternehmen und alle Tochterunternehmen bilden.

Untergliederung:

- darunter: an Kreditinstituten

---

30 Vgl § 51 Abs 5 BWG.

Aktiva Ziffer 9: Immaterielle Vermögensgegenstände des Anlagevermögens

Immaterielle Vermögensgegenstände sind nach § 55 Abs 1 BWG wie Anlagevermögen zu bewerten. Die Wertminderungen sind in der Gewinn- und Verlustrechnung unter der Ziffer 9: „Wertberichtigungen auf die in den Aktivposten 9 und 10 enthaltenen Vermögenswerte" auszuweisen.

Nicht auszuweisen sind immaterielle Vermögensgegenstände des Umlaufvermögens – diese werden dem Aktivposten 12: „Sonstige Vermögensgegenstände" zugeordnet.

Gemäß Artikel 36 Abs 1 lit b CRR sind die Immateriellen Vermögenswerte vom harten Kernkapital abzuziehen.

Aktiva Ziffer 10: Sachanlagen

Unter den Sachanlagen werden alle materiellen Vermögensgegenstände ausgewiesen, die dauerhaft dem Geschäftsbetrieb dienen. Die Wertminderungen sind in der Gewinn- und Verlustrechnung unter der Ziffer 9: „Wertberichtigungen auf die in den Aktivposten 9 und 10 enthaltenen Vermögenswerte" auszuweisen.

Nicht auszuweisen sind ersteigerte Pfandliegenschaften – diese werden dem Aktivposten 12: „Sonstige Vermögensgegenstände" zugeordnet.

Untergliederung:

- darunter: Grundstücke und Bauten, die vom Kreditinstitut im Rahmen seiner eigenen Tätigkeit genutzt werden

Aktiva Ziffer 11: Anteile an einer herrschenden oder an mit Mehrheit beteiligten Gesellschaft

In diesem Posten werden Anteile an einer Muttergesellschaft ausgewiesen. Eigene Anteile dürfen ab 01.01.2016 aufgrund des Rechnungslegungsänderungsgesetzes nicht mehr als Aktivposten ausgewiesen werden. Der Nennbetrag ist nunmehr vom Nennkapital abzusetzen.

Aktiva Ziffer 12: Sonstige Vermögensgegenstände

Unter den sonstigen Vermögensgegenständen werden Vermögensgegenstände ausgewiesen, die nicht den anderen Positionen zuzurechnen sind. Als Beispiele können genannt werden: Münzen, Medaillen, Barren, soweit sie nicht als gesetzliche Zahlungsmittel verwendet werden, Schecks im Bestand, fällige Wertpapiere, Zins- und Dividendenscheine, Vorräte und sonstige Forderungen (zB Kaufpreisforderungen, Steuerforderungen).

Aktiva Ziffer 13: Gezeichnetes Kapital, das eingefordert, aber noch nicht eingezahlt ist

Gezeichnetes Kapital, das eingefordert, aber noch nicht eigenzahlt ist, sind Forderungen der Gesellschaft gegenüber ihren Anteilseignern; diese sind gesondert auszuweisen.

Aktiva Ziffer 14: Rechnungsabgrenzungsposten

Gemäß § 198 Abs 5 UGB sind als Rechnungsabgrenzungsposten auf der Aktivseite Ausgaben vor dem Abschlussstichtag auszuweisen, soweit sie Aufwand für eine bestimmte Zeit nach diesem Tag sind.

Als Beispiele können genannt werden: Lohn- und Gehaltsvorauszahlungen, Mietvorauszahlungen, Disagio.

Aktiva Ziffer 15: Aktive latente Steuern

In § 198 Abs 9 UGB wurde mit dem Rechnungslegungsänderungsgesetz 2014 eine Aktivierungspflicht für zukünftige Steuerentlastungen, die sich insgesamt aus Unterschieden zwischen den unternehmensrechtlichen und den steuerlichen Wertansaätzen ergeben, eingeführt. Ein Aktivierungswahlrecht besteht – unter bestimmten Voraussetzugnen – für künftige steuerliche Ansprüche aus steuerlichen Verlustvorträgen.

Auslandsaktiva

Es handelt sich um eine aktivseitige unter Strich ausgewiesene hievon-Angabe zu den in der Bilanz erfassten ausländischen Aktiva inkl Forderungen gegenüber Devisenausländern.

*

Auf der **Passivseite** steht das **Fremdkapital vor dem Eigenkapital**; sie gliedert sich nach zunehmender Fristigkeit (vgl Abbildung 3: Gliederung der Passiva der Bilanz nach Anlage 2 zu § 43 BWG).

Aktiva	Bilanz	Passiva
		Verbindlichkeiten gegenüber Kreditinstituten 1.
		Verbindlichkeiten gegenüber Kunden 2.
		Verbriefte Verbindlichkeiten 3.
		Sonstige Verbindlichkeiten 4.
		Rechnungsabgrenzungsposten 5.
		Rückstellungen 6.
		Fonds für allgemeine Bankrisiken 6A.
		Ergänzungskapital gem. CRR 7.
		Zusätzliches Kernkapital gem. CRR 8.
		Plichtwandelschuldverschreibungen gem. § 26 BWG 8A.
		Instrumente ohne Stimmrechte gem. § 26a BWG 8B.
		Gezeichnetes Kapital 9.
		Kapitalrücklagen 10.
		Gewinnrücklagen 11.
		Haftrücklage gemäß § 57 Abs. 5 BWG 12.
		Bilanzgewinn/Bilanzverlust 13.
		Posten unter der Bilanz
		(...)

Abbildung 3: Gliederung der Passiva der Bilanz nach Anlage 2 zu § 43 BWG[31]

31 Quelle: KPMG.

<u>Passiva Ziffer 1: Verbindlichkeiten gegenüber Kreditinstituten</u>

Verbindlichkeiten gegenüber Kreditinstituten sind alle Arten von Verbindlichkeiten aus Bankgeschäften des Kreditinstitutes gegenüber in- und ausländischen Kreditinstituten, ungeachtet ihrer Bezeichnung im Einzelfall. Ausgenommen sind die in Form von Schuldverschreibungen oder in anderer Form verbrieften Verbindlichkeiten (diese sind im Passivposten Ziffer 3: Verbriefte Verbindlichkeiten auszuweisen) und nachrangige Verbindlichkeiten (diese sind im Passivposten Ziffer 7: Nachrangige Verbindlichkeiten auszuweisen).[32]

Untergliederung:

- täglich fällige Verbindlichkeiten
- Verbindlichkeiten mit vereinbarter Laufzeit oder Kündigungsfrist

<u>Passiva Ziffer 2: Verbindlichkeiten gegenüber Kunden</u>

Verbindlichkeiten gegenüber Kunden sind alle Beträge, die Gläubigern geschuldet werden, die keine Kreditinstitute sind, und zwar ungeachtet ihrer Bezeichnung im Einzelfall. Ausgenommen sind die in Form von Schuldverschreibungen oder in anderer Form verbrieften Verbindlichkeiten (diese sind im Passivposten Ziffer 3: Verbriefte Verbindlichkeiten auszuweisen) und nachrangige Verbindlichkeiten (diese sind im Passivposten Ziffer 7: Nachrangige Verbindlichkeiten auszuweisen).[33]

Untergliederung:

- Spareinlagen
- täglich fällig
- mit vereinbarter Laufzeit oder Kündigungsfrist
- sonstige Verbindlichkeiten
  - täglich fällig
  - mit vereinbarter Laufzeit oder Kündigungsfrist

<u>Passiva Ziffer 3: Verbriefte Verbindlichkeiten</u>

Verbriefte Verbindlichkeiten sind sowohl Schuldverschreibungen als auch Verbindlichkeiten, für die übertragbare Urkunden ausgestellt sind.[34]

Untergliederung des Postens:

a) begebene Schuldverschreibungen: sind zum Börsehandel zugelassene Inhaberschuldverschreibungen und Orderschuldverschreibungen

b) andere verbriefte Verbindlichkeiten: sind verbriefte Verbindlichkeiten und Schuldverschreibungen, die nicht zum Börsehandel zugelassen sind

---

32 Vgl § 51 Abs 6 BWG.
33 Vgl § 51 Abs 7 BWG.
34 Vgl § 51 Abs 8 BWG.

In diesem Posten nicht auszuweisen sind Spareinlagen (wird unter Passiva Ziffer 2a: „Spareinlagen" ausgewiesen), verbrieftes Ergänzungskapital (wird unter Passiva Ziffer 7: „Ergänzungskapital" ausgewiesen).

<u>Passiva Ziffer 4: Sonstige Verbindlichkeiten</u>

Sonstige Verbindlichkeiten sind sämtliche Verbindlichkeiten, die nicht aus Bankgeschäften stammen oder verbrieft sind und somit nicht in den Passiva Ziffern 1-3 ausgewiesen werden können.

Als Beispiele können genannt werden: Verbindlichkeiten aus Wertpapiergeschäften, Verbindlichkeiten aus derivativen Produkten, Verbindlichkeiten aus Lieferungen und Leistungen, Verrechnung Finanzamt, Abgaben und Beiträge, Personalverrechnung, vereinnahmte Prämien aus geschriebenen Optionen.

<u>Passiva Ziffer 5: Rechnungsabgrenzungsposten</u>

Gemäß § 198 Abs 6 UGB sind als Rechnungsabgrenzungsposten auf der Passivseite Einnahmen vor dem Abschlussstichtag auszuweisen, soweit sie Ertrag für eine bestimmte Zeit nach diesem Tag sind.

<u>Passiva Ziffer 6: Rückstellungen</u>

Durch die Bildung von Rückstellungen soll ein vollständiger Schuldenausweis gewährleistet werden. Die Bildung dient dem Grundsatz der Vorsicht.

Für die Definition von Rückstellungen ist auf § 198 Abs 8 UGB zurückzugreifen. Eine Rückstellung ist bei künftigen Verpflichtungen, deren Ursache im Abschlussjahr liegt und die der Höhe oder dem Grunde nach ungewiss sind, zu bilden. Laut den Bestimmungen des UGB besteht ein Rückstellungsgebot, wenn eine Verpflichtung gegenüber Dritten besteht. Bei Aufwandsrückstellungen besteht keine Verpflichtung gegen Dritte und daher ein Rückstellungswahlrecht.

§ 198 Abs 8 UGB erläutert, dass

- Rückstellungen für ungewisse Verbindlichkeiten und für drohende Verluste aus schwebenden Geschäften zu bilden sind, die am Abschlussstichtag wahrscheinlich oder sicher, aber hinsichtlich ihrer Höhe oder des Zeitpunkts ihres Eintritts unbestimmt sind (Z 1)

- Rückstellungen für ihrer Eigenart nach genau umschriebene, dem Geschäftsjahr oder einem früheren Geschäftsjahr zuzuordnende Aufwendungen gebildet werden dürfen, die am Abschlussstichtag wahrscheinlich oder sicher, aber hinsichtlich ihrer Höhe oder des Zeitpunkts ihres Eintritts unbestimmt sind. Derartige Rückstellungen sind zu bilden, soweit dies den Grundsätzen ordnungsmäßiger Buchführung entspricht (Z 2)

- andere Rückstellungen als die gesetzlich vorgesehenen nicht gebildet werden dürfen. Eine Verpflichtung zur Rückstellungsbildung besteht nicht, soweit es sich nicht um wesentliche Beträge handelt (Z 3)

- Rückstellungen sind insbesondere zu bilden für (Z 4)

  a) Anwartschaften auf Abfertigungen,

  b) laufende Pensionen und Anwartschaften auf Pensionen,

  c) Kulanzen, nicht konsumierten Urlaub, Jubiläumsgelder, Heimfalllasten und Produkthaftungsrisiken,

  d) auf Gesetz oder Verordnung beruhende Verpflichtungen zur Rücknahme und Verwertung von Erzeugnissen.

Die Untergliederung in der Bilanz lautet:

- Rückstellungen für Abfertigungen

- Rückstellungen für Pensionen

- Steuerrückstellungen

- Sonstige

  – Rückstellungen für drohende Inanspruchnahmen aus dem Haftungsgeschäft eines Kreditinstitutes

  – Rückstellungen für Derivate

Passiva Ziffer 6.A: Fonds für allgemeine Bankrisiken

Für die Bildung des Fonds für allgemeine Bankrisiken haben Kreditinstitute ein Wahlrecht. In diesen Fonds können jene Beträge eingestellt werden, die das Kreditinstitut zur Deckung besonderer bankgeschäftlicher Risiken (zB Zinsänderungs-, Ausfalls-, Währungsrisiko) aus Gründen der Vorsicht für geboten erachtet. Der Fonds für allgemeine Bankenrisiken darf nicht die Einzelwertberichtigung ersetzen. Die Zu- und Abgänge des Fonds sind in der Bilanz gesondert auszuweisen. Der Fonds muss dem Kreditinstitut unbeschränkt und sofort zu Verfügung stehen.

Der Saldo der Zuweisungen und Entnahmen vom Fonds für allgemeine Bankrisiken ist gesondert in der Gewinn- und Verlustrechnung auszuweisen.[35]

Passiva Ziffer 7: Ergänzungskapital gemäß CRR

Dabei handelt es sich um die gemäß Artikel 63 CRR als Ergänzungskapital anrechenbaren Instrumente.

Passiva Ziffer 8: Zusätzliches Kernkapital gemäß CRR

Dabei handelt es sich um die gemäß Artikel 52 CRR als Zusätzliches Kernkapital anrechenbaren Instrumente.

---

35 Vgl § 57 Abs 4 BWG.

Passiva Ziffer 8a: Pflichtwandelschuldverschreibungen gemäß § 26 BWG

Bei § 26 BWG handelt es sich um eine gesellschaftsrechtliche Bestimmung, welche geschaffen wurde, um die Ausgabe von Instrumenten zu ermöglichen, welche dem zusätzlichen Kernkapital zugerechnet werden sollen.

Passiva Ziffer 8b: Instrumente ohne Stimmrechte gemäß § 26a BWG

Bei den Instrumenten ohne Stimmrecht gemäß § 26a BWG handelt es sich um eine Möglichkeit zur Ausgabe stimmrechtsloser Aktien.

Passiva Ziffer 9: Gezeichnetes Kapital

Das gezeichnete Kapital umfasst alle Beträge, die entsprechend der Rechtsform des Kreditinstitutes von den Gesellschaftern oder anderen Eigentümern als Kapitaleinlage zur Verfügung gestellt wurden. Die nicht eingeforderten ausstehenden Einlagen sind von diesem Posten offen abzusetzen; eingeforderte, aber noch nicht eingezahlte Beträge sind im Aktivposten 13: Gezeichnetes Kapital, das eingefordert, aber noch nicht eingezahlt ist, auszuweisen.[36]

Passiva Ziffer 10: Kapitalrücklagen

Kapitalrücklagen sind Beträge, die dem Kreditinstitute von den Gesellschaftern oder sonstigen Eigentümern oder Dritten als Eigenkapital zugeführt wurden und nicht gezeichnetes Kapital sind.[37]

Untergliederung:

- gebundene
- nicht gebundene

Als Beispiele können genannt werden: Agio bei Anteilsausgabe, erzielter Betrag und Wandlungsrechte und Optionen bei Ausgabe von Schuldverschreibungen, Zuzahlungen von Gesellschaftern oder Dritten, Kapitalrücklagen aus Umgründungen.

Passiva Ziffer 11: Gewinnrücklagen

Gewinnrücklagen sind Beträge, die im Geschäftsjahr oder in einem früheren Geschäftsjahr aus dem Jahresüberschuss gebildet worden sind.[38]

Untergliederung:

- gesetzliche Rücklage
- satzungsmäßige Rücklagen
- andere Rücklagen

---

36   Vgl § 51 Abs 10 BWG.
37   Vgl § 51 Abs 11 BWG.
38   Vgl § 51 Abs 12 BWG.

<u>Passiva Ziffer 12: Haftrücklage gemäß § 57 Abs 5 BWG</u>

Für Kreditinstitute besteht eine Verpflichtung zur Bildung einer Haftrücklage. Die Haftrücklage soll 1 % der Risikogewichteten Aktiva (RWA) für das Kreditrisiko betragen. Eine Auflösung der Haftrücklage ist nur zur Erfüllung von Verpflichtungen aus der Einlagensicherung oder zur Deckung von Verlusten möglich. Die Haftrücklage ist nach einer Auflösung innerhalb der folgenden 5 Geschäftsjahre wieder aufzufüllen. Die Zuweisung und Auflösung der Haftrücklage ist in der Gewinn- und Verlustrechnung gesondert auszuweisen.[39]

<u>Passiva Ziffer 13: Bilanzgewinn/Bilanzverlust</u>

In diesem Passivposten wird der Bilanzgewinn oder Bilanzverlust ausgewiesen.

16.3 Posten unter der Bilanz/Passiv

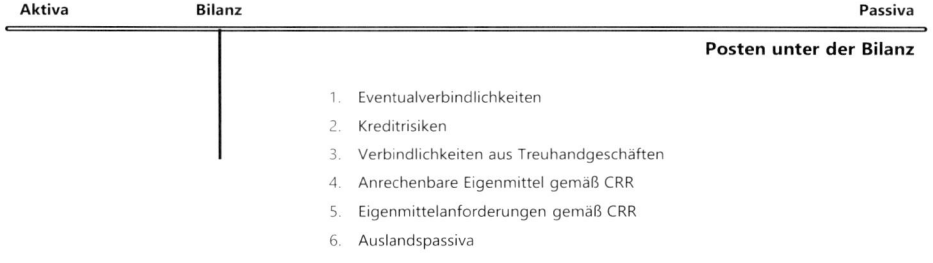

Abbildung 4: Posten unter der Bilanz (passivseitig)[40]

<u>Eventualverbindlichkeiten</u>

Eventualverbindlichkeiten sind alle Geschäfte, bei denen das Kreditinstitut die Verpflichtungen eines Dritten übernommen hat. Im Anhang sind die Art und der Betrag jeder bedeutsamen Eventualverbindlichkeit anzugeben. Beispiele: Verbindlichkeiten aus Bürgschaften, Garantien.[41]

<u>Kreditrisiken</u>

Kreditrisiken sind alle unwiderruflichen Verpflichtungen, die Anlass zu einem Kreditrisiko geben können. Im Anhang sind die Art und die Höhe jeder bedeutsamen Verpflichtung anzugeben. Zudem sind hier auch Rücknahmeverpflichtungen aus unechten Pensionsgeschäften anzugeben. Beispiele: Terminkäufe auf Aktivposten, Kreditpromessen.[42]

---

39   Vgl § 23 Abs 6 BWG.
40   Quelle: KPMG.
41   Vgl § 51 Abs 13 BWG.
42   Vgl § 51 Abs 14 BWG.

Verbindlichkeiten aus Treuhandgeschäften

Treuhandvermögen kann unter dem Bilanzstrich ausgewiesen werden, wenn ein Aussonderungsrecht aus der Masse besteht.[43]

Anrechenbare Eigenmittel gemäß CRR

Als Unterstrichposition sind die anrechenbaren Eigenmittel nach der CRR auszuweisen. Davon gesondert erfolgt ein Ausweis des anrechenbaren Ergänzungskapitals.

Erforderliche Eigenmittel gemäß CRR

Gemäß einer FMA-Auslegung sind die Risikogewichteten Aktiva gemäß CRR, und hierunter die Quote für das harte Kernkapital, die Kernkapitalquote sowie die Quote für die Gesamteigenmittel anzugeben.

Auslandspassiva

In diesem Posten werden die Verpflichtungen gegenüber Devisenausländern ausgewiesen.

16.4 Gliederung der Gewinn- und Verlustrechnung nach Anlage 2 § 43 BWG

Um den Besonderheiten der Aufwands- und Ertragsposten des Bankgeschäfts Rechnung zu tragen, ist die Gliederung der Bank-GuV ebenfalls eine andere als die standardmäßige Gliederung nach UGB (vgl Abbildung 5: Gliederung der Gewinn- und Verlustrechnung nach Anlage 2 § 43 BWG)

1. Zinsen und ähnliche Erträge
2. Zinsen und ähnliche Aufwendungen
I. NETTOZINSERTRAG
3. Erträge aus Wertpapieren und Beteiligungen
4. Provisionserträge
5. Provisionsaufwendungen
6. Erträge/Aufwendungen aus Finanzgeschäften
7. Sonstige betriebliche Erträge
II. BETRIEBSERTRÄGE
8. Allgemeine Verwaltungsaufwendungen
9. Wertberichtigungen auf die in den Aktivposten 9 und 10 enthaltenen Vermögensgegenstände
10. Sonstige betriebliche Aufwendungen
III. BETRIEBSAUFWENDUNGEN
IV. BETRIEBSERGEBNIS
11. Wertberichtigungen auf Forderungen und Zuführung zu Rückstellungen für Eventualverbindlichkeiten (...)
12. Erträge aus der Auflösung von Wertberichtigungen auf Forderungen aus Rückstellungen (...)

13. Wertberichtigungen auf Wertpapiere, die wie Finanzanlagen bewertet sind (...)
14. Erträge aus Wertberichtigungen auf Wertpapiere, die wie Finanzanlagen bewertet werden (...)
V. ERGEBNIS DER GEWÖHNLICHEN GESCHÄFTSTÄTIGKEIT
15. Außerordentliche Erträge
16. Außerordentliche Aufwendungen
17. Außerordentliches Ergebnis
18. Steuern vom Einkommen und Ertrag
19. Sonstige Steuern, soweit nicht in Posten 18 auszuweisen
VI. JAHRESÜBERSCHUSS/JAHRESFEHLBETRAG
20. Rücklagenbewegung
VII. JAHRESGEWINN/JAHRESVERLUST
21. Gewinnvortrag/Verlustvortrag
VIII. BILANZGEWINN/BILANZVERLUST

Abbildung 5: Gliederung der Gewinn- und Verlustrechnung nach Anlage 2 § 43 BWG[44]

---

43   Vgl § 48 BWG.
44   Quelle: KPMG.

GuV Ziffer 1: Zinsen und ähnliche Erträge

Zinserträge resultieren aus den Aktivposten 1 – 5 (Kassenbestand, Guthaben bei Zentralnotenbanken und Postgiroämtern, Schuldtitel öffentlicher Stellen und Wechsel, die zur Refinanzierung bei der Zentralnotenbank zugelassen sind, Forderungen an Kreditinstituten, Kundenforderungen und festverzinslichen Wertpapieren bzw Schuldverschreibungen). Außerdem beinhaltet dieser Posten Erträge aus der Verteilung der Agios und Disagios von Wertpapieren, sowie Erträge aus Termingeschäften. Weiterer Bestandteil der Zinsen und ähnlichen Erträgen sind Gebühren und Provisionen mit Zinscharakter.

GuV Ziffer 2: Zinsen und ähnliche Aufwendungen

Zinsaufwendungen ergeben sind aus den Passivposten 1, 2, 3, 7 und 8 (Verbindlichkeiten gegenüber Kreditinstituten, Kundeneinlagen und verbrieften Verbindlichkeiten bzw eigene Emissionen, Nachrangige Verbindlichkeiten und Ergänzungskapital). Außerdem beinhaltet dieser Posten Aufwendungen aus der Verteilung der Agios und Disagios von Wertpapieren, sowie Aufwendungen aus Termingeschäften. Weiterer Bestandteil der Zinsen und ähnlichen Aufwendungen sind Gebühren und Provisionen mit Zinscharakter.

Der Nettozinsertrag zeigt die „Bruttomarge" einer Bank.

GuV Ziffer 3: Erträge aus Wertpapieren und Beteiligungen

Diese Position wird in drei Unterposten gegliedert:

- Erträge aus Aktien, anderen Anteilsrechten und nichtfestverzinslichen Wertpapieren
- Erträge aus Beteiligungen
- Erträge aus Anteilen an verbundenen Unternehmen

Die Erträge aus Aktien und Beteiligungen haben keinen „Zinscharakter" und sind daher nicht im Nettozinsertrag enthalten. Es handelt sich ausschließlich um laufende Erträge.

Hinweis: die GuV Ziffern 1 – 3 werden in der Analyse oft zum „Veranlagungsergebnis" zusammengefasst.

GuV Ziffern 4 und 5: Provisionsergebnis

Provisionserträge bzw -aufwendungen sind die im Dienstleistungsgeschäft anfallenden Erträge bzw Aufwendungen.[45] Der Saldo aus Provisionserträgen und Provisionsaufwendungen wird als „Provisionsergebnis" bezeichnet. Provisionen stammen aus verschiedenen Geschäften, zB aus dem

- Kreditgeschäft
- Zahlungsverkehr
- Wertpapiergeschäft
- Sonstigen Dienstleistungen.

---

45   Vgl § 52 Abs 3 BWG.

Handelt es sich hingegen um nicht-bankgeschäftliche Dienstleistungen (zB Mieterträge von Immobilien), sind diese unter die „sonstigen betrieblichen Erträgen" auszuweisen.

GuV Ziffer 6: Erträge und Aufwendungen aus Finanzgeschäften

Darunter fallen realisierte Ergebnisse aus dem Eigenhandel mit Wertpapieren sowie aus der Stichtagsbewertung, die nicht Zinsen darstellen, realisierte Kursgewinne und -verluste mit Valuten und Edelmetallen, Erträge und Aufwendungen aus der Stichtagsbewertung der Bestände an Devisen, Valuten und Edelmetallen, Bewertungsgewinne bzw Bewertungsverluste aus der Differenz zwischen dem Kaufpreis und dem Marktwert zum Stichtag, Bewertungserträge und -aufwendungen aus nicht verbrieften derivativen Finanzinstrumenten (ohne Zinscharakter) und Erträge und Aufwendungen von Wertpapieren des Handelsbestandes (diese sind saldiert auszuweisen).

GuV Ziffer 7: Sonstige betriebliche Erträge

Sonstige betriebliche Erträge sind alle nicht in den übrigen Posten aufscheinenden Erträge.

Sonstige betriebliche Erträge können ua Kostenweiterbelastungen an Dritte, Auflösung von Rückstellungen (außer Kreditrisiko), Veräußerung von Sachanlagen, Erträge aus Beratungen, Vermietungserlöse und Erträge aus Personalüberlassung sein.

GuV Ziffer 8: Allgemeine Verwaltungsaufwendungen

Allgemeine Verwaltungsaufwendungen setzen sich zusammen aus dem Personalaufwand und den sonstigen Verwaltungsaufwendungen (Sachaufwand).

Der Personalaufwand beinhaltet Löhne und Gehälter, den Aufwand für gesetzlich vorgeschriebene Sozialabgaben und vom Entgelt abhängige Abgaben sowie Pflichtbeiträge, den sonstigen Sozialaufwand, die Aufwendungen für Altersversorgung und Unterstützung, die Dotierung von Pensionsrückstellungen und Aufwendungen für Abfertigungen und Leistungen an betriebliche Mitarbeitervorsorgekassen.

In den sonstigen Verwaltungsaufwendungen sind unter anderem Miete, Leasing, Kfz-Aufwand, Reisekosten, Kosten für Rechtsberatung, Energie, Telefon, Büromaterial, Ausbildung, Instandhaltung, Werbung, OeNB-Gebühren und Kosten für die Bankaufsicht enthalten.

GuV Ziffer 9: Wertberichtigungen auf die in den Aktivposten 9 und 10 enthaltenen Vermögensgegenstände

Hier sind alle planmäßigen und außerplanmäßigen Abschreibungen auf immaterielle Vermögensgegenstände und Sachanlagen auszuweisen.

GuV Ziffer 10: Sonstige betriebliche Aufwendungen

Sonstige betriebliche Aufwendungen sind alle nicht in den übrigen Positionen aufscheinenden Aufwendungen.

Darunter fallen ua Verluste aus Anlagenabgängen, der Sachaufwand für das bankfremde Geschäft, Aufwendungen für nicht betrieblich genutzte Grundstücke und Gebäude und Rückstellungen für Drohverluste für bankfremde Geschäfte.

GuV Ziffer 11: Aufwendungen aus der Bewertung von Forderungen und Eventualverbindlichkeiten[46]

In diesem Posten werden Direktabschreibungen von Forderungen, Zuführung zu Einzelwertberichtigungen zu Forderungen, Zuführung zu pauschalen Einzelwertberichtigungen, Zuführung zu Pauschalwertberichtigungen und die Dotierung von Rückstellungen für Eventualverbindlichkeiten und Kreditrisiken ausgewiesen.

GuV Ziffer 12: Erträge aus der Bewertung von Forderungen und Eventualverbindlichkeiten[47]

In diesem Posten erfolgt der Ausweis der Eingänge aus abgeschriebenen Forderungen, der Auflösung von Einzelwertberichtigungen zu Forderungen, der Auflösung von pauschalen Einzelwertberichtigungen, der Auflösung von Rückstellungen für Eventualverbindlichkeiten und Kreditrisiken, sowie der Veräußerungsgewinne aus Forderungsverkäufen.

Gemäß § 53 Abs 3 BWG ist eine Saldierung der Aufwendungen und Erträge aus der Bewertung von Forderungen und Eventualverbindlichkeiten (Ziffer 11 und 12) erlaubt. Es handelt sich in Summe um das Bewertungsergebnis des Umlaufvermögens.

GuV Ziffer 13: Wertberichtigungen auf Wertpapiere, die wie Finanzanlagen bewertet sind […][48]

Dieser Posten enthält die Aufwendungen aus der Bewertung von Finanzanlagen (Kursverluste und Kurswertabschreibungen) und die Aufwendungen aus der Bewertung und Veräußerung von Beteiligungen und Anteilsrechten an verbundenen Unternehmen (in der Praxis handelt es sich um außerplanmäßige Abschreibungen).

GuV Ziffer 14: Erträge aus Wertberichtigung auf Wertpapieren, die wie Finanzanlagen bewertet werden […][49]

Dieser Posten enthält die Erträge aus der Bewertung von Finanzanlagen (Kursgewinne und Kurszuschreibungen), sowie Erträge aus der Bewertung und Veräußerung von Beteiligungen und Anteilsrechten an verbundenen Unternehmen (in der Praxis handelt es sich um Zuschreibungen).

Gemäß § 54 Abs 2 BWG ist eine Saldierung der Aufwendungen und Erträge aus der Wertberichtung auf Wertpapieren, die wie Finanzanlagen bewertet sind […] möglich. Es handelt sich in Summe um das Bewertungsergebnis des Anlagevermögens.

---

46   Vgl § 53 Abs 1 BWG.
47   Vgl § 53 Abs 1 BWG.
48   Vgl § 54 Abs 1 BWG.
49   Vgl § 54 Abs 1 BWG.

GuV Ziffern 15 – 17: außerordentliches Ergebnis

Unter diesem Posten sind gemäß § 54a BWG Aufwendungen und Erträge auszuweisen, die außerhalb der gewöhnlichen Geschäftstätigkeit des Unternehmens anfallen. Hier sind auch Entnahmen aus bzw Zuweisungen zum Fonds für allgemeine Bankrisiken auszuweisen.

Gesonderter Ausweis bei Ziffer 15: außerordentlicher Ertrag:
- Entnahmen aus dem Fonds für allgemeine Bankrisiken

Gesonderter Ausweis bei Ziffer 17: außerordentlicher Aufwand:
- Zuweisungen zum Fonds für allgemeine Bankrisiken

GuV Ziffer 18: Steuern vom Einkommen und Ertrag

Dieser Posten betrifft die Einkommenssteuer (Körperschaftssteuer).

Ziffer 19: Sonstige Steuern, soweit nicht im Posten 18 auszuweisen

Die sonstigen Steuern umfassen Gebühren nach dem Gebührengesetz, die Gesellschaftssteuer und Gemeindeabgaben. Davon ausgenommen sind Kanalgebühren, Gebühren für die Müllabfuhr uä, für die es eine Gegenleistung gibt. Diese Aufwendungen gehören in den Sachaufwand.

Ziffer 20: Rücklagenbewegung

Es werden alle Rücklagenbewegungen in Summe ausgewiesen. Davon ausgenommen ist die Dotierung bzw Auflösung der Haftrücklage. Diese ist gesondert als davon-Vermerk anzugeben.

16.5 Bewertungsregeln (§§ 55 – 58 BWG)

Grundsätzlich sind für Kreditinstitute die Bewertungsregeln des UGB (§§ 201 – 211 UGB) analog anzuwenden. Die Vermögensgegenstände werden unterteilt in das Anlagevermögen und Umlaufvermögen. **Schulden** werden mit dem Rückzahlungsansatz bzw Barwert bei Renten angesetzt.

Rückstellungen sind gemäß § 211 Abs 1 UGB mit dem Erfüllungsbetrag anzusetzen, der bestmöglich zu schätzen ist. Rückstellungen für Abfertigungsverpflichtungen, Pensionen, Jubiläumsgeldzusagen oder vergleichbare langfristig fällige Verpflichtungen sind mit dem sich nach versicherungsmathematischen Grundsätzen ergebenden Betrag anzusetzen. Gemäß § 211 Abs 2 UGB sind Rückstellungen mit einer Restlaufzeit von mehr als einem Jahr mit einem marktüblichen Zinssatz abzuzinsen. Bei Rückstellungen für Abfertigungsverpflichtungen, Pensionen, Jubiläumsgeldzusagen oder vergleichbare langfristig fällige Verpflichtungen kann ein durchschnittlicher Marktzinssatz angewendet werden, der sich bei einer angenommenen Restlaufzeit von 15 Jahren ergibt, sofern dagegen im Einzelfall keine erheblichen Bedenken bestehen.

Gemäß § 56 Abs 5 BWG können zum Handel an einer anerkannten Börse zugelassene **Wertpapiere**, die nicht die Eigenschaft von Finanzanlagen haben, zum höheren Marktwert am Bilanzstichtag bilanziert werden. Der Unterschiedsbetrag zwischen den Anschaffungskosten und dem höheren Marktwert ist im Anhang anzugeben.[50]

Bezüglich der Bilanzierung von **Finanzanlage- und Finanzumlaufvermögen**, wird auf die AFRAC-Stellungnahme „Grundsatzfragen der unternehmensrechtlichen Bilanzierung von Finanzanlage- und Finanzumlaufvermögen" verwiesen.

Die **Kategorisierung** kann nicht willkürlich gewählt werden. Es bedarf hierzu einer gesonderten Dokumentation und Beschlussfassung der Gremien. Zu jedem Bilanzstichtag ist die Kategorisierung erneut zu überprüfen.

Vermögensgegenstände und Verbindlichkeiten in **fremder Währung** sind zum Mittelkurs am Bilanzstichtag umzurechnen.[51] Termingeschäfte sind zum Terminkurs am Bilanzstichtag umzurechnen. Die Differenz, die sich aus der Umrechnung ergibt, ist in der Gewinn- und Verlustrechnung einzustellen.[52]

16.6 Exkurs: Stille Reserven (§ 57 Abs 1 BWG)

Gemäß § 57 Abs 1 BWG ist die Bildung von stillen Reserven bis höchstens 4 % der Bilanzwerte der Forderungen an Kreditinstitute, Wertpapiere (mit Ausnahme jener, die wie Anlagevermögen bewertet sind oder Teil des Handelsbestandes sind) und Forderungen an Kunden, zulässig – soweit dies aus Gründen der Vorsicht in Anbetracht der besonderen bankgeschäftlichen Risiken erforderlich ist.

Der Grundsatz der Vorsicht (§ 201 Abs 1 Z 4 UGB) ist unter Berücksichtigung der Besonderheiten des Bankgeschäftes anzuwenden.

Die Abweichung zu den Wertansätzen gemäß den §§ 203, 206 und 207 UGB darf 4 % des Gesamtbetrages der (angeführten) Vermögensgegenstände nicht übersteigen.

Die Reserve kann ohne Beschränkungen wieder aufgelöst werden.

In der jährlichen Reservenmeldung sind stille Reserven an die OeNB zu melden.

16.7 Exkurs: Ausweis von Sicherheiten (§ 46 BWG)

Vermögensgegenstände sind in den entsprechenden Bilanzposten auszuweisen, auch wenn das bilanzierende Kreditinstitut sie als Sicherheit für eigene Verbindlichkeiten oder für Verbindlichkeiten Dritter verpfändet oder in anderer Weise an Dritte als Sicherheit übertragen hat.[53]

---

50   Vgl § 56 Abs 5 BWG.
51   Vgl § 58 Abs 1 BWG.
52   Vgl § 58 Abs 3 BWG.
53   Vgl § 46 Abs 1 BWG.

Dem bilanzierenden Kreditinstitut als Sicherheit verpfändete oder anderweitig als Sicherheit übertragene Vermögensgegenstände sind in der Bilanz nur dann auszuweisen, wenn es sich dabei um Bareinlagen handelt.[54]

16.8 Exkurs: Ausweis von Gemeinschaftskrediten (§ 47 BWG)

Bei Gemeinschaftskrediten (Konsortialkrediten) hat jedes beteiligte Kreditinstitut nur seinen Anteil am gesamten Kredit zu bilanzieren.[55]

Wenn bei Gemeinschaftskrediten der vom bilanzierenden Kreditinstitut garantierte Betrag höher ist als der Betrag der von ihm bereitgestellten Kreditmittel, so ist die zusätzliche Haftung als Eventualverbindlichkeit in Posten 1 lit b unter der Bilanz auszuweisen.[56]

16.9 Exkurs: Ausweis von Treuhandgeschäften (§ 48 BWG)

Treuhandvermögen, das ein Kreditinstitut im eigenen Namen, aber für fremde Rechnung hält, muss grundsätzlich vom Treuhänder bilanziert werden. Die Gesamtbeträge solcher Forderungen und Verbindlichkeiten sind – gegliedert nach den unterschiedlichen Aktiv- und Passivposten – gesondert in der Bilanz oder im Anhang anzugeben. Das Treuhandvermögen kann auch unter der Bilanz ausgewiesen werden, sofern eine besondere Regelung es ermöglicht, es im Falle einer gerichtlich angeordneten Liquidation des Kreditinstitutes aus der Masse auszusondern.[57]

Die im fremden Namen und für fremde Rechnung erworbenen Vermögensgegenstände dürfen nicht bilanziert werden.[58]

16.10 Exkurs: Ausweis von Pensionsgeschäften (§ 50 BWG)

Pensionsgeschäfte sind Verträge, durch die ein Kreditinstitut oder der Kunde eines Kreditinstitutes (Pensionsgeber) ihm gehörende Vermögensgegenstände einem anderen Kreditinstitut oder einem seiner Kunden (Pensionsnehmer) gegen Zahlung eines Betrages überträgt und in denen gleichzeitig vereinbart wird, dass die Vermögensgegenstände später gegen Entrichtung des empfangenen oder eines im Voraus vereinbarten anderen Betrages an den Pensionsgeber zurückübertragen werden.[59]

---

54   Vgl § 46 Abs 2 BWG.
55   Vgl § 47 Abs 1 BWG.
56   Vgl § 47 Abs 2 BWG.
57   Vgl § 48 Abs 1 BWG.
58   Vgl § 48 Abs 2 BWG.
59   Vgl § 50 Abs 1 BWG.

Übernimmt der Pensionsnehmer die Verpflichtung, die Vermögensgegenstände zu einem bestimmten oder vom Pensionsgeber zu bestimmenden Zeitpunkt zurück zu übertragen, so handelt es sich um ein echtes Pensionsgeschäft. Die übertragenen Vermögensgegenstände sind in der Bilanz des Pensionsgebers auszuweisen.[60]

Ist der Pensionsnehmer lediglich berechtigt, die Vermögensgegenstände zu einem vorher bestimmten oder von ihm noch zu bestimmenden Zeitpunkt zurück zu übertragen, so liegt ein **unechtes Pensionsgeschäft** vor.[61] Die Vermögensgegenstände sind nicht in der Bilanz des Pensionsnehmers auszuweisen.[62]

16.11 Exkurs: Bilanzierung von Derivaten und Sicherungszusammenhängen

Derivate sind gemäß Anlage 2 zu § 22 BWG besondere außerbilanzmäßige Geschäfte. Die Anlage unterscheidet zwischen

- Zinsderivaten (Z 1),

- Wechselkursderivaten und Geschäfte auf Goldbasis (Z 2),

- Verträge in Substanzwerten und sonstigen wertpapierkursbezogenen Termingeschäften (Z 3),

- Edelmetallverträge, ausgenommen Goldverträge (Z 4),

- Warenverträge, ausgenommen Edelmetallverträge (Z 5) und

- Sonstige Termingeschäfte, Terminkontrakte, gekaufte Optionen und vergleichbare Geschäfte, die nicht in den Z 1 -5 zuzuordnen sind (Z 6).

Bezüglich der Bilanzierung und Bewertung ist die AFRAC-Stellungnahme „Die unternehmensrechtliche Bilanzierung von Derivaten und Sicherungsinstrumenten" heranzuziehen. Demnach ist zwischen symmetrischen (zB Swap) und asymmetrischen Derivaten (zB Option) zu unterscheiden. Je nach Derivat ist zu Vertragsabschluss ggf. ein Bilanzposten einzustellen. Grundsätzlich ist aber das imparitätische Realisationsprinzip zu beachten.

Dementsprechend sind laut AFRAC-Stellungnahme Gewinne nur dann auszuweisen, wenn diese verwirklicht sind. Außerdem sind erkennbare Risiken und drohende Verluste zu berücksichtigen (zB durch die Bildung von Drohverlustrückstellungen).

Die Problematik bei der Bilanzierung von Derivaten liegt darin, dass uU der Abschluss wirtschaftlich sinnvoller Sicherungsgeschäfte aufgrund der imparitätischen Bewertung bilanziell unvorteilhaft behandelt wird. Die Lösung liegt in der Bildung einer Bewertungseinheit. Die Voraussetzung hierfür ist die dokumentierte Widmung bezüglich:

- Absicherungsbedarf: ein offenes Risiko muss vorliegen;

- Absicherungsstrategie: Managementeinschätzung zu Zielen und verwendeten Methoden;

---

60 Vgl § 50 Abs 4 BWG.
61 Vgl § 50 Abs 3 BWG.
62 Vgl § 50 Abs 5 BWG.

- Absicherungseignung des derivativen Finanzinstrumentes: Ausgleich des abzusichernden Risikos aus dem Grundgeschäft;

- Effektivität der Bewertungseinheit: auch prospektiv zu testen.

Man kann folgende Arten von **Sicherungsbeziehungen** unterscheiden:

- Cash-Flow-Hedge: darunter versteht man die Absicherung von Zahlungsströmen;

- Fair-Value-Hedge: darunter versteht man die Absicherung des Marktwertes;

- Microhedge: darunter versteht man die genaue Zuordnung des Derivates zu einem Grundgeschäft;

- Portfoliohedge: hierunter versteht man die Zuordnung des Derivates zu einem Portfolio (zB Kreditportfolio) ;

- Macro-Hedge von Zinsrisiken bei Kreditinstituten: darunter versteht man zB die Absicherung einer Festzinslücke zwischen der Aktiv- und der Passivseite.

Die Bewertung des Grundgeschäftes erfolgt in Bezug auf das gesicherte Risiko gemeinsam mit dem derivativen Finanzinstrument (Bewertungseinheit). Das derivative Finanzinstrument selbst wird nicht bilanziert (zB Bewertung der Fremdwährungsforderung mit dem Sicherungskurs). Ein derivatives Finanzinstrument kann weiters nur in seiner Gesamtheit als Absicherung dienen (Ausnahmen: fixer prozentueller Anteil oder Trennung innerer Wert und Zeitwert).

Die Absicherung eines Teiles des Grundgeschäftes ist ebenso möglich wie jene eines Portfolios von genau spezifizierten Einzelgeschäften, die zu einem „abzusichernden Grundgeschäft" zusammengefasst werden.

16.12 Anhang und Lagebericht

Gemäß § 222 UGB Abs 1 wird der Jahresabschluss um den Anhang erweitert. Er ist somit Teil des Jahresabschlusses. Sein Zweck ist eine den tatsächlichen Verhältnissen entsprechende Darstellung der Vermögens-, Finanz- und Ertragslage des Unternehmens, insbesondere durch ergänzende quantitative und qualitative Informationen, die in dem Zahlenwerk der Bilanz und der GuV nicht enthalten sind (Ergänzungsfunktion, Informationsfunktion).

Kreditinstitute haben die allgemeinen unternehmensrechtlichen Anhangangabepflichten nach §§ 236 bis 240 UGB anzuwenden.[63] Die Angabepflichten werden im Rahmen des BWG durch Zusatzangabepflichten ergänzt. Diese verpflichtenden Zusatzangaben finden sich teilweise im § 64 BWG, teilweise in anderen Vorschriften, wie etwa den Ansatz- und Bewertungsregeln (§§ 45 bis 58 BWG).

Der Inhalt des Lageberichts ist in den §§ 243, 243a und 267 UGB geregelt. Er beinhaltet eine verbale (ausgewogene und umfassende) Berichterstattung des Managements zum Jahresabschluss bzw zum Konzernabschluss. Der Lagebericht soll insbesondere auf den Geschäftsverlauf, die Lage und die künftige Entwicklung der Gesellschaft, die Risiken der

---

63   Vgl § 64 Abs 1 BWG.

künftigen Entwicklung sowie auf wesentliche Ereignisse nach dem Bilanzstichtag eingehen. Er ist so darzustellen, dass ein möglichst getreues Bild der Vermögens-, Finanz- und Ertragslage vermittelt wird. Zudem soll der Lagebericht neben den Risiken auch über zukünftige Chancen, über die zugrunde liegenden Annahmen sowie über Ziele und Strategien des Mitterunternehmens berichten.

Das BWG enthält bezüglich der Aufstellung des Lageberichtes keine Sondervorschriften, Eigenheiten ergeben sich lediglich aus der kreditinstitutsspezifischen Geschäftsentwicklung.

16.13 Konzernabschluss (§§ 59 und 59a BWG)

Das übergeordnete Kreditinstitut hat für die Kreditinstitutsgruppe (siehe Kapitel 10 ‚Bestimmungen zur Kreditinstitutsgruppe (§ 30 BWG)‘) einen Konzernabschluss und einen Konzernlagebericht zu erstellen.[64]

Der Konzernabschluss besteht aus folgenden Bestandteilen:[65]

- Konzernbilanz

- Konzern-Gewinn- und Verlustrechnung

- Konzernanhang

- Konzernkapitalflussrechnung

- Eigenkapitalspiegel.

Der Konzernabschluss wird derart dargestellt, als ob nur ein Unternehmen bestehen würde. Zu diesem Zweck sind alle Beziehungen zwischen den Unternehmen zu konsolidieren. Dies geschieht anhand der:

- Kapitalkonsolidierung (Zusammenfassung von Eigenkapital und Beteiligungen)

- Schuldenkonsolidierung (Zusammenfassung von Schulden und Forderungen)

- Aufwand- und Ertragskonsolidierung (Zusammenfassung von Aufwendungen und Erträgen)

- Zwischenergebniseliminierung (Herausrechnung von sämtlichen Gewinnen und Verlusten aus Geschäften zwischen allen in einen Konzernabschluss einbezogenen Unternehmen).

Gemäß § 59a BWG ist auch eine Aufstellung des Konzernabschlusses nach IFRS möglich, dh wird ohnehin ein IFRS-Konzernabschluss erstellt, so wirkt dieser befreiend für die Verpflichtung zur Aufstellung eines gesonderten Konzernabschlusses nach § 59 BWG. Die Anhangangaben laut § 64 BWG sind zusätzlich aufzunehmen.

---

64   Vgl § 59 Abs 1 BWG.
65   Vgl § 250 UGB.

16.14 Bestimmungen zum Bankprüfer (§ 60 ff BWG)

Gemäß § 60 Abs 1 BWG ist der Jahresabschluss eines jeden Kreditinstitutes und Kreditinstitute-Verbundes und der Konzernabschluss jeder Kreditinstitutsgruppe nach § 59 Abs 1 sowie jedes Kreditinstitutskonzerns nach § 59a unter Einbeziehung der Buchführung, des Lageberichtes und des Konzernlageberichtes nach § 59 und § 59a durch den Bankprüfer zu prüfen.

Bankprüfer sind die zum Abschlussprüfer bestellten beeideten Wirtschaftsprüfer oder Wirtschaftsprüfungsgesellschaften und die Prüfungsorgane (Revisoren, Prüfungsstelle des Sparkassen-Prüfungsverbandes) gesetzlich zuständiger Prüfungseinrichtungen. Zu Bankprüfern dürfen Personen, bei denen Ausschließungsgründe gemäß § 62 BWG vorliegen oder eine Befangenheit oder Ausgeschlossenheit gemäß §§ 271, 271a oder 271b UGB besteht, nicht bestellt werden.[66] Dabei sind auch die Bestimmungen der EU-Abschlussprüfer-Verordnung[67], wie etwa die externe Rotationsverpflichtung (grundsätzlich nach 10 Jahren) und die interne Rotationsverpflichtung (7 Jahre), zu beachten.

Die Bestellung des Bankprüfers erfolgt durch Haupt- bzw Generalversammlung auf Vorschlag des Aufsichtsrats (Vorbereitung des Vorschlags durch den Prüfungsausschuss). Der Abschluss des Prüfungsvertrages zwischen der Gesellschaft und dem Bankprüfer erfolgt für die Gesellschaft durch den Vorsitzenden des Aufsichtsrates.

Ausschließungsgründe gemäß § 62 BWG liegen ua dann vor, wenn:

- Der Bankprüfer wegen mangelnder Vorbildung fachlich nicht geeignet ist und die für die Bankprüfung erforderlichen Eigenschaften oder Erfahrungen nicht besitzt (Z 1),

- der Bankprüfer nicht nachweislich durch entsprechende Fortbildung für die Aktualität der Kenntnisse und Erfahrungen sorgt (Z 1a),

- der Bankprüfer mindestens 5 % der Anteile oder Anteile im Wert von mind 70.000 Euro an dem zu prüfenden Kreditinstitut besitzt (Z 3),

- seine wirtschaftliche Unabhängigkeit von dem zu prüfenden Kreditinstitut nicht gewährleistet ist (Z 5),

- die personelle Unabhängigkeit des Bankprüfers von dem zu prüfenden Kreditinstitut insbesondere deshalb nicht gewährleitet ist, weil er eine andere Tätigkeit als die Beratung für das prüfende Kreditinstitut ausübt oder bei der Erfassung von Geschäftsfällen im Rechnungswesen oder bei der Erstellung von Abschlüssen in Belangen mitwirkt, die er selbst prüfen soll (Selbstprüfung) (Z 6),

- der Bankprüfer gesetzlicher Vertreter oder Mitglied des Aufsichtsrates oder Arbeitnehmer des zu prüfenden Kreditinstitutes ist oder in den letzten drei Jahren vor seiner Bestellung war (Z 8),

- der Bankprüfer Arbeitnehmer eines Unternehmens ist, das mit dem zu prüfenden Kreditinstitut verbunden ist (Z 10),

---

66 Vgl § 61 Abs 2 BWG.
67 Verordnung (EU) Nr 537/2014.

- der Bankprüfer seine Tätigkeit nicht mit der erforderlichen beruflichen Sorgfalt ausübt (Z 15),

- der Bankprüfer über keine Bescheinigung gemäß § 35 des Abschlussprüfer-Aufsichtsgesetzes (APAG) verfügt (Z 16).[68]

16.15 Umfang der Prüfung

Gemäß § 63 Abs 4 BWG hat der Bankprüfer die Gesetzmäßigkeit des Jahresabschlusses zu prüfen. Die Prüfung hat auch die Prüfung einer Vielzahl von in § 63 Abs 4 BWG genannten aufsichtsrechtlichen Bestimmungen zu umfassen, nämlich ob jeweils das Interne Kontrollsystem angemessen ausgestaltet und implementiert ist, um die Einhaltung folgende Bereiche zu gewährleisten:

- Konsolidierungsbestimmungen

- Liquiditätsverbünde

- Sorgfaltspflichten (§ 39, ICAAP, Auslagerungen, Bekämpfung von Geldwäscherei und Terrorismusfinanzierung)

- Nichtfinanzbeteiligungen

- Sanierungsplanindikatoren

- Zuordnung zum Handelsbuch

- Marktpreismodelle

- Anwendung des Standardansatzes für das operationelle Risiko

- BörseG, WAG, MAR, Del VO zum WAG 2018

- Institutsbezogene Sicherungssysteme

- Zulässigkeit und Richtigkeit von Nettingvereinbarungen

- Qualität von Zahlungsverpflichtungen nach ESAEG

- Einhaltung von InvFG 2011, ImmoInvFG und BMSVG

- Kredite, bei denen besondere Umstände hinsichtlich ihrer Höhe, der Art der Sicherstellung, der Bearbeitung oder einer Abweichung von den gewöhnlichen Geschäftsschwerpunkten des Kreditinstitutes vorliegen

- Sonstige Bestimmungen des BWG und der CRR

Das Ergebnis der Prüfung der aufsichtsrechtlichen Bestimmungen ist in einer Anlage zum Prüfungsbericht (AzP) über den Jahresabschluss darzustellen.[69]

Die Frist von 6 Monaten gemäß § 44 Abs 1 BWG ist zu beachten, nach welcher der geprüfte Jahresabschluss längstens innerhalb von sechs Monaten nach Abschluss des Geschäftsjahres der FMA und der Österreichischen Nationalbank vorzulegen ist.

---

68   Vgl § 62 BWG.
69   Vgl § 63 Abs 5 BWG.

Die Bestellung von Bankprüfern mit Ausnahme von solchen, die Prüfungsorgane gesetzlich zuständiger Prüfungseinrichtungen sind, hat vor Beginn des zu prüfenden Geschäftsjahres zu erfolgen und ist der FMA unverzüglich schriftlich anzuzeigen.[70]

Redepflichten des Bankprüfers (§ 63 Abs 3 BWG):

Werden vom Bankprüfer bei seiner Prüfungstätigkeit Tatsachen festgestellt, die:

- eine Berichtspflicht nach § 273 Abs 2 UGB (Bestandsgefährdung, Gesetzesverletzung oder wesentliche Schwächen im Internen Kontrollsystem) begründen (Z 1), oder
- die Erfüllbarkeit der Verpflichtungen des geprüften Kreditinstitutes für gefährdet (Z 2), oder
- eine wesentliche Verschärfung der Risikolage (Z 3), oder
- eine wesentliche Verletzung der bankaufsichtlichen Normen (Z 4), oder
- wesentliche Bilanzposten oder außerbilanzielle Positionen als nicht werthaltig (Z 5)

erkennen lassen, oder hat er begründete Zweifel an der Richtigkeit von Unterlagen bzw an der Vollständigkeitserklärung des Vorstandes, so hat er diese Tatsachen unverzüglich – neben der Geschäftsleitung und dem Aufsichtsrat – auch der FMA und der OeNB schriftlich zu berichten („Warnbrief des Bankprüfers").[71]

16.16 Prüfungsausschuss

Kreditinstitute, deren Bilanzsumme 1 Milliarde Euro übersteigt oder die kapitalmarktorientiert (börsenotiert) sind, haben einen Prüfungsausschuss einzurichten. Dieser Prüfungsausschuss muss aus mindestens 3 Mitgliedern des Aufsichtsrates bestehen, wovon einer ein Finanzexperte sein muss. Der Ausschuss hat zumindest zwei Sitzungen abzuhalten. Institute, deren Bilanzsumme EUR 5 Milliarden nicht erreicht, haben mindestens eine Sitzung pro Jahr abzuhalten.

Zu den Sitzungen ist auch der Bankprüfer hinzuzuziehen, der zumindest einmal jährlich über die wichtigsten bei der Abschlussprüfung gewonnenen Erkenntnisse schriftlich zu berichten hat. Die Mitglieder des Prüfungsausschusses, insbesondere der Vorsitzende des Prüfungsausschusses und der Finanzexperte, müssen mehrheitlich unabhängig und unbefangen sein. Sie dürfen in den letzten drei Jahren nicht Geschäftsleiter, leitender Angestellter oder Bankprüfer der Gesellschaft gewesen sein oder den Bestätigungsvermerk unterfertigt haben. Die Ausschussmitglieder müssen in ihrer Gesamtheit mit dem Sektor, in dem das geprüfte Unternehmen tätig ist, vertraut sein.[72]

Zu den **Aufgaben des Prüfungsausschusses** gehören:
- Die Überwachung des Rechnungslegungsprozesses und Erteilung von Empfehlungen oder Vorschlägen seiner Zuverlässigkeit (Z 1),

---

70 Vgl § 63 Abs 1 BWG.
71 Vgl § 63 Abs 3 BWG.
72 Vgl § 63a Abs 4 BWG.

- Die Überwachung der Wirksamkeit des internen Kontrollsystems (IKS) und des Risikomanagementsystems (Z 2),

- Die Überwachung der Abschlussprüfung und Konzernabschlussprüfung (Z 3),

- Die Prüfung und Überwachung der Unabhängigkeit des Bankprüfers, insbesondere im Hinblick auf erbrachte Zusatzleistungen (Z 4),

- Die Prüfung des Jahresabschlusses bzw Konzernabschlusses und die Vorbereitung der Feststellung (Z 5 bis 7),

- Die Durchführung des Verfahrens zur Auswahl des Abschlussprüfers (Konzernabschlussprüfers) unter Bedachtnahme auf die Angemessenheit des Honorars sowie die Empfehlung für die Bestellung des Abschlussprüfers (Konzernabschlussprüfers) an den Aufsichtsrat.

Die mit der EU-Audit Reform eingeführten Neuerungen erweitern auch die Aufgaben des Prüfungsausschusses, welcher sich nunmehr noch intensiver mit der Auswahl und der Unabhängigkeit des Abschlussprüfers und dem Beitrag der Abschlussprüfung zur Gewährleistung der Zuverlässigkeit der Finanzberichterstattung beschäftigen muss.

16.17 Veröffentlichung

Kreditinstitute haben den **Jahresabschluss und den Konzernabschluss** (ausgenommen die Anlage zum Prüfungsbericht – AzP) unverzüglich nach der Feststellung im Amtsblatt zur Wiener Zeitung oder in einem allgemein erhältlichen Bekanntmachungsblatt zu veröffentlichen.[73]

Nach § 65a BWG müssen Kreditinstitute zudem auf ihrer Internet Seite erörtern, auf welche Art und Weise die Bestimmungen betreffend **Corporate Governance** (§§ 5, 28a, 29 BWG) und **Vergütung** (§ 39b und 30c BWG) eingehalten werden.

Fit & Proper Selbsttest:

- Nach welchem Aspekt ist die Aktivseite der Bankbilanz gegliedert?

- In welcher maximalen Höhe dürfen stille Reserven gebildet werden?

- Aus welchen Bestandteilen besteht ein Konzernabschluss?

- Wann wird der Bankprüfer bestellt und von wem?

- Welche Kreditinstitute haben einen Prüfungsausschuss einzurichten?

- Welche Aufgaben hat der Prüfungsausschuss?

- Wo ist der geprüfte Jahresabschluss bzw Konzernabschluss zu veröffentlichen?

---

73   Vgl § 65 Abs 1 BWG.

17 Nationale und Europäische Aufsicht

Empfohlene Literatur, Gesetzesstellen und FMA-Rundschreiben:

§§ 69 - 72   BWG Aufsicht

§ 73   BWG Anzeigen

§ 74   BWG Meldungen

§ 75   BWG Großkreditmeldung

§ 76   BWG Staatskommissär

Finanzmarktaufsichtsbehörden-Gesetz (FMABG)

Verordnung EU Nr. 1024/2013 („SSM-Verordnung")

Verordnung EU Nr. 468/2014   („SSM-Rahmenverordnung")

European Central Bank   http://www.ecb.int/ecb/html/index.de

European Banking Authority http://www.eba.europa.eu

Finanzmarktaufsicht   http://www.fma.gv.at

FSB   http://www.financialstabilityboard.org/

Basler Ausschuss –   http://www.bis.org/bcbs/

Europäische Kommission   http://ec.europa.eu/eu_law/introduction/treaty_de.htm

IOSCO   http://www.iosco.org/

17.1 Finanzmarktaufsicht in Österreich und Zuständigkeit der FMA (§ 69 BWG)

Die Zuständigkeiten und Aufgaben der FMA sind im § 69 BWG sowie im Finanzmarktaufsichtsbehörden-Gesetz geregelt. Demnach hat sie Kreditinstitute zu überwachen und dabei auf das volkswirtschaftliche Interesse an einem funktionsfähigen Bankwesen und an der Finanzmarktstabilität Bedacht zu nehmen.

Die FMA hat unter Bedachtnahme auf die Art, den Umfang und die Komplexität der betriebenen Bankgeschäfte der Kreditinstitute und Kreditinstitutsgruppen die Angemessenheit des Kapitals, welches zu quantitativen und qualitativen Absicherung aller wesentlichen bankgeschäftlichen und bankbetrieblichen Risiken zur Verfügung steht, sowie die Angemessenheit der Verfahren (Risikomanagement und ICAAP), das systemische Risiko sowie die anhand von Stresstests ermittelten Risiken zu beaufsichtigen.[74]

Die **Aufgabenteilung mit der Oesterreichischen Nationalbank (OeNB)** erfolgt in der Form, dass die FMA als Behörde agiert, dh Rechtsakte inkl Strafbescheiden erlässt, während die OeNB die wirtschaftliche Expertise darstellt und als Gutachterin bzw „Fact Finderin" für die Bankenaufsicht agiert. Die OeNB führt **Vor-Ort-Prüfungen** durch. Die auf dieser Basis zu ergreifenden aufsichtlichen Maßnahmen werden von der FMA vorgenommen. In einigen Bereichen führt die FMA diese Vor-Ort-Prüfungen auch selbst durch, wie zB bei der Geldwäsche.

---

74   Vgl § 69 Abs 2 BWG.

Gemäß BWG-Novelle wurden ab 3.1.2018 Vorgaben für den Ablauf des Vor-Ort-Prüfprozesses mit dem Ziel der **risikoorientierten Beschleunigung des Mängelbehebungsprozesses** eingeführt. So haben Kreditinstitute unverzüglich nach Einlagen eines Prüfberichts diesen sowie eine Information über die allfällige Einleitung eines Verwaltungsstrafverfahrens an den Aufsichtsrat, die Einlagensicherungseinrichtung, Staatskommissäre sowie den Bankprüfer zu übermitteln und einen Plan zur Mängelbehebung aufzustellen und diesen dem Aufsichtsrat vorzulegen.

Finanzmarktaufsicht in Österreich – Facts:[75]

Gründung: 2002

Vorstand: 2 Mitglieder

Bestellung Vorstand: durch Bundespräsident auf Vorschlag der Bundesregierung.

Mitarbeiter: ca. 390

Beaufsichtigte (Jahr 2021):

- 498 Kreditinstitute

- 8 Betriebliche Vorsorgekassen

- 78 Versicherungsunternehmen

- 8 Pensionskassen

- 64 Wertpapierfirmen und 47 Wertpapierdienstleistungsunternehmen

- 2.055 inländische Investmentfonds von 14 Kapitalanlagegesellschaften (davon 13 als AIFM konzessioniert), 4 ausschließlich als AIFM konzessionierte Gesellschaften, sowie 34 registrierte AIFM

- 9.744 ausländische Investmentfonds

- 5 Immobilien-Kapitalanlagegesellschaften

- 111 Emittenten mit 19.848 gelisteten Wertpapieren

Die FMA ist die unabhängige, weisungsfreie und integrierte Aufsichtsbehörde für den Finanzmarkt Österreich und als Anstalt öffentlichen Rechts eingerichtet. Ihr obliegt die Aufsicht über Kreditinstitute, Zahlungsinstitute, Versicherungsunternehmen, Pensionskassen, Betriebliche Vorsorgekassen, Investmentfonds, konzessionierte Wertpapierdienstleister, Rating-Agenturen und Wertpapierbörsen sowie die Prospektaufsicht. Sie hat die Ordnungsgemäßheit des Handels in börsennotierten Wertpapieren und die Einhaltung der Informations- und Organisationspflichten durch deren Emittenten zu überwachen, bekämpft das unerlaubte Anbieten von Finanzdienstleistungen und wirkt präventiv gegen Geldwäsche und Terrorismusfinanzierung.

Sie ist integraler Bestandteil des „Europäischen Systems für Finanzaufsicht", vertritt Österreich in den einschlägigen europäischen Institutionen und arbeitet im Netzwerk der Aufseher eng und aktiv mit.

---

75   Vgl *FMA*, Jahresbericht der Finanzmarktaufsichtsbehörde 2021.

Die Ziele der FMA sind,

- zur Stabilität des Finanzmarktes Österreich beizutragen;

- das Vertrauen in einen funktionierenden österreichischen Finanzmarkt zu stärken;

- die Anleger, Gläubiger und Verbraucher nach Maßgabe der Gesetze zu schützen;

- präventiv in Bezug auf die Einhaltung der Aufsichtsnormen zu wirken, Verstöße aber konsequent zu ahnden.

Als Behörde hat die FMA **Hoheitsgewalt**: Sie kann verbindliche Normen, wie etwa Verordnungen und Bescheide erlassen oder Zwangsakte setzen, wie Konzessionen entziehen, Geschäftsleiter abberufen oder Verwaltungsstrafen verhängen. Und sie begleitet die beaufsichtigten Unternehmen über ihren gesamten Lebenszyklus: von der Erteilung der Konzession, die sie erst zum Geschäftsbetrieb ermächtigt, über die laufende Aufsicht während ihrer Geschäftstätigkeit bis hin zur Liquidation, dem Entzug oder der Zurücklegung der Konzession.

Das Organigramm der FMA findet sich auf der folgenden Seite.

Darüber hinaus arbeiten die österreichischen Aufsichtsinstitutionen in zahlreichen internationalen – insbesondere europäischen – Gremien mit, um einheitliche Aufsichtsstandards zu schaffen und dabei die Interessen des Finanzplatzes Österreich zu vertreten.

17.2 Internationale Kooperation

Auf internationaler, aber auch auf europäischer Ebene werden durch verschiedene Gremien und Institutionen aufsichtsrechtliche Vorschläge und Rahmenbedingungen erarbeitet. Im Folgenden werden einige wichtige Institutionen kurz erörtert.[76]

17.2.1 Baseler Ausschuss für Bankenaufsicht

Der Basler Ausschuss für Bankenaufsicht (Basel Committee on Banking Supervision), kürzer als *Basler Ausschuss* bezeichnet) wurde 1974 von den Zentralbanken und Bankaufsichtsbehörden der G10-Staaten gegründet. Er hat seinen Sitz an der Bank für Internationalen Zahlungsausgleich (BIZ, *Bank for International Settlements*) in Basel.

Mit der Etablierung des Financial Stability Board (FSB) 2009 auf die G-20 Gipfel in London, wurden die bislang 13 Mitgliedsstaaten des Basler Ausschusses für Bankenaufsicht auf die G20 Staaten erweitert.

Alle drei Monate tritt der Ausschuss zusammen. Seine Hauptaufgabe ist es, zur Einführung hoher und möglichst einheitlicher Standards in der Bankenaufsicht beizutragen. Dafür arbeitet der Ausschuss Richtlinien und Empfehlungen aus, auf die sich die Aufsichtsbehörden eines Landes stützen können. Diese Richtlinien sind nicht rechtlich zwingend, sondern stellen lediglich Empfehlungen dar, die in nationales Recht umgesetzt werden können.

---

76 Hinweis: die Texte stammen mehrheitlich von den Homepages der Institute selbst und wurden nur geringfügig bearbeitet.

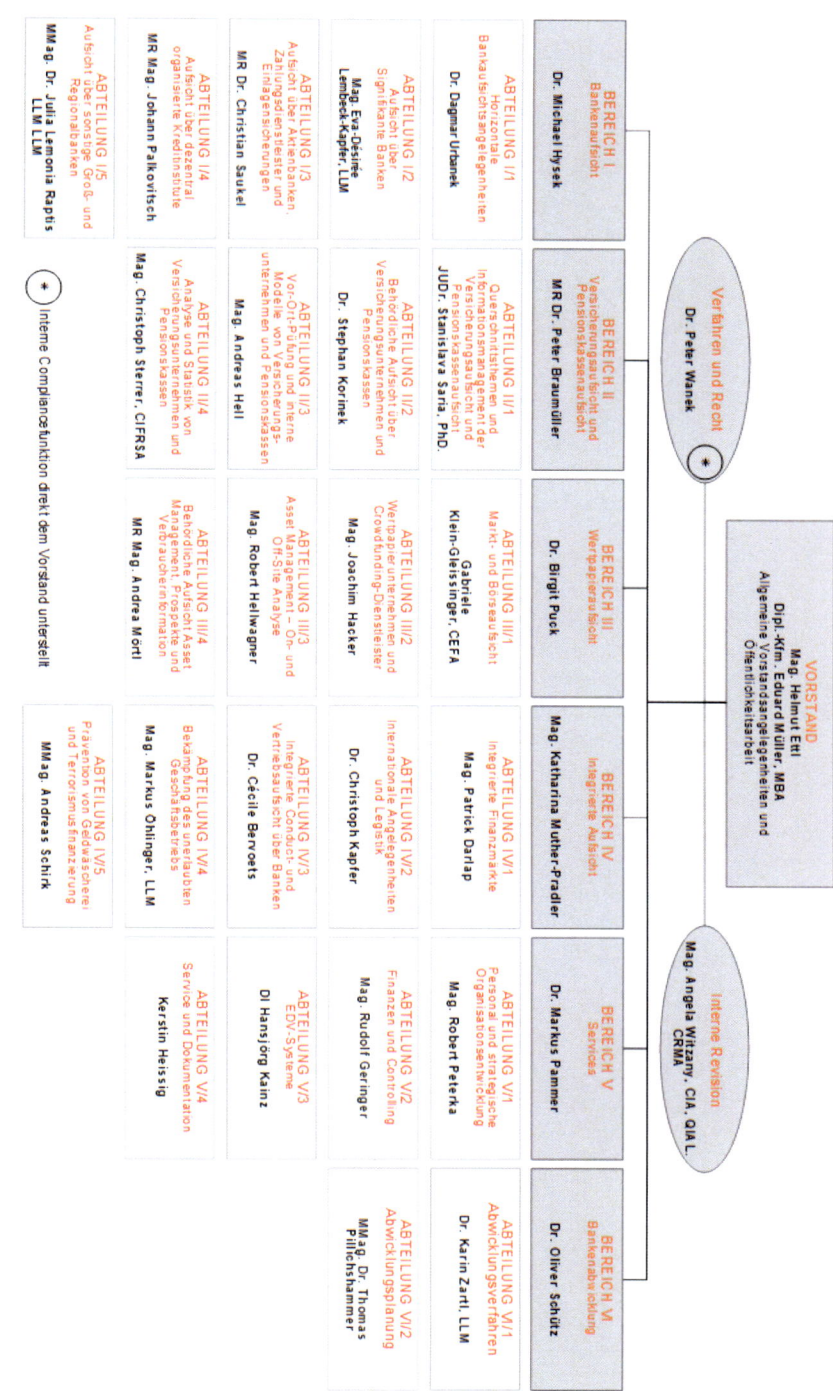

Abbildung 6: Organigramm der FMA[77]

---

77 Quelle: https://www.fma.gv.at/de/ueber-die-fma/organisation/organigramm.html.

Im Allgemeinen wird aber davon ausgegangen, dass die Empfehlungen übernommen werden, da die Richtlinien in Diskussion mit Kreditinstituten und Aufsichtsbehörden in aller Welt entstehen.

17.2.2 Europäische Kommission

Die Europäische Kommission ist ein supranationales Organ der Europäischen Union. Im politischen System der EU nimmt sie vor allem Aufgaben der Exekutive wahr und entspricht damit ungefähr der Regierung in einem nationalstaatlichen System. Sie hat jedoch noch weitere Funktionen, insbesondere das alleinige Initiativrecht im EU-Gesetzgebungsverfahren.

Die Europäische Kommission ist die „Hüterin der Verträge". Die Kommission überwacht die Anwendung des Unionsrechts durch Einzelpersonen, die Mitgliedstaaten und die anderen EU-Organe. In Wahrnehmung ihrer Zuständigkeit kann die Kommission Einzelpersonen und Unternehmen wegen eines Verstoßes gegen das Unionsrecht Geldbußen auferlegen. Sie kann Vertragsverletzungsverfahren gegen die Mitgliedstaaten einleiten, wobei sie diese auffordert, innerhalb einer festgelegten Frist bestimmte Verstöße abzustellen. Ferner kann die Kommission die Mitgliedstaaten oder die anderen EU-Organe beim Gerichtshof wegen Verletzung des Unionsrechts verklagen.

Hauptziel des Vertrags über die Arbeitsweise der Europäischen Union (AEUV) und der vorangegangenen Verträge ist es, eine schrittweise Integration der europäischen Staaten zu verwirklichen und einen Gemeinsamen Markt einzuführen, dessen Grundlage die vier Freiheiten (Freiheit des Waren-, Kapital- und Dienstleistungsverkehrs und Freizügigkeit des Personenverkehrs) und die schrittweise Annäherung der Wirtschaftspolitik der Staaten bilden.

Um dies zu erreichen, haben die Mitgliedstaaten auf einen Teil ihrer einzelstaatlichen Souveränität verzichtet und den EU-Organen die Befugnis übertragen, Rechtsvorschriften (Verordnung, Richtlinie, Entscheidung) zu erlassen, die Vorrang vor einzelstaatlichem Recht haben.

Verordnungen werden vom Rat der Europäischen Union gemeinsam mit dem Europäischen Parlament oder von der Europäischen Kommission allein angenommen. Sie haben allgemeine Geltung und sind in allen ihren Teilen verbindlich. Im Gegensatz zu den Richtlinien, die an die Mitgliedstaaten gerichtet sind, und den Entscheidungen, die ganz bestimmte Adressaten haben, richtet sich die Verordnung an alle. Sie gilt unmittelbar, dh, sie schafft Recht, das in allen Mitgliedstaaten wie ein nationales Gesetz gilt, ohne dass die Regierungen tätig werden müssen.

In einer **europäischen Richtlinie** werden von den Mitgliedstaaten zu erreichende Ziele festgelegt, wobei den Mitgliedstaaten die Wahl der Mittel überlassen bleibt. Die Richtlinie kann an einen, mehrere oder alle Mitgliedstaaten gerichtet sein. Damit die in der Richtlinie festgelegten Grundsätze für den Bürger wirksam werden, muss der nationale Gesetzgeber einen Rechtsakt zur Umsetzung in innerstaatliches Recht verabschieden, mit dem dieses im Hinblick auf die Grundsätze der Richtlinie angepasst wird. Für die Umsetzung in nationales Recht wird in der Richtlinie eine Frist gesetzt. Die Mitgliedstaaten verfügen damit über einen zeitlichen Spielraum, um ihr jeweiliges innerstaatliches Gesetzgebungsverfahren abschließen zu können. Die Umsetzung muss bis zu dem in der Richtlinie bestimmten Datum erfolgt sein.

Drei Institutionen teilen sich die **Rechtsetzungsgewalt in der EU**:

- das Europäische Parlament, das die europäischen Bürgerinnen und Bürger vertritt und von ihnen direkt gewählt wird;

- der Rat der Europäischen Union, in dem die Regierungen der einzelnen Mitgliedsländer vertreten sind. Den Ratsvorsitz übernehmen die einzelnen Mitgliedstaaten im Turnus;

- die Europäische Kommission, die die Interessen der EU insgesamt vertritt.

Gemeinsam entwickeln diese drei Institutionen im ordentlichen Gesetzgebungsverfahren (vormals „Mitentscheidungsverfahren") die politischen Strategien und Rechtsvorschriften, die in der gesamten EU Anwendung finden. Die Kommission schlägt neue Rechtsvorschriften vor, und das Parlament und der Rat verabschieden sie. Die Kommission und die Mitgliedstaaten setzen diese Rechtsvorschriften um, und die Kommission stellt außerdem sicher, dass die Rechtsvorschriften in den EU-Ländern ordnungsgemäß angewendet und umgesetzt werden.

17.3 Die Europäische Aufsichtsarchitektur

Aufgrund der Finanzkrise und der dadurch erkannten Schwächen wurde die europäische Aufsicht neu geordnet, um die Aufsicht effektiver zu gestalten, eine bessere Zusammenarbeit zu etablieren und sie mit stärkeren Instrumenten auszustatten.

Das **Europäische Finanzaufsichtssystem** (European System of Financial Supervision, **ESFS**) ist ein System von Behörden und Ausschüssen der Europäischen Union zur Finanzmarktaufsicht, das am 1. Januar 2011 seine Arbeit aufgenommen hat. Wichtigster Bestandteil des ESFS sind drei Europäische Finanzaufsichtsbehörden (European Supervisory Authorities, **ESA**) für das Bankwesen, das Versicherungswesen und das Wertpapierwesen.

Das ESFS setzt sich zusammen aus:

- **drei Europäischen Finanzaufsichtsbehörden (mikroprudentielle Aufsicht)**:
  - Europäische Bankenaufsichtsbehörde (European Banking Authority, **EBA**) mit Sitz in Paris. Zentrale Aufgabe der EBA ist die Entwicklung von Aufsichtsstandards für europäische Banken, die Beaufsichtigung der Einhaltung obliegt jedoch den nationalen Aufsichtsbehörden der Mitgliedstaaten und kann nur in Ausnahmefällen durch die EBA direkt geahndet werden.
  - Europäische Aufsichtsbehörde für das Versicherungswesen und die betriebliche Altersversorgung (European Insurance and Occupational Pensions Authority, **EIOPA**) mit Sitz in Frankfurt am Main.
  - Europäische Wertpapier- und Marktaufsichtsbehörde (European Securities and Markets Authority, **ESMA**) mit Sitz in Paris.

- Europäischer Ausschuss für Systemrisiken (European Systemic Risk Board, ESRB) mit Sitz bei der Europäischen Zentralbank in Frankfurt am Main. Der **ESRB** soll die Stabilität des gesamten Finanzsystems überwachen, um Systemrisiken für die Finanzstabilität in der EU frühzeitig zu erkennen und einzudämmen sowie Schaden von der EU abzuwenden. Für diese Zwecke kann der ESRB festlegen, welche Informationen zu erheben sind und diese auswerten. Er kann Systemrisiken nach Priorität einordnen und ermitteln. Werden dabei signifikante Risiken für die Finanzstabilität festgestellt, so kann der ESRB Warnungen aussprechen und gegebenenfalls Empfehlungen für Abhilfemaßnahmen beschließen. Er befindet sich dafür in ständigem Informationsaustausch mit den drei Finanzaufsichtsbehörden (**makroprudentielle Aufsicht**).

  Der ESRB selbst ist kein offizieller Bestandteil des ESFS, jedoch mit diesem eng verknüpft.

- **Gemeinsamer Ausschuss** der europäischen Aufsichtsbehörden.

- die zuständigen **Aufsichtsbehörden der Mitgliedstaaten**, darunter auch die **EZB** als zuständige Aufsichtsbehörde für signifikante Bankengruppen.

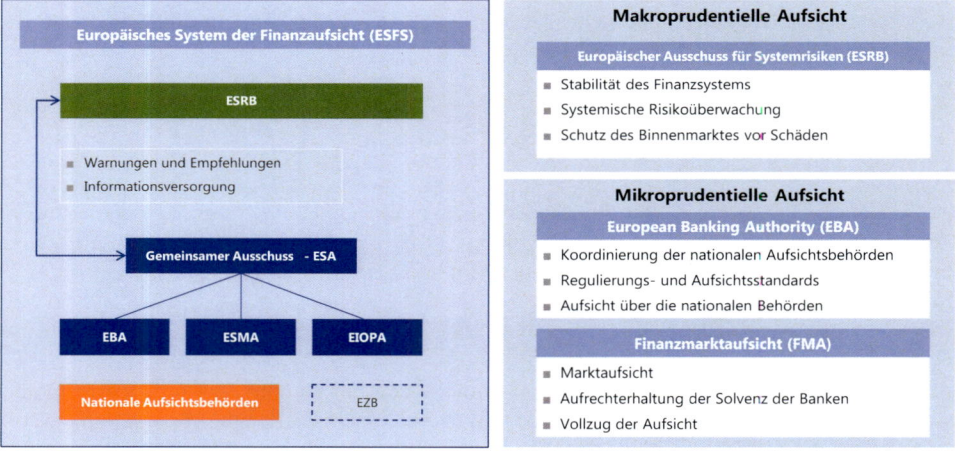

Abbildung 7: Europäisches System der Finanzaufsicht (ESFS)[78]

Aufgabe der **drei Finanzaufsichtsbehörden** ist die Vorbereitung von einheitlichen Standards (Binding Technical Standards, BTS), Leitlinien und Empfehlungen sowie die Überwachung der Anwendung von EU-Recht. Durchgriffsrechte haben die Behörden nur in Ausnahmefällen, etwa wenn eine nationale Aufsichtsbehörde gegen EU-Recht verstößt.

Die laufende Aufsicht über die Unternehmen bleibt im Wesentlichen auf nationaler Ebene (FMA) bzw bei der EZB.

---

78   Quelle: KPMG.

Die **Aufgaben der ESAs** sind u. a.

- Mitwirkung bei der Überwachung von Systemrisiken, Rettungs- und Sanierungsplänen,
- Übernahme von Aufgaben, die den ESAs in EU-Rechtsvorschriften übertragen werden,
- Anregung der Delegation von Aufgaben und Zuständigkeiten der nationalen Behörden.[79]

Zur Schaffung eines einheitlichen Aufsichtsmechanismus für Banken unter der Führung der Europäischen Zentralbank wurde für die Eurozone die **europäische Bankenunion** bestehend aus den folgenden drei Säulen geschaffen:

- Einheitlicher Aufsichtsmechanismus (Single Supervisory Mechanism, SSM)
- Einheitlicher Abwicklungsmechanismus (Single Resolution Mechanism, SRM)
- Einheitliche Einlagensicherung (Deposit Guarantee Scheme)

Auf Basis der SSM-Verordnung übernahm die **EZB** mit 4. November 2014 die Aufsicht über Banken des Euroraumes. Dabei unterliegen bedeutende Kreditinstitute (Significant Institutions – SIs) direkt der Aufsicht der EZB, während die weniger bedeutenden Kreditinstitute (Less Significant Institutions – LSIs) weiterhin der nationalen Aufsicht, in Österreich also der FMA, direkt unterstehen und von der EZB nur indirekt beaufsichtigt werden. Außerdem werden für Konzessionsangelegenheiten und Eigentümerkontrolle gemeinsame Verfahren (Common Procedures) eingeführt, bei denen sowohl hinsichtlich SIs als auch LSIs die EZB die Letztentscheidung trifft.

Zum 1. November 2022 unterliegen in Österreich folgende **signifikante Kreditinstitutsgruppen** der direkten Aufsicht der EZB:

- BAWAG Group
- Erste Group (inkl Sparkassengruppe)
- Volksbank Wien (Volksbanken-Verbund)
- Raiffeisenlandesbank OÖ
- Raiffeisen Bank International
- Sberbank Europe AG (in Abwicklung)
- Addiko Bank AG.

Hinsichtlich der SIs trifft die EZB in ihrem Zuständigkeitsbereich sämtliche verbindliche aufsichtsrechtliche Entscheidungen sowohl auf Gruppen- als auch auf Soloebene. Für die direkte Beaufsichtigung jedes einzelnen SI ist jeweils ein gemeinsames Aufsichtsteam (Joint Supervisory Team – JST) eingerichtet, dem sowohl Mitarbeiter der EZB, als auch Mitarbeiter der zuständigen nationalen Aufsichtsbehörden (NCA) angehören. Jedes JST wird von einem JST-Koordinator (EZB), der die Arbeiten im JST koordiniert sowie eine

---

79 Vgl European Commission Homepage: http://ec.europa.eu/internal_market/finances/committees/.

Ansprechperson für die SIs darstellt, geleitet. Die Mitarbeiter der NCAs, die den JSTs zugeordnet werden, bleiben für die Vorbereitung und Durchführung einer Vielzahl von Aufsichtsaufgaben verantwortlich und bringen dabei die nationale Aufsichtspraxis sowie nationale rechtliche Besonderheiten in die JSTs ein.[80]

17.4 Aufsichtsinstrumente (§ 70 BWG)

Nach § 70 Abs 1 BWG (laufende Aufsicht) kann die FMA

- von den Kreditinstituten, Kreditinstituts-Verbünden sowie von übergeordneten Kreditinstituten für Unternehmen der Kreditinstitutsgruppe die Vorlage von Zwischenabschlüssen sowie von den übergeordneten Kreditinstituten für Unternehmen der Kreditinstitutsgruppe und deren Organe Auskünfte über alle Geschäftsangelegenheiten fordern, in die Bücher, Schriftstücke und Datenträger Einsicht nehmen (**Auskunfts-, Vorlage- und Einschaurechte**) (Z 1),

- von den Bankprüfern der Kreditinstitute, Kreditinstituts-Verbünde und Kreditinstitutsgruppen und von den zuständigen Prüfungs- und Revisionsverbänden Auskünfte einholen; weiters kann sie von den Sicherungseinrichtungen und von dem bestellten Regierungskommissär alle erforderlichen Auskünfte einholen und diesen erteilen (Z 2),

- durch die **Bankprüfer** der Kreditinstitute, Kreditinstituts-Verbünde und Kreditinstitutsgruppen, andere Wirtschaftsprüfer und Wirtschaftsprüfungsgesellschaften, die zuständigen Prüfungs- und Revisionsverbände und durch sonstige Sachverständige alle erforderlichen Prüfungen vornehmen lassen (Z 2a),

- die **Oesterreichische Nationalbank mit der Prüfung** von Kreditinstituts-Verbünden, Kreditinstituten, deren Zweigstellen und Repräsentanzen außerhalb Österreichs **beauftragen**. Die Kompetenz der Oesterreichischen Nationalbank zur Vor-Ort-Prüfung im Bereich der Bankenaufsicht und von Kreditinstituten oder Kreditinstitutsgruppen erstreckt sich dabei umfassend auf die Prüfung aller Geschäftsfelder und aller Risikoarten (Z 3).

- zur Prüfung von Unternehmen der Kreditinstitutsgruppe sowie von Zweigstellen und Repräsentanzen in Mitgliedstaaten und in Drittländern auch die zuständigen **Behörden des Aufnahmestaates** um die Vornahme der Prüfung ersuchen, wenn dies gegenüber einer Prüfung gemäß Z 3 das Verfahren vereinfacht oder beschleunigt oder wenn dies im Interesse der Zweckmäßigkeit, Einfachheit, Raschheit oder Kostenersparnis gelegen ist.

Die **Oesterreichische Nationalbank** ist berechtigt, auch ohne Prüfungsauftrag der FMA eine **Vor-Ort-Prüfung aus makroökonomischen Gründen** durchzuführen.[81]

Bei **Gefahr** für die Erfüllung der Verpflichtungen eines Kreditinstitutes **gegenüber seinen Gläubigern**, insbesondere für die Sicherheit der ihm anvertrauten Vermögenswerte, kann die FMA zur Abwendung dieser Gefahr **befristete Maßnahmen** durch Bescheid anordnen,

---

80   Vgl https://www.fma.gv.at/de/sonderthemen/single-supervisory-mechanism.html#c5538.
81   Vgl § 70 Abs 1c BWG.

die spätestens 18 Monate nach Wirksamkeitsbeginn außer Kraft treten (temporäre Maßnahmen). Die FMA kann durch Bescheid insbesondere[82]

- Kapital- und Gewinnentnahmen sowie Kapital- und Gewinnausschüttungen ganz oder teilweise untersagen (Ausschüttungssperre) (Z 1),

- eine fachkundige Aufsichtsperson (Regierungskommissär) bestellen, die dem Berufsstand der Rechtsanwälte oder der Wirtschaftsprüfer angehört. Der Regierungskommissär hat dem Kreditinstitut alle Geschäfte zu untersagen, die geeignet sind, die oben genannte Gefahr zu vergrößern, bzw im Fall, dass dem Kreditinstitut die Fortführung der Geschäfte ganz oder teilweise untersagt wurde, einzelne Geschäfte zu erlauben, die die Gefahr für die Erfüllung der Verpflichtungen gegenüber seinen Gläubigern nicht vergrößern (Z 2),

- den Geschäftsleitern die Führung des Kreditinstituts ganz oder teilweise untersagen (Z 3),

- die Fortführung des Geschäftsbetriebs ganz oder teilweise untersagen (Z 4).

Liegt eine **Gesetzesverletzung** des BWG, sonstiger Aufsichtsgesetze oder der CRR vor, oder werden die Konzessionsbestimmungen nicht eingehalten, hat die FMA[83]

- dem Kreditinstitut unter Androhung einer Zwangsstrafe aufzutragen, den rechtmäßigen Zustand binnen einer angemessenen Frist wiederherzustellen (Z 1),

- im Wiederholungs- oder Fortsetzungsfall den Geschäftsleitern des Kreditinstituts die Geschäftsführung ganz oder teilweise zu untersagen (Z 2),

- die Konzession zurückzunehmen, wenn andere Maßnahmen nach dem Bankwesengesetz die Funktionsfähigkeit des Kreditinstitutes nicht sicherstellen können (Z 3).

Laut § 70 Abs 4a Z 1 iVm § 70 Abs 4b BWG hat die FMA einem Kreditinstitut ein über das Eigenmittelerfordernis gemäß Artikel 92 CRR **hinausgehendes Eigenmittelerfordernis** vorzuschreiben (**„Capital Add On"**), etwa wenn bei einem Kreditinstitut keine angemessene Begrenzung der bankgeschäftlichen und bankbetrieblichen Risiken vorliegt, eine Unterschätzung von Risiken vorzuliegen scheint oder andere Maßnahmen nach diesem Bundesgesetz im Hinblick auf die Umstände des Falles nicht erwarten lassen, dass durch sie eine angemessene Erfassung und Begrenzung der Risiken oder der gesetzliche Zustand in einem angemessenen Zeitraum hergestellt werden können. Diese Vorschreibung erfolgt standardmäßig in individualisierten Bescheiden im Rahmen der SREP-Prozesse (Bewertung der 4 Module: Geschäftsmodell, Interne Governance, Kapital und Liquidität) der Institute.

Gemäß § 70 Abs 4a BWG kann die FMA jedoch auch noch **weitere Maßnahmen** treffen, beispielsweise:
- eine Verstärkung der zur Einhaltung der §§ 39 und 39a (Risikomanagement und ICAAP) eingeführten Regelungen, Verfahren, Mechanismen und Strategien vorschreiben (Z 2),

---

82   Vgl § 70 Abs 2 BWG.
83   Vgl § 70 Abs 4 BWG.

- von Kreditinstituten die Vorlage eines Planes für die Herstellung des rechtmäßigen Zustandes verlangen und eine Frist für die Durchführung dieses Plans setzen (Z 3),

- Kreditinstituten als Eigenmittelanforderung bestimmte Rückstellungsgrundsätze oder eine besondere Behandlung ihrer Aktiva vorschreiben (Z 4),

- Geschäftsbereiche, die Tätigkeiten oder das Netz von Kreditinstituten einschränken oder begrenzen oder die Veräußerung von Geschäftszweigen, die für die Solidität des Kreditinstitutes mit großen Risiken verbunden sind, verlangen (Z 5),

- Kreditinstitute verpflichten, das mit ihren Tätigkeiten, Produkten und Systemen verbundene Risiko zu verringern (Z 6),

- Kreditinstitute verpflichten, die variable Vergütung auf einen Prozentsatz der Nettoeinkünfte zu begrenzen, wenn diese ansonsten nicht mit der Erhaltung einer soliden Kapitalausstattung zu vereinbaren ist (Z 7),

- Kreditinstitute verpflichten, Nettogewinne zur Stärkung der Eigenmittel einzusetzen (Z 8),

- Kapital- und Gewinnausschüttungen des Kreditinstitutes einschränken oder untersagen, sofern die Nichtzahlung nicht ein Ausfallereignis für das Kreditinstitut darstellen würde (Z 9),

- zusätzliche Meldepflichten oder kürzere Meldeintervalle, auch zur Eigenmittel- und Liquiditätslage, vorschreiben (Z 10),

- besondere Liquiditätsanforderungen vorschreiben, einschließlich der Beschränkung von Laufzeitinkongruenzen zwischen Aktiva und Passiva (Z 11),

- ergänzende Offenlegung verlangen (Z 12).

17.5 Anzeigepflichten (§ 73 BWG)

Durch Anzeigen gelangen wichtige Informationen zur Aufsicht.

Die Kreditinstitute haben der FMA ua Folgendes unverzüglich und schriftlich anzuzeigen:

- Satzungsänderung und den Beschluss auf Auflösung (Z 1),

- Änderung der Konzessionsvoraussetzung für bestehende Geschäftsleiter (Z 2),

- Änderung in der Person der Geschäftsleiter (Z 3),

- Eröffnung, Verlegung, Schließung und vorübergehende Einstellung des Geschäftsbetriebes der Hauptniederlassung (Z 4),

- Umstände, die für einen ordentlichen Geschäftsleiter erkennen lassen, dass die Erfüllbarkeit der Verpflichtungen gefährdet ist (Z 5),

- den Eintritt der Zahlungsunfähigkeit oder Überschuldung (Z 6),

- jede Erweiterung des Geschäftsgegenstandes (Z 7),

- jede Änderung in der Person von Aufsichtsratsmitgliedern unter Angabe der Fit und Proper-Voraussetzungen, oder auch, wenn sich diese Voraussetzungen bei bestehenden Mitgliedern ändern (Z 8),

- jede mehr als einen Monat andauernde Nichteinhaltung von Ordnungsnormen oder von Vorgaben der CRR oder von Bescheiden (Z 9),

- das Ausscheiden aus der Sicherungseinrichtung (Z 10),

- den oder die Verantwortlichen für die Interne Revision sowie Änderungen in deren Person und Erfüllung der Fit & Proper Voraussetzungen (Z 11),

- das Überschreiten der Nichtfinanzbeteiligungsgrenzen gemäß Artikel 89 Abs 3 CRR (Z 10).

Für Kreditinstitute von erheblicher Bedeutung besteht gemäß § 73 Abs 1b BWG eine Anzeigeverpflichtung für folgende Leiter Interner Kontrollfunktionen (jeweils inklusive der Angabe der Fit & Proper Eignungsvoraussetzungen):

- Leiter der Risikomanagementabteilung gemäß § 39 Abs 5 BWG;

- Leiter der Compliance-Funktion gemäß § 39 Abs 6 Z 3 BWG („BWG-Compliance-Officer");

- Besonderer Beauftragter gemäß § 23 Abs 3 des Finanzmarkt-Geldwäschegesetzes (FM-GwG) („Geldwäschebeauftragter");

- den Compliance-Beauftragten gemäß Art 22 Abs 3 Buchstabe b der Delegierten Verordnung (EU) 2017/565 („WAG-Compliance-Officer").

Zusätzlich finden sich **weitere Anzeigepflichten** in den verschiedenen Regelungen des BWG. Diese wurden in den vorangegangenen Kapiteln angeführt und werden hier zum Zweck der Vollständigkeit **zusammenfassend** kurz aufgelistet:

- Anzeigepflicht nach § 10 Abs 2 bei Errichtung einer Zweigstelle im Hoheitsgebiet eines anderen Mitgliedstaates (siehe Kapitel 4 ‚Niederlassungs- und Dienstleistungsfreiheit (§§ 9 – 19 BWG)');

- Anzeigepflicht nach § 10 Abs 6 bei erstmaliger Ausübung von Tätigkeiten im Hoheitsgebiet eines anderen Mitgliedstaates im Rahmen des freien Dienstleistungsverkehrs (siehe Kapitel 4 ‚Niederlassungs- und Dienstleistungsfreiheit (§§ 9 – 19 BWG)');

- Anzeigepflicht nach § 20 Abs 1 BWG bei direktem und indirektem Erwerb und Erhöhung von qualifizierten Beteiligungen (siehe Kapitel 5 ‚Eigentümerbestimmungen und Bewilligungen (§§ 20 – 21b BWG)');

- Anzeigepflicht für den Namen des GWB und dessen Stellvertreters (siehe Kapitel 13.6 ‚Sorgfaltspflichten - Bekämpfung von Geldwäscherei und Terrorismusfinanzierung (FM-GwG und 41 BWG)');

- Anzeigepflicht nach § 63 BWG der Bestellung von Bankprüfern (siehe Kapitel 15.14 ‚Bestimmungen zum Bankprüfer (§ 60 ff BWG)').

Wichtig ist, dass bei den anzeigepflichtigen Tatbeständen das Eintreten der Wirksamkeit des Beschlussgegenstands nicht abzuwarten ist, sondern die Anzeigepflicht in der Regel im Augenblick der Beschlussfassung ausgelöst wird.

17.6 Meldepflichten (§§ 74 – 75 BWG)

Kreditinstitute haben eine Reihe von Meldebestimmungen zu erfüllen. Dabei sind monatlich, quartalsweise, jährlich und ad hoc bestimmte Meldedatensätze automatisiert an die OeNB zu übermitteln. Das Meldewesen gliedert sich in folgende Bereiche:

- Stammdaten

- Finanzmarktstabilitätsstatistik

- Granulare Krediterhebung (Umsetzung von AnaCredit sowie Weiterführung des früheren Zentralen Kreditregisters)

- Außenwirtschaftsstatistik

- Aufsichtsstatistik

- Monetärstatistik

Die aufsichtlichen Meldevorschriften basieren auf europäischen Vorgaben („Common Reporting Framework" – COREP und „Financial Reporting Framework" – FINREP) und sind in § 74 sowie in folgenden **FMA-Verordnungen** festgelegt:

- Vermögens-, Erfolgs- und Risikoausweis-Verordnung (VERA-V)

- Stammdatenmeldungs-Verordnung (STDM-V)

- Jahres- und Konzernabschluss-Verordnung (JKAB-V)

Die Meldung der Entsprechung mit den Ordnungsnormen der CRR (Anrechenbare Eigenmittel, Erforderliche Eigenmittel, Nichtfinanzbeteiligungen, Liquidität, Verschuldung, etc) erfolgt europäisch maximalharmonisiert auf Basis der in der Verordnung EU Nr 680/2014 („Implementing Technical Standard – ITS on Supervisory Reporting") festgelegten Inhalte und Formate. Diese Meldungen werden ebenso an die OeNB erstattet.

Unter die monatliche Meldeverpflichtung im Rahmen der **Granularen Krediterhebung** (GKE) an die OeNB fallen gemäß § 75 BWG iVm der Granulare Kreditdatenerhebungs-Verordnung 2018 (GKE-V 2018) Exposures gegenüber einem Schuldner (natürliche Person), die den Betrag von insgesamt mindestens 350.000 Euro oder Euro-Gegenwert erreichen sowie gegenüber einem Schuldner (juristische Person), die den Betrag von insgesamt mindestens 25.000 Euro oder Euro-Gegenwert erreichen. Für Nicht-CRR-Kreditinstitute besteht eine Erleichterung insofern, als lediglich die Meldeinhalte der früheren Zentralkreditregistermeldung, nicht jedoch jene, die auf der AnaCredit-Verordnung beruhen, relevant sind.

17.7 Staatskommissär (§ 76 BWG)

Der Bundesminister für Finanzen hat bei Kreditinstituten, deren Bilanzsumme 1 Milliarde Euro übersteigt,[84] einen Staatskommissär und dessen Stellvertreter für eine Funktionspe-

---

84 Weiters ist bspw bei Kapitalanlagegesellschaften und Mitarbeitervorsorgekassen – unabhängig von der Bilanzsumme – jedenfalls ein Staatskommissär zu bestellen. Bei Kreditinstituten, die in der Rechtsform einer GmbH geführt werden, *kann* gemäß § 104 GmbHG ein Staatskommissär bestellt werden.

riode von längstens 5 Jahren zu bestellen. Die Staatskommissäre und deren Stellvertreter handeln als Organe der FMA und sind in dieser Funktion ausschließlich deren Weisungen unterworfen.

Zum Staatskommissär und zu dessen Stellvertreter dürfen nur natürliche Personen mit Hauptwohnsitz im EWR bestellt werden, die ua

- weder einem Organ des Kreditinstituts oder eines Unternehmens der betreffenden Kreditinstitutsgruppe angehören, noch in einem Abhängigkeits- oder Konkurrenzverhältnis zum Kreditinstitut oder einem dieser Unternehmen stehen (Z 1),

- die aufgrund ihrer Ausbildung, ihres beruflichen Werdeganges und der während ihrer Funktionsperiode ausgeübten beruflichen oder gewerblichen Tätigkeit die erforderlichen Sachkenntnisse besitzen (Z 2).

Der Staatskommissär und dessen Stellvertreter sind gemäß § 76 BWG

- vom Kreditinstitut zu allen Hauptversammlungen, Generalversammlungen und sonstigen Mitgliederversammlungen, zu den Sitzungen des Aufsichtsrates und der Prüfungsausschüsse, sowie zu den entscheidungsbefugten Ausschüssen des Aufsichtsrates einzuladen (Abs 4),

- haben gegen Beschlüsse, durch die sie gesetzliche oder sonstige Vorschriften oder Bescheide des Bundesministers für Finanzen oder der FMA für verletzt erachten, unverzüglich Einspruch zu erheben und hiervon der FMA zu berichten – die FMA hat binnen einer Woche eine Entscheidung zu fällen (Abs 5),

- haben Einspruchs- und Fragerechte,

- haben der FMA einen schriftlichen Bericht über ihre Tätigkeit zu übermitteln (jährlich, quartalsweise, ad hoc) (Abs 8).

Fit & Proper Selbsttest:

- Nennen Sie die drei eigenständigen europäischen Aufsichtsbehörden (ESAs), erläutern Sie kurz das Ziel und einige Aufgaben dieser Behörden.

- Erläutern Sie kurz den Aufbau und Zweck des ESRB?

- Nach welchen Grundsätzen operiert die FMA?

- Nennen Sie fünf Anzeigepflichten!

- Wer kann zum Staatskommissär bestellt werden?

18 Bezeichnungsschutz (§ 94 BWG)

Empfohlene Literatur, Gesetzesstellen und FMA-Rundschreiben:

§ 94 BWG   Bezeichnungsschutz

Die Bezeichnung **„Geldinstitut"**, **„Kreditinstitut"**, **„Kreditunternehmung"**, **„Kredit-unternehmen"**, **„Bank"**, **„Bankier"** oder eine Bezeichnung in der eines dieser Wörter enthalten ist, dürfen nur Unternehmen, die zum Betrieb von Bankgeschäften berechtigt sind, führen.

Die Bezeichnung **„Sparkasse"** oder eine Bezeichnung, in der das Wort „Sparkasse" enthalten ist, bleiben ausschließlich den Kreditinstituten, für die das Sparkassengesetz gilt, sowie der Österreichischen Postsparkasse Aktiengesellschaft vorbehalten.

Die Bezeichnung **„Finanzinstitut"**, **„Finanz-Holdinggesellschaft"**, **„Wertpapierfirma"** bleibt ausschließlich jeweils Finanzinstituten, Finanz-Holdinggesellschaften und Wertpapierfirmen im Sinne des Bankwesengesetzes vorbehalten.[85]

Die Bezeichnung **„Volksbank"** bleibt ausschließlich den Instituten dieses Sektors vorbehalten.

Die Bezeichnung **„Bausparkasse"** bleibt ausschließlich den zum Betrieb des Bauspargeschäftes berechtigten Kreditinstituten vorbehalten.

Die Bezeichnung **„Raiffeisen"** bleibt ausschließlich den Instituten dieses Sektors vorbehalten.

Die Bezeichnung **„Landes-Hypothekenbank"** bleibt ausschließlich den Landes-Hypothekenbanken und der Pfandbriefstelle der österreichischen Landes-Hypothekenbanken vorbehalten.

Fit & Proper Selbsttest:

- Was wird unter dem Begriff „Bezeichnungsschutz" verstanden?

---

85   Vgl § 94 Abs 3 BWG.

19 Verfahrens- und Strafbestimmungen (§§ 96 – 101 BWG)

Empfohlene Literatur, Gesetzesstellen und FMA-Rundschreiben:

§ 97   BWG Pönalezinsen

§ 98 – 101   BWG Verfahrens- und Strafbestimmungen

FMA – Rundschreiben zu § 27 Abs 14 BWG: Zulässigkeit von Rahmenbeschlüssen und Berichterstattung an das zuständige Aufsichtsorgan

19.1 Abschöpfungszinsen (§ 97 BWG)

Die gemäß § 97 BWG zu verhängende Zinsen bei der Überschreitung bestimmter Ordnungsnormen sind eine **wirtschaftsaufsichtsrechtliche Maßnahme**, deren Sinn darin besteht, dass den Banken bei Unter- bzw Überschreitung der jeweiligen Schwellenwerte Kosten auferlegt werden, die ihnen aus betriebswirtschaftlicher Vernunft die Einhaltung der Ordnungsnorm gebieten. In diesen Kosten liegt auch ein Ausgleich für die betriebswirtschaftlichen Vorteile, die durch die Verletzung der Ordnungsnorm entstehen können (zB die Konzentration auf einen einzigen Großkunden) und welche gesetzestreuen Banken entgehen, um solcherart Wettbewerbsvorteile aus der Missachtung des Gesetzes zu unterbinden.[86] Aus diesem Grund wird in diesem Zusammenhang auch von der **Abschöpfung des wirtschaftlichen Vorteils** gesprochen.

Z	Tatbestand (vgl § 97 Abs 1)	Ordnungsnorm	Pönale	Bemessungsgrundlage (Differenzwert)
1	Unterschreitung der erf. EM	Artikel 92 CRR, § 70 Abs 4a Z 1 BWG, Artikel 16 Abs 2 lit a SSM-VO	2 %	Erforderliche – Anrechenbare EM
4	Überschreitung Großkredite	Artikel 395 Abs 1 CRR	2 %	Großkredit – 25 % der Anrechenbaren EM

Abbildung 8: Übersicht der Tatbestände für Abschöpfungszinsen

Die Vorschreibung von Zinsen nach § 97 BWG stellt eine verschuldensunabhängige aufsichtsrechtliche Administrativmaßnahme dar und unterliege nach Meinung der Aufsicht mangels Strafcharakters nicht der Verjährung. Das Gesetz stellt tatbildmäßig nur auf die Unter- bzw Überschreitung der Grenzen ab.

Die zu zahlenden Pönalezinsen sind an den Bund abzuführen.

---

86   Vgl *Dellinger*, Bankwesengesetz, § 97 BWG.

19.2 Straftatbestände und Sanktionen (§§ 98 – 101 BWG)

Das BWG enthält in den §§ 98 und 99 BWG einen **Katalog von Verwaltungsstraftatbeständen**. Die zuständige Behörde für die Führung der Verfahren ist die FMA.

Als Straftatbestände nennt § 98 BWG unter anderem folgende:

- Das Betreiben von Bankgeschäften ohne die erforderliche Berechtigung,

- Verstöße gegen Anzeige- und wiederholte Verstöße gegen Meldepflichten,

- Die Nichterteilung erforderlicher Auskünfte innerhalb der Kreditinstitutsgruppe,

- Überschreitung der Großkreditgrenzen,

- Unterschreitung der Anforderung für liquide Aktiva (LCR),

- Die Verletzung der Bestimmungen zu Verbraucherbestimmungen, beispielsweise keine vierteljährliche Bekanntgabe des Kontostands,

- Verletzung des § 39 BWG und der gemäß KI-RMV einzurichtende Risikomanagementverfahren und

- Die Verletzung der Sorgfaltspflichten zur Bekämpfung von Geldwäscherei und Terrorismusfinanzierung.

Zudem finden sich in § 99 BWG weitere Straftatbestände, die sich an Kreditinstitute und andere Verpflichtete wenden, wie ua:

- Die Verletzung der Anzeigepflicht als qualifizierter Beteiligter an einem österreichischen Kreditinstitut,

- Die Verletzung des Bezeichnungsschutzes,

- Die Verletzungen der Redepflicht des Bankprüfers,

- Die Verletzungen über die Bestimmungen des Deckungsstocks,

- Die Übertragung von anonymen Sparurkunden,

- Verstöße gegen die Verpflichtung zur Offenlegung von Treuhandbeziehungen.

Der maximale Strafrahmen für bestimmte Verwaltungsverstöße liegt bei 5 Millionen Euro Geldstrafe oder bis zu dem Zweifachen des aus dem Verstoß gezogenen Nutzens, sofern dieser quantifizierbar ist. Dieser **europäische harmonisierte Strafrahmen** gilt insbesondere für folgende Tatbestände:

- Die Zulassung, dass das Kreditinstitut wiederholt oder kontinuierlich nicht über liquide Aktiva gemäß Artikel 412 CRR verfügt (LCR),

- Das Eingehen von Forderungen, die über die in Artikel 395 CRR festgelegten Grenzen hinausgehen (Großkredite),

- Das Zulassen von bestimmten nicht erlaubten Zahlungen an Inhaber von Eigenmitteln des Kreditinstituts (§ 24 BWG neu; Artikel 28, 51 und 52 CRR),

- Die Verletzung der Pflichten des § 39 oder einer aufgrund § 39 Abs 4 erlassenen Verordnung der FMA,

- Die Erschleichung oder Herbeiführung der Konzessionserteilung nach § 4 Abs 1 durch unrichtige Handlungen.

Adressat der Verwaltungsstrafen sind grundsätzlich die nach Außen vertretungsbefugten Organe (Vorstand einer Aktiengesellschaft bzw Geschäftsführer einer GmbH) oder eine Person, die die verwaltungsstrafrechtliche Verantwortung übernommen hat. Die **Definition des Verantwortlichen** findet sich in § 9 VStG:

„Verantwortlicher Beauftragter kann nur eine Person mit Hauptwohnsitz im Inland sein, die strafrechtlich verfolgt werden kann, ihrer Bestellung nachweislich zugestimmt hat und der für den ihrer Verantwortung unterliegenden klar abzugrenzenden Bereich eine entsprechende Anordnungsbefugnis zugewiesen ist. Das Erfordernis des Hauptwohnsitzes im Inland gilt nicht für Staatsangehörige von EWR-Vertragsstaaten, falls Zustellungen im Verwaltungsstrafverfahren durch Staatsverträge mit dem Vertragsstaat des Wohnsitzes des verantwortlichen Beauftragten oder auf andere Weise sichergestellt sind.“

Als weitere Sanktionsmaßnahme in Umsetzung der CRD IV wurde eine **Veröffentlichung**spflicht bzw -möglichkeit umgesetzt, nach welcher die Behörde die Namen von Kreditinstituten bzw Organen von Kreditinstituten, die gegen bestimmte Tatbestände verstoßen, unter Anführung des begangenen Verstoßes und der Höhe der Strafe bekannt machen muss bzw kann, sofern eine solche Bekanntgabe die Stabilität der Finanzmärkte nicht ernstlich gefährdet oder den Beteiligten keinen unverhältnismäßig hohen Schaden zufügt. Dabei handelt es sich insbesondere um Verstöße gegen Anzeigepflichten, Konzessionspflichten und Fit & Proper Anforderungen. Die Veröffentlichung ist für mindestens 5 Jahre aufrecht zu erhalten.[87]

Durch Einführung des § 99d BWG besteht seit 1.1.2014 weiters die Möglichkeit für die FMA **Geldstrafen gegen die involvierten juristischen Personen** zu verhängen, wenn Vertretungs-, Kontroll- oder Entscheidungsbefugte Personen die genannten Anzeigepflichten bzw sonstigen Pflichten verletzen oder vernachlässigen. Die Geldstrafe beträgt bis zu 10 % des jährlichen Gesamtnettoumsatzes oder bis zum Zweifachen des aus dem Verstoß gezogenen Nutzens, sofern sich dieser beziffern lässt. Bei Tochtergesellschaften ist interessanterweise für die Strafbemessung der jährliche Gesamtnettoumsatz der Muttergesellschaft heranzuziehen. Falls die FMA die Grundlagen für den Gesamtumsatz nicht ermitteln oder berechnen kann, hat sie diese zu schätzen. Die FMA kann von einer darüberhinausgehenden Bestrafung eines Verantwortlichen gemäß Verwaltungsstrafgesetz (§ 9 VStG) absehen, wenn für denselben Verstoß bereits eine Verwaltungsstrafe gegen die juristische Person verhängt wird und keine besonderen Umstände vorliegen, die einem Absehen von der Bestrafung entgegenstehen.[88]

In diesem Zusammenhang ist noch die Verpflichtung der FMA zu erwähnen, alle Sanktionen gegen Anzeige- und sonstigen Bestimmungen **an die EBA zu melden**. Die Erfassung der Daten erfolgt in einer **zentralen Datenbank** und ist von den europäischen Aufsichts-

---

87 Vgl § 99c Abs 5 BWG.
88 Vgl § 99d Abs 5 BWG.

behörden bei einer Fit & Proper Überprüfung der persönlichen Zuverlässigkeit von Kandidaten zu konsultieren.

Zuletzt haben **Kreditinstitute** gemäß § 99g BWG nunmehr ein **Hinweisgebersystem ("Whistleblowingsystem")** einzuführen. Damit soll es Mitarbeitern ermöglicht werden, Verstöße gegen Aufsichtsgesetze und auf deren Basis erlassene Bescheide, sowie gegen die CRR, innerhalb des Kreditinstituts anonym an eine geeignete Meldestelle zu kommunizieren. Auch die **FMA** hat über wirksame Mechanismen zu verfügen, die dazu ermutigen, Verstöße oder den Verdacht eines Verstoßes gegen Aufsichtsgesetze und auf deren Basis erlassene Bescheide sowie gegen die CRR anzuzeigen. Für diese Zwecke wurde eine telefonische[89] und eine webbasierte Whistleblowing Möglichkeit[90] bei der FMA eingerichtet.

Fit & Proper Selbsttest:

- Was versteht man unter Abschöpfungszinsen und bei welchen Tatbeständen sind diese zu entrichten?

- Nennen Sie vier Straftatbestände nach § 98 BWG.

- Wer kann Adressat von Verwaltungsstrafen sein?

---

89 Whistleblowing Hotline der FMA: 0800 249 900.
90 https://www.bkms-system.net/bkwebanon/report/clientInfo?cin=11FMA61&%20language=ger

20 Sustainable Finance/ESG

Empfohlene Literatur, Gesetzesstellen und FMA-Rundschreiben:

Verordnung (EU) Nr 2088/2019 („Disclosure VO/Offenlegungs VO")

Verordnung (EU) Nr 852/2020 („Taxonomie VO")

Richtlinie (EU) Nr 2464/2022 („Corporate Social Responsibility Directive (CSRD")

EZB-Leitfaden zu Klima- und Umweltrisiken

FMA-Leitfaden zum Umgang mit Nachhaltigkeitsrisiken

EBA-Leitlinien zur Kreditvergabe und -überwachung

20.1 Der „Green Deal"

Bei der Umsetzung des „Europäischen Green Deal" spielt der Finanzsektor eine sehr wichtige Rolle. Der Aktionsplan der EU-Kommission sieht vor, dass private Finanz- und Investmentströme in eine klimaneutrale, ressourceneffiziente und faire Wirtschaftswelt umgelenkt werden sollen. Auch das Finanzsystem muss dazu beitragen, dass die Wirtschaft bis 2050 keine Netto-Treibhausgase mehr ausstößt, Wachstum von der Ressourcennutzung abgekoppelt wird und wirtschaften nicht auf Kosten von Menschen oder Regionen geschieht. Der Green Deal soll zukünftigen Generationen ein besseres und gesünderes Leben sichern durch:

- Saubere Luft, sauberes Wasser, einen gesunden Boden und Biodiversität
- Sanierte, energieeffiziente Gebäude
- Gesundes und bezahlbares Essen
- Mehr öffentliche Verkehrsmittel
- Saubere Energie und modernste saubere Technologien
- Langlebige Produkte, die repariert, wiederverwertet und wiederverwendet werden können
- Zukünftsfähige Arbeitsplätze und Vermittlung der für den Übergang notwendigen Kapazitäten
- Weltweit wettbewerbsfähige und krisenfeste Industrie.

20.2 Anforderungen an den Finanzsektor

Banken und andere Finanzdienstleister werden aufgrund ihrer großen öffentlichen und volkswirtschaftlichen Beudeutung in die Pflicht genommen, zur Erreichung der Ziele beizutragen und die Erreichung nachhaltigen Wachstums zu unterstützen. Die Maßnahmen im Bereich „Sustainable Finance" beinhalten dabei generell die Berücksichtigung der **ESG-Faktoren** (Environment, Social, Goverance) bei Investmententscheidungen.

Dabei geht es um:

- **Environment/Umwelt:** Klimawandel, Biodiversität, Umweltverschmutzung, etc,

- **Social/Soziales:** Gleichbehandlung, Inklusion, Arbeitsbedingungen, Investitionen in Humankapital, Menschenrechte, etc,

- **Governance/Unternehmensführung:** Diversität, Arbeitsbeziehungen, Managementvergütung.

Durch welche konkreten Maßnahmen der Finanzbranche diese großen Ziele erreicht werden könnten, war in den letzten Jahren noch offen und eine abwartende Haltung zu beobachten. Spätestens jedoch seit Sommer 2021 können und müssen sich die Projektteams in Banken, Versicherungen und anderen Finanzdienstleistern formieren und an der Umsetzung der umfassenden und komplexen Anforderungen arbeiten.

20.2.1 EZB- und FMA-Leitfäden zu Klima- und Umweltrisiken

Sowohl FMA als auch EZB haben Leitfäden für die Berücksichtigung von Nachhaltigkeit und das Management von Klima- und Umweltrisiken publiziert. Darin werden die Erwartungen der Aufsichtsbehörden dargestellt, wie Finanzinstitute ESG-Risiken berücksichtigen sollten. Der Fokus wurde dabei zunächst auf Klima- und Umweltrisiken gelegt. In den Leitfäden wird gefordert:

- Die Implementierung von Strategien im Bereich der Nachhaltigkeit;

- Die Berücksichtigung von Nachhaltigkeitsaspekten in der Organisation und in der Governance;

- Die Festlegung von Messmethoden und Kennzahlen;

- Die Erfassung von Nachhaltigkeitsrisiken im Risikomanagement;

- Die Integration von Nachhaltigkeitsrisiken ins Stress Testing und

- Die Vorbereitung auf die umfassenden Datenbereitstellungen und Transparenzanforderungen.

Die größten Herausforderungen für die Finanzdienstleister liegen derzeit in der Einteilung ihrer Kredite und Geschäftsbereiche sowie in der Schaffung der erforderlichen Datenlagen, um ihre grünen Aktivitäten, Kredite, Assets und Investments zu identifizieren und zu managen.

In Bezug auf Klima- und Umweltrisiken bestehen folgende zwei Hauptrisikotreiber:

- **Physische Risiken:** diese ergeben sich direkt aus den Folgen von Klimaveränderungen. Die physischen Risiken werden unterteilt in akute oder chronische Risiken. Ein physisches Risiko gilt als **akut**, wenn es aufgrund von extremen Ereignissen wie Dürren, Überschwemmungen und Stürmen entsteht. Das Risiko wird als **chronisch** klassifiziert, wenn es die Folge allmählicher Veränderungen (zB steigende Temperaturen, Anstieg des Meeresspiegels, Verlust an biologischer Vielfalt) ist.

- **Transitorische Risiken:** hierbei handelt es sich um Risiken, die durch den Übergang zu einer klimaneutralen und resilienten Wirtschaft und Gesellschaft entstehen und so zu einer Abwertung von Vermögenswerten führen können. Diese Risiken könnten beispielsweise aufgrund recht plötzlich verabschiedeter politischer Maßnahmen zum Klima- und Umweltschutz, aufgrund des technischen Fortschritts oder aufgrund von Veränderungen im Konsumverhalten zum Tragen kommen.

20.2.2 Nachhaltigkeit in Geschäftsmodell und Geschäftsstrategie

Die Aufsichtsbehörden fordern in ihren Leitfäden, dass Institute die kurz-, mittel- und langfristigen Auswirkungen von klimabedingten und ökologischen Faktoren auf ihr Geschäftsumfeld ermitteln, analysieren und überwachen und dafür sorgen, dass ihr Geschäftsmodell auch langfristig trag- und widerstandsfähig ist. Bei der Festlegung ihrer Geschäftsstrategie sollen diese Risiken berücksichtigt werden, indem beispielsweise (Stress-)Szenarioanalysen eingesetzt werden. Zudem sollten Institute **Leistungskennzahlen (Key Performance Indicators – KPIs)**, die auf die einzelnen Geschäftsfelder und Portfolios angewandt werden, festlegen und laufend überwachen.

20.2.3 Nachhaltigkeit in der Governance und im Risikoappetit

Dem **Leitungsorgan (dh der Geschäftsleitung und dem Aufsichtsrat, jeweils entsprechend den ihnen zukommenden Aufgaben)** kommt in Bezug auf die Auswirkungen von Klima- und Umweltrisiken eine zentrale Rolle zu. Es ist zuständig für die Festlegung, Genehmigung und Überwachung der Umsetzung der allgemeinen Geschäftsstrategie und der zentralen Strategien, der allgemeinen Risikostrategie, einer angemessenen internen Governance und interner Kontrollrichtlinien. Nach den Erwartungen der Aufsichtsbehörden soll das Leitungsorgan seinen Mitgliedern und/oder Unterausschüssen Rollen und Verantwortlichkeiten in Bezug auf Klima- und Umweltrisiken klar zuweisen. Außerdem sollen bei der Bewertung der kollektiven Eignung des Leitungsorgans die Kenntnisse, Fähigkeiten und Erfahrungen der Mitglieder im Bereich Klima- und Umweltrisiken berücksichtigt werden.

Das Leitungsorgan soll sicherstellen, dass die Klima- und Umweltrisiken angemessen in die allgemeine Geschäftsstrategie und das Risikomanagementrahmenwerk einbezogen werden. Durch die Verwendung von **zentralen Risikoindikatoren (Key Risk Indicators – KRIs)** sollen die Risiken laufend überwacht werden.

Klima- und umweltbezogene Risiken sollen in das Rahmenwerk für den Risikoappetit aufgenommen werden. Dazu soll durch einen umfassenden Risikoidentifizierungsprozess ein **Risikoinventar** erstellt werden, das als Grundlage für die Definition des Risikoappetits dient. Die Steuerung dieser Risiken kann ua durch die Festlegung von Risikolimiten, -toleranzen und -schwellen erfolgen.

Auch in der **Vergütungspolitik** der Institute sollten Klima- und Umweltrisiken berücksichtigt werden. Zur Förderung von Verhaltensweisen, die im Einklang mit dem klima- und umweltbezogenen (Risiko-)Ansatz des Instituts stehen, kann die Einführung einer variablen Vergütungskomponente in Betracht gezogen werden, die an das Erreichen von Klima- und Umweltzielen geknüpft ist.

In der **Organisationsstruktur** sollten die **Zuständigkeiten** für Klima- und Umweltrisiken intern klar zugewiesen und dokumentiert werden. Die Institute sollen definieren, welche internen Strukturen für Klima- und Umweltrisiken zuständig sind und ihre jeweiligen Aufgaben und Arbeitsabläufe klar beschreiben. Insbesondere sind die Aufgaben und Zuständigkeiten festzulegen für:

- die ersten Verteidigungslinie in Bezug auf das Eingehen und die Steuerung von Klima- und Umweltrisiken;

- die Risikomanagementfunktion bei der Ermittlung, Bewertung, Messung, Überwachung und Meldung von Klima- und Umweltrisiken und

- die Compliance-Funktion in Bezug auf aus Klima- und Umweltrisiken erwachsenden Compliance-Risiken.

Die **Interne Revision** soll neben der Prüfung des internen Kontroll- und Risikomanagementrahmenwerks auch die Angemessenheit der Regelungen für die Steuerung von Klima- und Umweltrisiken beurteilen. Zudem ist die Interne Revision zuständig für die Überprüfung der Einhaltung der Richtlinien und Verfahren für Klima- und Umweltrisiken, sowie der diesbezüglichen externen Anforderungen.

Um dem Leitungsorgan eine fundierte Entscheidungsgrundlage zu schaffen, sollen Klima- und Umweltrisiken in die Rahmenwerke für die **Berichterstattung** aufgenommen werden. In der Berichterstattung soll erklärt werden, inwieweit das Institut Klima- und Umweltrisiken ausgesetzt ist. Es sollen fortlaufende und transparente Prozesse für die Berichterstattung eingerichtet werden, damit zeitnahe, genaue, präzise, verständliche und aussagekräftige Berichte vorgelegt werden können, die wesentliche Informationen über die Ermittlung, Messung oder Beurteilung und Überwachung und Steuerung von Risiken enthalten. Damit entsprechende (Risiko-)Daten systematisch erhoben und aggregiert werden können, sollen Institute eine Anpassung ihrer **IT-Systeme** in Betracht ziehen. Dadurch soll auch sichergestellt werden, dass zeitnah aggregierte und aktuelle Daten zu Klima- und Umweltrisiken zusammengestellt werden können.

20.2.4 Nachhaltigkeit im Risikomanagement

Im **Rahmenwerk für das Risikomanagement** sollten Klima- und Umweltrisiken als Treiber bestehender Risikokategorien integriert werden. Diese Risiken sollten zur Sicherstellung einer angemessenen Kapitalausstattung bestimmt und quantifiziert werden. Zudem sollen Institute alle Risiken sowie alle Konzentrationen innerhalb und zwischen diesen Risiken Rechnung tragen. Hierfür sollte untersucht werden, wie Klima- und Umweltrisiken auf die verschiedenen Risikobereiche (ua Liquiditätsrisiko, Kreditrisiko, operationelles Risiko, Marktrisiko) Einfluss nehmen.

Die Klima- und Umweltrisiken sollten bei der Beurteilung der **Wesentlichkeit** von Risiken für ihre Geschäftsbereiche auf kurze, mittlere und lange Sicht umfassend berücksichtig werden. Hierfür sollen mehrere Szenarien herangezogen werden. Die Einschätzung der Unwesentlichkeit sollte dabei begründet und die zugrunde liegenden Informationen ausgeführt und dokumentiert werden.

Institute sollten die Klima- und Umweltrisiken, denen sie ausgesetzt sind, im Rahmen des **ICAAP** angemessen quantifizieren, auch wenn die Quantifizierbarkeit schwierig ist oder die entsprechenden Daten fehlen. Hierbei sollten insbesondere der Einsatz von Szenarioanalyse und Stresstests in Betracht gezogen werden.

Die Aufsichtsbehörden erwarten, dass die Institute zu Beginn einer **Kundenbeziehung** und anschließend laufend Due-Diligence-Prüfungen zu Klima- und Umweltrisiken durchführen. Darunter wird das Einholen von Informationen und Erheben von Daten verstanden, die zur Bewertung der Anfälligkeit von Engagements und Investitionen gegenüber Klima- und Umweltrisiken benötigt werden. Mithilfe dieser Informationen können Risikoprofile erstellt und die Auswirkungen auf klima- und umweltbedingte Aspekte ermittelt werden.

In Bezug auf **operationelle Risiken** sollte überprüft werden, inwieweit die Art der Tätigkeit des Instituts Reputations- und/oder Haftungsrisiken erhöhen könnte. Institute sollen außerdem alle notwendigen Maßnahmen ergreifen, um die Aufrechterhaltung des Geschäftsbetriebes und eine zeitnahe Wiederaufnahme des Betriebes nach einem Notfall sicherzustellen.

Klima- und Umweltrisiken sollten außerdem bei der Steuerung des **Marktrisikos** beachtet werden. Hierbei erwarten Aufsichtsbehörden, dass die Auswirkungen von klimabedingten und ökologischen Faktoren auf ihre aktuellen Marktrisikopositionen und auf künftige Anlagen laufend überwacht werden.

Wenn Klima- und Umweltrisiken als wesentlich definiert werden, sollten Institute die Angemessenheit ihrer **Stresstests** überprüfen und bewerten, ob diese Risiken in ihr Basisszenario und in ihre adversen Szenarien aufzunehmen sind.

Im Zusammenhang mit dem **Liquiditätsrisiko** sollen Institute beurteilen, ob wesentliche Klima- und Umweltrisiken zu Nettomittelabflüssen oder zum massiven Abbau von Liquiditätspuffern führen könnten. Die direkten und indirekten Auswirkungen von Klima- und Umweltrisiken auf die Liquiditätsposition der Institute sollten in den ILAAP integriert werden. Dabei sollten sowohl normale als auch Stressbedingungen zugrunde gelegt werden.

20.2.5 Nachhaltigkeit im Kreditprozess

Nach den EBA-Leitlinien zur Kreditvergabe und -überwachung („EBA-Guidelines on Loan Origination and Monitoring") ist seit 30.6.2021 auch die **Integration von ESG-Faktoren in die Kreditvergabeprozesse** gefordert. Nachhaltigkeitserwägungen sollen im Kreditrisikoappetit, in der Kreditrisikostrategie, der Bonitätsbeurteilung, der Kreditüberwachung, der Sicherheitenbewertung sowie den Stresstests berücksichtigt werden. Dabei soll die Nachhaltigkeit nicht als eigenes neues Kreditvergabekriterium definiert werden, sondern es geht darum, Nachhaltigkeitsüberlegungen im Rahmen der bestehenden Faktoren und Risikokategorien miteinfließen zu lassen. Beispielsweise sollen ein nicht nachhaltiges Geschäftsmodell eines Kreditnehmers, Betriebsanlagen, für die zukünftig höhere Investitionskosten für Umrüstungsaufwand drohen, oder der Wert von nicht energieeffizienten Immobiliensicherheiten im Rahmen der Kreditvergabe bei der Rückzahlungsfähigkeit des Kreditnehmers bzw bei der Kreditüberwachung Berücksichtigung finden.

Außerdem sollen Institute insbesondere durch eine Analyse der Konzentrationen auf Sektoren, geografische Gebiete und einzelne Kreditnehmer klima- und umweltbezogene Risiken überwachen und steuern.

Auch bei der Preisgestaltung von Krediten sollten sich die Klima- und Umweltrisiken widerspiegeln. Beispielsweise könnten Institute je nach Energieeffizienz des Kunden unterschiedliche Kreditpreise oder eine sektorspezifische Gebühr in Betracht ziehen.

Noch nicht konkret, jedoch in Überlegung, ist auch eine Incentivierung von „grünen" Krediten über einen „Green Support Faktor" im Rahmen der Mindesteigenmittelunterlegung. Die Entscheidung darüber soll jedoch erst 2025 getroffen werden.

20.3 Offenlegung

20.3.1 Nachhaltigkeit bei Wertpapierdienstleistungen

Finanzmarktteilnehmer (das sind im Wesentlichen Kapitalanlagegesellschaften, Alternative Investmentfonds Manager und Kreditinstitute, die Portfolioverwaltung anbieten) und **Finanzberater** (das sind Unternehmen, die Anlageberatung anbieten) haben gemäß der Disclosure Verordnung ihre Nachhaltigkeitsstrategien und Auskünfte über wesentliche nachteilige Auswirkungen auf die Nachhaltigkeit sowie Erläuterungen, inwiefern die Vergütungspolitik mit der Einbeziehung von Nachhaltigkeitsrisiken im Einklang steht, offenzulegen.

Auf Produktebene sind umfangreiche vorvertragliche Informationen zu Anlagestrategien, Investitionszielen, zu erwartenden Auswirkungen von Nachhaltigkeitsrisiken auf die Rendite in die vorvertraglichen Produktbeschreibungen und regelmäßigen Berichte aufzunehmen.

Während diese Beschreibungen bereits seit März 2021 in Kraft sind und in qualitativer Weise vorgenommen werden konnten, wird mit Inkrafttreten von Level 2 Konkretisierungen der ESA (European Supervisory Authorities) ab dem Jahr 2023 eine quantitative Untermauerung der Strategien und Beschreibungen mit konkreten Kennzahlen für die ESG-Faktoren verlangt werden. Beispielsweise wird offenzulegen sein, wie hoch der CO_2-Fußabdruck der Gesellschaften ist, in deren Aktien ein Fonds veranlagt hat.

20.3.2 Offenlegung von Green Asset Ratios

Mit der Corporate Sustainability Reporting Directive wird der Anwendungsbereich für die nicht-finanzielle Berichterstattung im Verhältnis zur heutigen Rechtslage deutlich ausgeweitet. Zukünftig werden alle (nach den UGB-Größenklassen) großen Kapitalgesellschaften (darunter fallen grundsätzlich fast alle Kreditinstitute und Versicherungen) vom Anwendungsbereich erfasst sein. Der nicht-finanzielle Bericht soll im Lagebericht, der gemeinsam mit dem Jahresabschluss erstellt wird, dargestellt werden, und auch Gegenstand der Jahresabschlussprüfung sein.

Die nicht-finanzielle Berichterstattung fordert umfassende Angaben und Datenpunkte in Bezug auf die Nachhaltigkeitsaspekte und -risiken, sowohl für den eigenen Geschäftsbetrieb (die Betriebsökologie) sowie die Geschäftsbereiche (Kunden- und Eigengeschäfte). Zu beschreiben sind Wesentlichkeitsassessment, Strategien, Kennzahlen, Maßnahmen, Ressourceneinsatz und Umsetzungsfortschritte. Insbesondere ist auch die Dekarbonisierungsstrategie zur Erreichung der Klimaneutralität in 2050 zu beschreiben. Weitere branchenspezifischen Inhalte werden auch noch Teil der Offenlegungsverpflichtung sein. Zur Präzisierung der Berichtsdetails wurde die European Financial Reporting und Advisory Group (EFRAG) beauftragt, Standards zu entwickeln, die sodann von der EU Kommission als Delegierte Rechtsakte erlassen werden. Im November 2022 hat EFRAG erstmals 12 ausgearbeitet Standards an die EU KOM versandt.

Während Nicht-finanzielle Unternehmen den Anteil ihrer nachhaltigen Umsätze („Turnover-KPI"), Betriebsausgaben („OpEx-KPI") bzw Investitionen („CapEx-KPI") offenlegen müssen, werden für Finanzielle Unternehmen (Kreditinstitute, Versicherungen, Wertpapierfirmen, Asset Manager) eigene Kennzahlen und Templates definiert.

Für Kreditinstitute bedeutet das ab dem Geschäftsjahr 2024 die Offenlegung ihrer **„Green Asset Ratios"**, wobei es sich nicht nur um eine Kennzahl handelt, sondern eine ganze Matrix von unterschiedlichen Green Asset Ratios zu erheben und offenzulegen sein werden.

Die Beurteilung, was als „green" gilt, erfolgt nach den einheitlichen Definitionen der Taxonomie-Verordnung, die derzeit für sechs Umweltziele konkrete Beschreibungen und Definitionen vorschreibt. Mit der Taxonomieverordnung ist ein einheitliches Set an Kriterien geschaffen worden, das bei der Beurteilung der Nachhaltigkeit heranzuziehen ist.

In einem zweistufigen Verfahren ist zunächst zu prüfen, ob eine Wirtschaftsaktivität (zB das Geschäftsmodell eines Kreditnehmers) taxonomiefähig ist, dh ob die Branche in der Liste der für ein Umweltziel taxonomiefähigen Branchen enthalten ist, um sodann abzugleichen, ob die Tätigkeit den technischen Beurteilungskriterien entspricht. Zusätzliche Anforderung nach der Taxonomieverordnung ist, dass eine Tätigkeit, die im Einklang mit einem Umweltziel steht, keines der anderen Umweltziele wesentlich beeinträchtigen darf („Do No Significant Harm") und im Einklang mit arbeitsrechtlichen Mindeststandards ausgeübt wird.

Eine Studie der EBA hat ergeben, dass – auf Basis von groben Schätzungen – die Green Asset Ratio (ohne KMU Finanzierungen) der europäischen Kreditinstitute im Jahr 2021 bei etwa 8 % liegt. Mit voranschreitender Definition von Umweltzielen und weiterer Kriterien im Rahmen der Taxonomie (Social und Governance) werden sich die Green Asset Ratios noch weiterentwickeln.

20.3.3 Aufsichtliche Offenlegung

Für große Institute besteht bereits ab dem Geschäftsjahr 2022 eine Säule 3-Offenlegungsverpflichtung für ESG-Kriterien mit Hilfe von Templates, die in ITS der EBA festgelegt sind. Auch für andere Institute wird die Einführung von Offenlegungspflichten nach einer CRR-Änderung in Aussicht gestellt.

21 Wertpapieraufsichtsgesetz (WAG 2018)

Empfohlene Literatur, Gesetzesstellen und FMA-Rundschreiben:

WAG 2018

BörseG 2018

Delegierte Verordnung EU Nr. 2017/565

Richtlinie Nr. 2014/65/EU (MiFID II)

Verordnung (EU) Nr. 596/2014 (MAR, Marktmissbrauchsverordnung)

FMA-Rundschreiben betreffend die Kriterien zur Beurteilung von Kenntnissen und Kompetenzen von Anlageberatern und Personen, die Informationen zu Anlageprodukten erteilen

FMA-Rundschreiben zu persönlichen Geschäften von Mitarbeitern mit Finanzinstrumenten gemäß Art 28 f MiFID II DelVO (EU) 2017/565

FMA-Rundschreiben betreffend die organisatorischen Anforderungen des Wertpapieraufsichtsgesetzes und der DelVO (EU) 2017/565

FMA-Rundschreiben zur Konkretisierung der Anforderungen an interne Kontrollmechanismen zur Überwachung der Systeme und Verfahren zur Erfüllung der Berichtspflichten im Rahmen der Portfolioverwaltung gemäß WAG 2018

21.1 Allgemeines

Mit der Einführung der Regelungen von MiFID II (Markets in Financial Instruments Directive II) wurden umfangreiche Änderungen im Bereich des Wertpapieraufsichtsgesetzes und des Börsegesetzes vorgenommen. Die vorrangigen Ziele der Regelungen liegen in der Verbesserung des Anlegerschutzes, der Sicherstellung einer wirksamen Beaufsichtigung von Rechtsträgern und des Handelns mit Finanzinstrumenten, der Erhöhung der Transparenz auf den Finanzmärkten sowie der Steigerung der Attraktivität und Vereinheitlichung des österreichischen Börsenhandels.

Im WAG 2018, das seit Jänner 2018 in Kraft ist, kam es aufgrund der Umsetzung der MiFID II zu folgenden signifikanten Änderungen gegenüber dem WAG 2007:

- Verbesserung des Anlegerschutzes durch Anpassung der organisatorischen Anforderungen für Wertpapierfirmen und Wertpapierdienstleistungsunternehmen,

- Verbesserung des Anlegerschutzes durch Anpassung der Wohlverhaltensregeln für Kreditinstitute, Wertpapierfirmen und Wertpapierdienstleistungsunternehmen, insbesondere durch höhere Transparenz und Informationspflichten und bessere Überwachungs- und Eingriffsbefugnisse der Aufsichtsbehörden, unter anderem durch Produktüberwachung einschließlich Produktverbote,

- Regulierung des algorithmischen Handels,

- Schaffung von mehr Transparenz durch Ausdehnung der von Veröffentlichungspflichten betroffenen Finanzinstrumente und

- Vereinheitlichung und Verschärfung der Sanktionsmöglichkeiten.

Auch im BörseG 2018 wurden in Umsetzung der MiFID II wesentliche Neuerungen vorgenommen. Zu erwähnen sind hierbei insbesondere der erleichterte Zugang zu Kapital für Klein- und Mittelbetriebe (KMU) durch die Einrichtung von KMU-Wachstumsmärkten, die höhere Transparenz durch die Regulierung von Datenbereitstellungsdiensten und die stärkere Überwachung von Warenderivaten durch Einführung von Positionslimits und Positionskontrollen. Zudem sollen Aufsichtslücken bei der Regulierung von Handelsplätzen durch erweiterte Anforderungen an bestehende Handelsplattformen geschlossen und die Wettbewerbssituation für geregelte Märkte verbessert werden.

21.2 Einführung in das WAG 2018

Wertpapierdienstleistungen werden definiert als Dienstleistungen, die Finanzinstrumente zum Inhalt haben und für Dritte erbracht werden. Zu den Wertpapierdienstleistungen zählen:

- Anlageberatung;

- Portfolioverwaltung durch Verwaltung von Portfolios auf Einzelkundenbasis mit einem Ermessensspielraum im Rahmen einer Vollmacht des Kunden,

- Annahme und Übermittlung von Aufträgen, sofern diese Tätigkeiten ein oder mehrere Finanzinstrumente zum Gegenstand haben;

- Betrieb eines multilateralen Handelssystems (MTF);

- Betrieb eines organisierten Handelssystems (OTF);

- Ausführung von Aufträgen für Rechnung von Kunden;

- Handel für eigene Rechnung;

- Übernahme der Emission von Finanzinstrumenten oder Platzierung von Finanzinstrumenten mit fester Übernahmeverpflichtung;

- Platzierung von Finanzinstrumenten ohne feste Übernahmeverpflichtung;

- Verwahrung und Verwaltung von Finanzinstrumenten für Rechnung von Kunden einschließlich der Depotverwahrung und verbundener Dienstleistungen wie Cash-Management oder Sicherheitenverwaltung und mit Ausnahme der Führung von Wertpapierkonten auf oberster Ebene (Depotgeschäft);

- Gewährung von Krediten oder Darlehen an Anleger für die Durchführung von Geschäften mit einem oder mehreren Finanzinstrumenten, sofern das kredit- oder darlehensgewährende Unternehmen an diesen Geschäften beteiligt ist;

- Devisengeschäfte, wenn diese im Zusammenhang mit der Erbringung von Wertpapierdienstleistungen stehen;

- Dienstleistungen im Zusammenhang mit der Übernahme von Emissionen für Dritte;

- Wertpapierdienstleistungen und Anlagetätigkeiten gemäß § 1 Z 3 sowie Wertpapiernebendienstleistungen gemäß § 1 Z 4 lit a bis f betreffend Waren, Klimavariable, Frachtsätze, Inflationsstatistiken und andere offizielle Wirtschaftsstatistiken, sofern diese als Basiswerte der in § 1 Z 7 lit e bis g und j genannten Derivate verwendet werden und sie mit der Erbringung der Wertpapierdienstleistung, Anlagetätigkeit oder der Wertpapiernebendienstleistung in Zusammenhang stehen.

Werden diese Tätigkeiten für Dritte erbracht, so sind es Dienstleistungen, ansonsten Anlagetätigkeiten.

Mit Umsetzung der Investment Firm Directive (IFD) in Österreich und dem Inkrafttreten des **Wertpapierfirmengesetzes (WPFG)** am 1. Februar 2023 wurde auch das WAG 2018 abgeändert. Insbesondere wurde der **Berechtigungsumfang für Wertpapierfirmen** ausgeweitet: sie dürfen nunmehr erstmals auch Kundengelder halten, nämlich über die Erbringung des Depotgeschäfts. Weiters können auch der Handel und die Ausführung von Aufträgen über Finanzinstrumente sowie das Loroemissionsgeschäft erbracht werden. Bei Konzessionserteilung hat die FMA auch über die Berechtigung zum Handel von Kundengeldern und Finanzinstrumenten abzusprechen.

Wertpapierfirmen sind darüber hinaus seit 1. Februar 2023 auch zur Beratung von Unternehmen hinsichtlich der Kapitalstrukturierung, der branchenspezifischen Strategie und damit zusammenhängender Fragen sowie Beratung und Dienstleistungen bei Unternehmensfusionen und -übernahmen berechtigt.

Als **Finanzinstrumente** gelten nach WAG 2018 übertragbare Wertpapiere, Geldmarktinstrumente, Anteile an OGAW (Organismen für gemeinsame Anlagen in Wertpapieren), Emissionszertifikate, Derivate und Derivatekontrakte. Finanzinstrumente werden unterteilt in nicht komplexe und komplexe Instrumente.

Als **nicht-komplexe Instrumente** gelten beispielsweise

- Aktien, die zum Handel an einem geregelten Markt oder in einem MTF zugelassen sind, sofern sie keine Derivate eingebettet haben,

- Geldmarktinstrumente, sofern keine Derivate eingebettet sind oder eine komplexe Struktur vorliegt,

- Schuldverschreibungen und sonstige verbriefte Schuldtitel, die zum Handel an einem geregelten Markt oder in einem MTF zugelassen sind und sofern sie keine Derivate eingebettet haben oder eine komplexe Struktur aufweisen,

- Aktien oder Anteile an OGAW (nicht strukturiert),

- strukturierte Einlagen, sofern sie keine komplexe Struktur aufweisen.

Alle Finanzinstrumente, die nicht in die Kategorie der nicht-komplexen Finanzinstrumente fallen, gelten als **komplexe Finanzinstrumente**. Hierzu gehören beispielsweise Aktien, Schuldverschreibungen und Geldinstrumente, die eine Struktur enthalten, die es dem Kunden erschwert, damit einhergehende Risiken zu verstehen (derivative Komponenten).

21.3   Konzessionsvoraussetzungen für Wertpapierfirmen (WPF) und Wertpapierdienstleistungsunternehmen (WPDLU)

Eine **Wertpapierfirma** wird in § 3 Abs 1 WAG 2018 definiert als

- eine juristische Person mit Sitz und Hauptverwaltung in Österreich,

- die zur gewerblichen Erbringung von einer oder mehreren Wertpapierdienstleistungen berechtigt ist.

Wertpapierfirmen sind berechtigt, im Wege der Dienstleistungs- und der Niederlassungsfreiheit in allen Mitgliedstaaten des EWR Wertpapierdienstleistungen zu erbringen. Sie dürfen vertraglich gebundene Vermittler zur Erbringung der Wertpapierdienstleistungen der Anlageberatung und der Annahme und Übermittlung von Aufträgen heranziehen.

Das **WAG 2018** definiert die Konzessionsanforderungen und Wohlverhaltensregeln für Wertpapierfirmen, während das Anfangskapital, die Organisationsvorschriften und Aufsichtsbestimmungen im **WPFG** geregelt sind. Wertpapierfirmen müssen in Form einer Kapitalgesellschaft oder Genossenschaft geführt werden und mindestens über zwei Geschäftsleiter verfügen, wobei mindestens ein Geschäftsleiter einen Hauptwohnsitz in Österreich haben muss.

Mit der Umsetzung der **IFD** und **IFR** werden die Wertpapierfirmen in drei Klassen unterteilt:

- Klasse 1: Systemrelevante Wertpapierfirmen

- Klasse 2: Andere nicht-systemrelevante Wertpapierfirmen, die bestimmte Schwellenwerte überschreiten

- Klasse 3: Kleine und nicht-verbundene Wertpapierpapierfirmen

Für die Abgrenzung zwischen Klasse 2- und Klasse 3-Wertpapierfirmen wurden in Artikel 12 Abs 1 IFR bestimmte Schwellenwerte definiert. Dabei gelten als Klasse 3-Wertpapierfirmen alle Wertpapierfirmen, die die folgenden Voraussetzungen erfüllen:

a)   verwaltete Vermögenswerte („assets under management" – AUM) unter Euro 1,2 Milliarden,

b)   bearbeitete Kundenaufträge („client orders handled" – COH) unter Euro 100 Millionen pro Tag für Tagesgeschäfte oder unter Euro 1 Milliarde pro Tag für Derivate,

c)   verwahrte und verwaltete Vermögenswerte („assets safeguarded and administered" – ASA) gleich 0,

d)   gehaltene Kundengelder („client money held" – CMH) gleich 0,

e)   täglicher Handelsstrom („daily trading flow" – DTF) gleich 0,

f)   Handelsbuchpositionen („net position risk" – NPR) oder clearingpflichtige Positionen („clearing margin given" – CMG) gleich 0,

g) Ausfall der handelnden Gegenpartei („trading counterparty default" – TCD) gleich 0,

h) bilanzielle und außerbilanzielle Gesamtsumme von weniger als Euro 100 Millionen und

i) jährliche Bruttogesamteinkünfte aus Wertpapierdienstleistungen und Anlagetätigkeiten von weniger als Euro 30 Millionen.

In **Österreich** bestehen derzeit nur Klasse 3-Wertpapierfirmen, weswegen im Weiteren nur auf die für diese relevanten Anforderungen eingegangen wird.

Das **Anfangskapital** für eine Wertpapierfirma hat mindestens 75.000 EUR zu betragen, wenn der Unternehmensgegenstand ausschließlich die Anlageberatung in Bezug auf Finanzinstrumente, die Annahme und Übermittlung von Aufträgen über Finanzinstrumente, die Ausführung von Aufträgen oder der Platzierung von Finanzinstrumenten ohne feste Übernahmeverpflichtung ist oder die Portfolioverwaltung umfasst, und keine Berechtigung zum Halten von Kundengeldern besteht. Besteht der Unternehmensgegenstand im Handel für eigene Rechnung und/oder in die Platzierung von Finanzinstrumenten mit fester Übernahmeverpflichtung oder im Betrieb eines OTF sowie dem Handel für eigene Rechnung, dann beträgt das Mindestanfangskapital 750.000 EUR. In allen anderen Fällen ist EUR 150.000 als Anfangskapital einzuhalten.

Wertpapierfirmen haben einer **gesetzlichen Entschädigungseinrichtung** anzugehören („Anlegerentschädigung von Wertpapierfirmen GmbH").

Das **Eigenmittelerfordernis** für Wertpapierfirmen ist in Artikel 11 Investment Firm Regulation (IFR) geregelt und ist – neben dem Anfangskapital – für Klasse 3-Wertpapierfirmen der höhere Betrag aus

- 25 % der fixen Gemeinkosten (nicht direkt zurechenbare Betriebsaufwendungen) des letzten festgestellten Jahresabschlusses und

- der permanenten Mindestkapitalanforderung.

Nach Anwendbarkeit der IFR/IFD können die Eigenmittel – in Anlehnung an die Vorschriften der CRR – aus hartem Kernkapital („Common Equity Tier 1 Capital"), zusätzlichem Kernkapital („Additional Tier 1 Capital")" und Ergänzungskapital („Tier 2 Capital") sowie unter Beachtung der Abzugsbestimmungen bestehen.

Im Detail gelten folgende Voraussetzungen:

- mindestens 56 % der Eigenmittel müssen in Form von harten Kernkapital vorliegen

- mindestens 75 % der Eigenmittel müssen in Form von harten Kernkapital und zusätzlichen Kernkapital vorliegen

- die restlichen Eigenmittel können in Form von Ergänzungskapital vorliegen.

In der Praxis verfügen Wertpapierfirmen allerdings meist nur über hartes Kernkapital, dh eingezahltes Kapital und Rücklagen.

Ebenso wurden mit der IFD/IFR erstmalig **Meldepflichten** eingeführt. Klasse 3-Wertpapierfirmen haben folgende Informationen jährlich an die zuständige Aufsichtsbehörde zu melden:

- Höhe und Zusammensetzung der Eigenmittel,

- Eigenmittelanforderungen,

- Berechnung der Eigenmittelanforderungen,

- Umfang der Tätigkeit,

- Konzentrationsrisiko und

- Liquiditätsanforderungen, soweit sie diesen unterliegen.

Beim **Wertpapierdienstleistungsunternehmen** handelt es sich um eine natürliche oder juristische Person mit Sitz und Hauptverwaltung im Inland. Es verfügt über mindestens einen Geschäftsleiter. Die Anforderung eines aufsichtsrechtlichen Anfangskapitals entfällt, es muss jedoch eine Berufshaftpflichtversicherung abgeschlossen sein. Wertpapierdienstleistungsunternehmen unterliegen hinsichtlich der Erbringung von Wertpapierdienstleistungen – im Vergleich zu Wertpapierfirmen – einer **dreifachen Einschränkung**:

- Die Tätigkeit ist auf die Anlageberatung und die Annahme und Übermittlung von Kundenaufträgen in Bezug auf Finanzinstrumente beschränkt. Zur Portfolioverwaltung ist das Wertpapierdienstleistungsunternehmen nicht berechtigt;

- Die Erbringung der Wertpapierdienstleistungen darf sich nur auf übertragbare Wertpapiere und Anteile an Organismen für gemeinsame Anlagen beziehen;

- Die Summe der jährlichen Umsatzerlöse des Unternehmens aus Wertpapierdienstleistungen übersteigt nicht 2 Millionen Euro.

Wertpapierdienstleistungsunternehmen müssen der Anlegerentschädigung nicht angehören, sind jedoch dazu verpflichtet, eine **Berufshaftpflichtversicherung** abzuschließen. Die Versicherung muss bei einem im Inland zum Betrieb des Versicherungsgeschäftes berechtigten Versicherungsunternehmen abgeschlossen werden und das aus der Geschäftstätigkeit resultierende Risiko abdecken.

21.4 Organisatorische Anforderungen

Die dem WAG 2018 unterliegenden Rechtsträger (das sind Wertpapierfirmen, Wertpapierdienstleistungsunternehmen, Kreditinstitute, Kapitalanlagegesellschaften und AIFM, Versicherungsunternehmen, etc) müssen eine entsprechende Organisationsstruktur implementieren und **Entscheidungsprozesse** laufend anwenden. Relevante Personen müssen die Verfahren, die für eine ordnungsgemäße Erfüllung ihrer Aufgaben einzuhalten sind, kennen. Hierfür bedarf es hinreichend konkreter, **schriftlicher Dokumentation** der definierten Vorkehrungen (zB in Form von Dienstanweisungen). Es sollen zudem angemessene **interne Kontrollmechanismen** eingerichtet und laufend aufrechterhalten werden. Diese umfassen beispielsweise Genehmigungs- und Berechtigungssysteme (insb das Vier-Augen-Prinzip), Pouvoirregelungen, Aufgaben- und Funktionstrennungen oder physische

Zugangsbeschränkungen. Die Aufgabenerfüllung hat durch Mitarbeiter zu erfolgen, die über die notwendigen Fähigkeiten, **Kenntnisse und Erfahrungen** verfügen.

Neben einer **unabhängigen Compliance-Funktion** sind eine **unabhängige Risikomanagement-Funktion** und eine **unabhängige interne Revision** dauerhaft einzurichten. Bei der Einrichtung dieser Funktionen kann der **Verhältnismäßigkeitsgrundsatz** (und die allfällig damit verbundenen Erleichterungen) in Anspruch genommen werden – die Einrichtung einer unabhängigen Compliance-Funktion unterliegt jedoch nicht dem Verhältnismäßigkeitsgrundsatz und ist durch jeden Rechtsträger verpflichtend umzusetzen.

Rechtsträger haben auch sicherzustellen, dass ein **internes Berichtswesen** eingerichtet ist und angemessene, systematische Aufzeichnungen über die Geschäftstätigkeit und interne Organisation geführt werden. Diese Aufzeichnungen sollen der FMA die Überprüfung der Einhaltung der Verpflichtungen gegenüber den (potenziellen) Kunden und im Hinblick auf die Integrität des Marktes ermöglichen. Die Mindestaufbewahrungsfrist beträgt 5 Jahre.

Außerdem sind Mechanismen zum **Schutz von Sicherheit, Integrität und Vertraulichkeit von Informationen** einzurichten (zB Vertraulichkeitsbereiche, Zugangsbeschränkungen etc).

Zur **Sicherstellung der Kontinuität und Regelmäßigkeit** der Wertpapierdienstleistungen und Anlagetätigkeiten sind angemessene Vorkehrungen, zB anhand von Notfallplänen, zu treffen. Zur Gewährleistung der Qualität der Dienstleistungen sind auch wirksame und transparente Verfahren für die unverzügliche Bearbeitung von Beschwerden von Privatkunden einzurichten. Diese umfassen beispielsweise das Führen eines Beschwerderegisters inkl der Aufzeichnung der zu ihrer Erledigung getroffenen Maßnahmen und die Einrichtung eines Beschwerdemanagers.

Exkurs: Insiderrecht und Marktmanipulation

Als **compliance-relevante Informationen** gelten nicht öffentlich bekannte präzise Informationen, die direkt oder indirekt einen oder mehrere Emittenten oder ein oder mehrere Finanzinstrument/e betrifft und die, wenn sie öffentlich bekannt würden, geeignet wären, den Kurs dieser Finanzinstrumente oder den Kurs damit verbundener derivativer Finanzinstrumente erheblich zu beeinflussen (Art 7 MAR). Compliance-relevante Informationen beinhalten aber auch sonstige Informationen, die geeignet sind, den Kurs zu beeinflussen. Solche compliance-relevante Informationen dürfen einen Vertraulichkeitsbereich nicht verlassen und sind auch im internen Geschäftsverkehr streng vertraulich zu behandeln. Werden compliance-relevante Informationen zwischen zwei Vertraulichkeitsbereichen ausgetauscht, darf dies nur unter **Einschaltung des Compliance-Officers** erfolgen.

Der Compliance-Officer hat zur Verfolgung der insider-relevanten Informationen folgende **Instrumentarien** zur Verfügung:

- Die **Beobachtungsliste** („**Watchlist**"): hierbei handelt es sich um eine streng vertrauliche, rein interne Liste über Finanzinstrumente, zu denen noch nicht öffentlich zugängliche compliance-relevante Informationen vorliegen. Diese Liste wird laufend aktualisiert und ist nur dem Compliance Officer bekannt. Die

Beobachtungsliste dient durch laufende Beobachtung von Mitarbeiter- und Eigengeschäften der Kontrolle, ob Vertraulichkeitsbereiche respektiert werden oder ob eine unfaire Ausnutzung nicht öffentlich zugänglicher Informationen durch Mitarbeiter erfolgt.

- Eine unternehmensweite oder selektive **Sperrliste**: es handelt sich um eine bankinterne Liste jener Finanzinstrumente, für die aufgrund des Standard Compliance Codes (SCC) Beschränkungen im Eigenhandel bzw in der Beratung oder im Mitarbeiterhandel bestehen.

21.5 Zielmarkt

Rechtsträger müssen für jedes Finanzinstrument einen Zielmarkt definieren. Dabei hat eine granulare Berücksichtigung der Bedürfnisse des Kunden zu erfolgen.

Bei der **Identifikation des Zielmarkts** für ein Finanzinstruments sollen angemessene und unter Berücksichtigung der Eigenschaften des Produkts verhältnismäßige Verfahren angewendet werden. Es sollen dabei das Risikoprofil oder die Liquidität des Instrumentes, der Innovationscharakter des Produkts und die Produktkomplexität (Kosten- und Gebührenstruktur) beachtet werden.

Die Zielmarktdefinition sollte auf genügend granularem Level erfolgen, um die Inklusion von Investorengruppen zu vermeiden, deren Bedürfnisse, Charakteristika und Ziele mit dem Produkt nicht kompatibel sind. Kriterien für die Zielmarktdefinition sind:

- die Kundenkategorie,
- geforderte Produktkenntnisse und -Erfahrungen,
- finanzielle Verlusttragfähigkeit,
- Risiko- / Renditeprofil zur Kategorisierung der Risikoeinstellung des Zielkunden,
- Anlageziele und Anlagehorizont,
- Vertriebskanal,
- Nachhaltigkeitspräferenzen.

Sowohl vom Produkthersteller als auch -vertrieb ist für jedes Finanzinstrument ein **Produktgenehmigungsverfahren** durchzuführen. Der Geschäftsleiter und die Compliance-Funktion sind dabei einzubinden. Der Vertreiber hat neben der Identifizierung eines Zielmarkts auch eine Interessenkonfliktanalyse, eine Analyse der Vertriebsstrategie und der Kostenstruktur vorzunehmen. Der Produkthersteller muss zusätzlich Szenarioanalysen (zB Marktturbulenzen, erhöhte Produktnachfrage etc) durchführen.

Die **Produkte** sind durch den **Vertreiber** regelmäßig und anlassbezogen zu **überwachen**. Die Überprüfung hat dabei zum Inhalt, ob die Vertriebsstrategie noch dem Zielmarkt entspricht. Sollte dies nicht mehr der Fall sein (zB aufgrund gestiegener Volatilität), muss der Zielmarkt neu festgelegt werden und soll das Produktgenehmigungsverfahren generell überprüft werden. Die Überwachung der Produkte durch den **Konzepteur** ist deutlich umfangreicher und umfasst ua die Überprüfung, ob das Finanzinstrument noch dem Zielmarkt entspricht. Zudem bestehen Mindestanforderungen an die Anlässe und Häufigkeit der Überprüfungen (zB vor jeder weiteren oder erneuten Emission, bei Eintritt bestimmter Ereignisse etc).

Gemäß WAG 2018 sollen sich Produkthersteller und Produktvertrieb regelmäßig austauschen und Informationen weitergeben.

21.6 Schutz des Kundenvermögens

Die organisatorischen Anforderungen zum Schutz des Kundenvermögens ua die Einrichtung eines „Single Officers", der für die Einhaltung der Vorschriften zum Schutz des Kundenvermögens verantwortlich ist (zB die Compliance-Funktion). Die verantwortliche Person benötigt ausreichende Fähigkeiten und Befugnisse, um ihren Aufgaben nachkommen zu können.

Wertpapierdienstleister müssen außerdem in der Lage sein, zuständigen Behörden, Insolvenzverwaltern sowie Verantwortlichen für die Abwicklung insolventer Institute, ua folgende Informationen zu übermitteln:

- Zugehörige interne Konten und Aufzeichnungen, anhand derer der Saldo der Gelder und Instrumente jedes Kunden identifiziert werden kann;
- Details zu Dritten, an die in diesem Zusammenhang Tätigkeiten ausgelagert wurden;
- Relevante Verträge mit Kunden.

Wertpapierdienstleister haben Vorkehrungen zu treffen, um die angemessene Besicherung eines Schuldners bei Wertpapierfinanzierungsgeschäften mit Kundenvermögen und die Überwachung der laufenden Angemessenheit der Besicherung und das Setzen geeigneter Maßnahmen sicherzustellen. Die Verwertung von Kundenfinanzinstrumenten darf nur zu genau festgelegten Bedingungen erfolgen, welchen der Kunde zuvor ausdrücklich und schriftlich zugestimmt hat.

Werden Kundengelder bei Dritten platziert, haben die Wertpapierdienstleister bei der Auswahl, Bestellung und regelmäßigen Überprüfung dieser Dritten und bei den hinsichtlich der Verwahrung dieser Gelder getroffenen Vereinbarungen mit der gebotenen Professionalität und Sorgfalt zu verfahren.

Zur Verhinderung unautorisierter Verwendung von Kundenfinanzinstrumenten soll eine Vereinbarung mit dem Kunden abgeschlossen werden, in welcher Maßnahmen beschrieben werden, die getroffen werden sollen, wenn Kundenfinanzinstrumente nicht zum Erfüllungstag geliefert werden.

Der Schutz für dem Kunden gehörende Finanzinstrumente ist insbesondere für den Insolvenzfall zu gewährleisten. Dabei ist zu beachten, dass der Kunde im Konkurs des Rechtsträgers eine möglichst insolvenzfeste Position erlangen soll. Dies ist etwa dann gewährleistet, wenn eine regelmäßige Verwahrung nach dem DepotG vorgenommen wird, bei der das Eigentum an den Finanzinstrumenten nicht auf den Verwahrer übergeht. In diesem Fall ist der Kunde auch gegen die Insolvenz der Depotbank über die Aussonderungsrechte geschützt.

Dem Rechtsträger ist es grundsätzlich gestattet, die für einen Kunden gehaltenen Finanzinstrumente auf einem oder mehreren bei einem Dritten eröffneten Konto oder Konten zu hinterlegen. Hat der Rechtsträger keine Konzession für das Depotgeschäft gemäß BWG, muss er die Kundenfinanzinstrumente jedenfalls bei einem **Drittverwahrer** aufbewahren lassen. Bei der Auswahl und Bestellung des Verwahrers hat der Rechtsträger professionell und sorgfältig vorzugehen. Der Verwahrer soll durch den Rechtsträger auch regelmäßig überprüft werden. Bedient sich der Rechtsträger zur Verwahrung von Finanzinstrumenten eines Dritten, so haftet er für dessen Verschulden grundsätzlich wie für sein eigenes (Erfüllungsgehilfenhaftung gemäß § 1313a ABGB).

21.7 Eignung und Angemessenheit von Wertpapier-dienstleistungen

Bei der Erbringung von Anlageberatung oder Portfolioverwaltung haben Rechtsträger einen **Eignungstest** durchzuführen, damit dem Kunden Wertpapierdienstleistungen und Finanzinstrumente empfohlen werden können, die für ihn geeignet sind und insbesondere seiner Risikotoleranz und seiner Fähigkeit, Verluste zu tragen, entsprechen. Hierfür muss der Rechtsträger folgende Informationen mittels Anlegerprofil einholen:

- Kenntnisse und Erfahrungen des Kunden in Bezug auf den speziellen Typ der Finanzprodukte oder Wertpapierdienstleistungen,

- finanzielle Verhältnisse des Kunden einschließlich der Herkunft und der Höhe des regelmäßigen Einkommens, liquide und illiquide Vermögenswerte, Anlagen und Immobilienbesitz sowie regelmäßige finanzielle Verpflichtungen,

- Anlageziele des Kunden inklusive Informationen über den Zeitraum, Präferenzen hinsichtlich des einzugehenden Risikos, Risikoprofil, den Zweck der Anlage, und

- Nachhaltigkeitspräferenzen des Kunden.

Der Rechtsträger muss unter Berücksichtigung der Art und des Umfangs der Dienstleistung nach vernünftigem Ermessen davon ausgehen können, dass das Geschäft den Anlagenzielen des Kunden entspricht, die Anlagerisiken für den Kunden finanziell tragbar sind und der Kunde die Risiken aufgrund seiner Kenntnisse und Erfahrungen versteht.

Weigert sich der Kunde die Angaben zu erteilen, dürfen dem Kunden keine Wertpapierdienstleistungen oder Finanzinstrumente empfohlen werden (ausgenommen bei professionellen Kunden).

Der Rechtsträger, der Anlageberatung erbringt, muss dem Kunden vor Durchführung des Geschäfts eine Erklärung zur Geeignetheit übermitteln. Dabei hat er die zu erbringende Beratung zu nennen und zu erläutern, wie die Beratung auf die Präferenzen, Ziele und sonstige Merkmale des Privatkunden abgestimmt wird. Mit dieser Erklärung ist jegliche Form der Empfehlung, also Kauf-, Verkaufs- und auch Haltempfehlung zu dokumentieren.

Im Bereich des beratungsfreien Geschäftes (bei bloßer Annahme und Übermittlung von Aufträgen) hat der Rechtsträger einen sogenannten **Angemessenheitstest** durchzuführen, um beurteilen zu können, ob die Wertpapierdienstleistungen für den Kunden angemessen sind. Der Rechtsträger hat sich dabei über die Kenntnisse und Erfahrungen des Kunden im Anlagebericht in Bezug auf den speziellen Typ der Finanzprodukte oder Wertpapierdienstleistungen zu informieren. Bei nicht ausreichenden Informationen darf das gegenständliche Geschäft im Gegensatz zur Verweigerung der Informationen im Rahmen der Eignungsprüfung – nach Abgabe eines Warnhinweises – dennoch durchgeführt werden. Ebenso bestehen Warnpflichten gegenüber dem Kunden, wenn die Kenntnisse und Erfahrungen als nicht ausreichend für das Risikoverständnis beurteilt werden.

Bei Execution-Only-Geschäften, die ausschließlich nicht-komplexe Finanzinstrumente betreffen und auf Veranlassung des Kunden erfolgen, muss kein Angemessenheitstest durchgeführt werden.

Die **Kunden** des Rechtsträgers müssen vor Erbringung der Wertpapierdienstleistung in die drei folgenden Kategorien **eingestuft** werden:

- Privatkunde

- Professioneller Kunde: er verfügt über ausreichend Erfahrung, Kenntnisse und Sachverstand, um Anlageentscheidungen treffen zu können und das Risiko zu beurteilen. Ex-lege professionelle Kunden sind ua Rechtspersönlichkeit mit Zulassung oder unter Aufsicht (zB Kreditinstitute) Zentralstaaten, oder große Unternehmen (anhand der Kriterien: Bilanzsumme, Umsatz, Eigenmittel). Es besteht zudem die Möglichkeit der freiwilligen Einstufung als professioneller Kunde unter bestimmten Voraussetzungen (Kunde ist oder war 1 Jahr im Finanzsektor tätig, Portfolio des Kunden > 500.000 EUR, im Vorjahr durchschnittlich 10 Geschäfte pro Quartal im relevanten Markt).

- Geeignete Gegenpartei: die Definition als geeignete Gegenpartei erfolgt bereits im Gesetz. Die Einstufung kann nur im Zusammenhang mit der Ausführung von Aufträgen für Kunden, Handel für eigene Rechnung sowie Annahme und Übermittlung von Aufträgen erfolgen. Für die Einstufung als geeignete Gegenpartei benötigt der Rechtsträger die ausdrückliche Zustimmung der potenziellen Gegenpartei. Bei der Durchführung von Geschäften mit geeigneten Gegenparteien finden die Wohlverhaltensregeln keine Anwendung (ausgenommen Anlageberatung und Portfolioverwaltung: geeignete Gegenparteien sind hier wie professionelle Kunden zu behandeln).

21.8 Preis- und Kostentransparenz

Gemäß § 48 WAG 2018 haben Rechtsträger dem Kunden in verständlicher Form angemessene Informationen **zu sämtlichen Kosten und Nebenkosten** zur Verfügung zu stellen. Diese Informationen sind einerseits **ex-ante** und andererseits **ex-post** (zumindest einmal jährlich) dem Kunden in aggregierter Form zur Verfügung zu stellen. In die Informationen sind Beratungskosten, Kosten des dem Kunden empfohlenen oder an ihn vermarkteten Finanzinstruments und der diesbezüglichen Zahlungsmöglichkeiten des Kunden sowie etwaige Zahlungen durch Dritte zu inkludieren. Auf Verlangen des Kunden ist eine Aufstellung nach Posten zur Verfügung zu stellen. Während der Laufzeit der Anlage werden solche Informationen dem Kunden regelmäßig, mindestens aber jährlich zur Verfügung gestellt.

In die Ex-ante- und Ex-post-Offenlegung von Informationen über Kosten und Gebühren nehmen die Rechtsträger folgende Angaben auf:

- Alle Kosten und Nebenkosten, die seitens der Wertpapierfirma oder anderen Parteien für die Erbringung der Wertpapierdienstleistungen und/oder Nebenleistungen gegenüber dem Kunden berechnet werden;

- Alle Kosten und Nebenkosten im Zusammenhang mit der Konzeption und Verwaltung der Finanzinstrumente;

- Zahlungen Dritter (diese sind in die Gesamtkosten miteinzurechnen, aber getrennt anzuführen).

Rechtsträger müssen zusätzlich den kumulativen Effekt der Kosten auf die Rendite für ihre Kunden graphisch darstellen. Dabei ist die Art der Darstellung nicht festgelegt, muss jedoch diversen Anforderungen genügen (Illustration der Wirkung der gesamten Kosten und Gebühren auf die Rendite, Darstellung etwaiger erwartete Spitzen oder Fluktuationen in den Kosten, Übermittlung dazugehöriger Beschreibung der Darstellung). Die Kosten sind als Summe sowohl als Geldbetrag als auch als Prozentsatz darzustellen.

21.9 Best Execution

Ein Rechtsträger hat bei der Ausführung von Aufträgen unter Berücksichtigung des Kurses, der Kosten, der Schnelligkeit, der Wahrscheinlichkeit der Ausführung und Abwicklung, des Umfangs, der Art und aller sonstigen, für die Auftragsausführung relevanten Aspekte alle hinreichenden Maßnahmen zu ergreifen, um das bestmögliche Ergebnis für seine Kunden zu erzielen.

Wertpapierfirmen müssen Grundsätze festlegen, um für ihre Kunden das bestmögliche Ergebnisse erzielen zu können. Insbesondere ist eine **Ausführungspolitik** festzulegen und anzuwenden. Die Ausführungspolitik hat jedenfalls für jede Gattung von Finanzinstrumenten Angaben zu den verschiedenen Handelsplätzen, an denen der Rechtsträger Aufträge seiner Kunden ausführt und die Faktoren, die für die Wahl des Ausführungsplatzes ausschlaggebend sind, zu enthalten. Es sind dabei zumindest die Handelsplätze zu nennen, an denen der Rechtsträger gleichbleibend die bestmöglichen Ergebnisse bei der Ausführung von Kundenaufträgen erzielen kann.

Der Rechtsträger muss die Wirksamkeit der festgelegten Grundsätze überwachen und mindestens einmal jährlich überprüfen.

Für jede Gattung von Finanzinstrumenten sind die fünf Handelsplätze, die ausgehend vom Handelsvolumen am wichtigsten sind, auf denen Kundenaufträge im Vorjahr ausgeführt wurden, und Informationen über die erreichte Ausführungsqualität einmal jährlich zusammenzufassen und zu veröffentlichen. Dem Kunden sind außerdem Informationen über die verschiedenen Gebühren bei den Ausführungsorten in einem hinreichenden Detailgrad zu übermitteln. Wird dem Kunden ein Ausführungsplatz nahegelegt, darf dafür nicht allein die Preispolitik ausschlaggebend sein.

Wertpapierfirmen übermitteln den Kunden rechtzeitig vor Erbringung der betreffenden Dienstleistung folgende Angaben zu ihren Grundsätzen der Auftragsausführung (auf einem dauerhaften Datenträger):

a) eine Darlegung der relativen Bedeutung, die die Wertpapierfirma den gesetzlich angeführten Kriterien beimisst,

b) ein Verzeichnis der Ausführungsplätze,

c) ein Verzeichnis aller Faktoren, die bei der Auswahl eines Ausführungsplatzes zur Anwendung kommen, einschließlich qualitativer Faktoren,

d) wie die Ausführungsfaktoren (zB Preis, Kosten, Schnelligkeit) im Rahmen aller hinreichenden Schritte Berücksichtigung finden,

e) gegebenenfalls Angaben zur Ausführung von Aufträgen außerhalb eines Handelsplatzes,

f) eine klare und deutliche Warnung dahingehend, dass ausdrückliche Weisungen eines Kunden sie davon abhalten können, die Maßnahmen zu treffen, die sie im Rahmen ihrer Grundsätze der Auftragsausführung festgelegt und umgesetzt haben,

g) eine Zusammenfassung des Auswahlverfahrens für Ausführungsplätze, angewandte Ausführungsstrategien, die zur Analyse der erreichten Ausführungsqualität herangezogenen Verfahren und Methoden und wie die Wertpapierfirmen kontrollieren und überprüfen, dass für die Kunden die bestmöglichen Ergebnisse erzielt wurden.

Führt ein Rechtsträger Aufträge für Privatkunden aus, übermittelt er diesen Kunden eine Zusammenfassung der betreffenden Grundsätze, deren Schwerpunkt auf den ihnen entstehenden Gesamtkosten liegt. Diese Zusammenfassung enthält einen Link zu den veröffentlichten Daten über die Qualität der Ausführung für jeden in den Grundsätzen der Auftragsausführung genannten Ausführungsplatz.

21.10 Aufzeichnungspflichten

Ein Wertpapierdienstleister hat über alle Dienstleistungen, Tätigkeiten und Geschäfte Aufzeichnungen zu führen.

Bei persönlichen Kundengesprächen haben die Aufzeichnungen mindestens das Datum, den Ort und die Uhrzeit der Besprechung, die persönlichen Angaben der Anwesenden, den Preis, den Umfang und die Auftragsart zu enthalten.

Eine Aufzeichnungspflicht besteht grundsätzlich auch dann, wenn es nicht zum Abschluss solcher Geschäfte oder zur Erbringung solcher Dienstleistungen kommt.

Neu- und Altkunden sind darüber zu informieren, dass Telefongespräche oder elektronische Kommunikation zwischen dem Rechtsträger und seinen Kunden, die zu Geschäften führen oder führen können, aufgezeichnet werden. Ohne entsprechende Vorabinformation über die Aufzeichnung ist es nicht gestattet, telefonische Wertpapierdienstleistungen zu erbringen oder telefonische Anlagetätigkeiten auszuüben.

Ein Rechtsträger hat die gespeicherten Aufzeichnungen dem betreffenden Kunden auf Anfrage zur Verfügung zu stellen und die Aufzeichnungen **fünf Jahre** aufzubewahren.

21.11 Auslagerung und Heranziehung von vertraglich gebundenen Vermittlern und Wertpapiervermittlern

Wertpapierfirmen, die kritische oder wesentliche betriebliche Aufgaben auslagern, bleiben vollständig für die Erfüllung all ihrer Verpflichtungen **verantwortlich**. Es sind angemessene Vorkehrungen zu treffen, um unnötige zusätzliche Geschäftsrisiken zu vermeiden.

Betriebliche Aufgaben sind wesentlich, wenn die unzureichende Wahrnehmung

a)   die Einhaltung der Zulassungsbedingungen und -pflichten,

b)   die finanzielle Leistungsfähigkeit des Rechtsträgers oder

c)   die Solidität oder Kontinuität der Dienstleistungen und Anlagetätigkeiten

wesentlich beeinträchtigen würde.

Nicht kritische oder wesentliche Aufgaben sind dagegen:

- für die Wertpapierfirma erbrachte Beratungs- und andere Dienstleistungen, die nicht Teil ihres Anlagegeschäfts sind, einschließlich der Beratung in Rechtsfragen, Mitarbeiterschulungen, der Fakturierung und der Bewachung von Gebäuden und Mitarbeitern oder

- der Erwerb standardisierter Dienstleistungen, einschließlich Marktinformationsdiensten und Preisdaten.

Die Heranziehung von vertraglich gebundenen Vermittlern bzw Wertpapiervermittlern erfüllt den Tatbestand der **Auslagerung** gemäß § 34 WAG 2018. Die Tätigkeiten des Vermittlers sind durch den Rechtsträger zu überwachen. Gegenüber dem Kunden muss offengelegt werden, dass der Vermittler im Namen des Rechtsträgers agiert.

Die Auslagerung darf nicht in einer Art und Weise erfolgen, durch welche die Qualität der internen Kontrolle oder die Möglichkeit der FMA zu überprüfen, ob das Unternehmen sämtlichen Anforderungen genügt, wesentlich beeinträchtigt wird.

Beim **vertraglich gebundenen Vermittler** handelt es sich um eine natürliche oder juristische Person, die Anlageberatung oder die Annahme und Übermittlung von Aufträgen erbringt. Der vertraglich gebundene Vermittler darf nur für eine einzige Wertpapierfirma oder ein einziges Kreditinstitut tätig werden (**Exklusivität**). Mögliche Vertragspartner sind Kreditinstitute, Versicherungen, Wertpapierfirmen sowie Zweigstellen von Wertpapierfirmen und von Kreditinstituten.

Der **Wertpapiervermittler** hingegen ist eine natürliche Person, die Anlageberatung und die Annahme und Übermittlung von Aufträgen erbringt. Der Wertpapiervermittler kann für **maximal drei Rechtsträger** tätig werden. Mögliche Vertragspartner sind Wertpapierfirmen und Wertpapierdienstleistungsunternehmen. Der räumliche Anwendungsbereich ist auf Österreich beschränkt.

Sowohl beim vertraglich gebundenen Vermittler als auch beim Wertpapiervermittler **haftet der Rechtsträger** nach § 1313a ABGB für jede Handlung oder Unterlassung, wenn diese im Namen des Rechtsträgers tätig werden. Vertraglich gebundene Vermittler und Wertpapiervermittler müssen über eine Gewerbeberechtigung verfügen und dürfen erst tätig werden, wenn sie in das öffentliche Register der FMA eingetragen ist.

Vertraglich gebundene Vermittler und Wertpapiervermittler dürfen nur im Namen und auf Rechnung des Rechtsträgers tätig werden. Der Zu- oder Abgang eines vertraglich gebundenen Vermittlers oder eines Wertpapiervermittlers ist **der FMA zu melden**. Der Rechtsträger, der sich Vermittlern bedient, hat diese sorgfältig auszuwählen und für deren Schulung und laufende Weiterbildung zu sorgen.

21.12 Zuwendungen

Die Behandlung von Zuwendungen unterscheidet sich je nachdem, ob eine nicht-unabhängige Beratung oder eine unabhängige Beratung erbracht wird. Bei unabhängiger Beratung und Portfolioverwaltung müssen Zuwendungen Dritter in vollem Umfang an Kunden weitergegeben werden (ausgenommen geringfügige nicht-monetäre Vorteile unter bestimmten Voraussetzungen). Weder MiFID II noch WAG 2018 enthält eine Legaldefinition, die die unabhängige und nicht-unabhängige Beratung regeln. Allerdings finden sich im Gesetz folgende Anhaltspunkte:

Die **nicht-unabhängige Beratung** stützt sich auf eine eingeschränkte Analyse verschiedener Arten von Finanzinstrumenten und umfasst insbesondere solche Finanzinstrumente, die vom Rechtsträger selbst oder von Einrichtungen emittiert oder angeboten werden,

- die in enger Verbindung zum Rechtsträger stehen oder
- die andere rechtliche oder wirtschaftliche Verbindungen, wie etwa Vertragsbeziehungen, zu diesem unterhalten.

Die **unabhängige Beratung** stützt sich auf eine umfangreiche Analyse verschiedener Arten von Finanzinstrumenten verschiedener Produktanbieter.

Als **Zuwendungen** werden insb Gebühren, Provisionen oder andere monetäre oder nicht-monetäre Vorteile einer dritten Partei verstanden. Beispiele verbreiteter Zuwendungen sind:

- Upfronts: Aufschläge auf den Kurs, dh Marge für den Rechtsträger beim Verkauf des Produkts an den Kunden;
- Kickbacks: Produktanbieter zahlen Vertriebsorganisationen eine Provision für verkaufte Produkte;
- Ausgabeaufschlag: Ausgestaltung als Gebühr für Beratung oder Vertrieb;
- Bestandsprovisionen: Produktanbieter zahlen Vertriebsorganisationen laufende Provisionen für gehaltene Produkte.

Die **Gewährung oder Annahme von Zuwendungen** eines Dritten ist nur **zulässig**, wenn diese

- die Qualität der Dienstleistung für den Kunden verbessern,

- die Erfüllung der Pflicht des Rechtsträgers, im bestmöglichen Interesse der Kunden zu handeln, nicht beeinträchtigt und

- die Existenz, die Art und der Betrag des Vorteiles dem Kunden vor der Erbringung der betreffenden Wertpapier- oder Nebendienstleistung in umfassender, zutreffender und verständlicher Weise unmissverständlich offengelegt werden, oder

- die Erbringung von Wertpapierdienstleistungen ermöglichen oder dafür erforderlich sind, die Verwahrungsgebühren, Abwicklungs- und Handelsplatzgebühren, Verwaltungsgebühren oder gesetzliche Gebühren abzudecken und ihrer Natur nach keine Konflikte mit der Verpflichtung des Rechtsträgers hervorrufen können, im besten Interesse seiner Kunden ehrlich, redlich und professionell zu handeln.

Ein Vorteil verbessert die Qualität der jeweiligen Dienstleistung für den Kunden, wenn alle nachfolgenden Bedingungen erfüllt sind:

a) der Vorteil ist durch die Erbringung einer zusätzlichen oder höherwertigen Dienstleistung für den jeweiligen Kunden gerechtfertigt, die in angemessenem Verhältnis zum Umfang der angenommenen Vorteile steht (Vor-Ort-Verfügbarkeit von qualifizierter Beratung wird als Qualitätsverbesserung anerkannt),

b) der Vorteil kommt nicht unmittelbar dem einfangenden Rechtsträger, seinen Anteilseignern oder Beschäftigten zugute ohne zugleich einen materiellen Vorteil für den betreffenden Kunden darzustellen,

c) der Vorteil ist durch die fortlaufende Qualitätsverbesserung für den betreffenden Kunden, die in einem angemessenen Verhältnis zu dem laufenden Vorteil steht, gerechtfertigt,

d) der Vorteil führt zu keiner Befangenheit des Rechtsträgers bei der Erbringung der betreffenden Dienstleistung für den Kunden.

Bei einer **unabhängigen Anlageberatung und Portfolioverwaltung** dürfen monetäre Vorteile (insb Provisionen) nicht gewährt oder angenommen werden. Die Gewährung und Annahme von nicht-monetären Vorteilen (zB Schulungen, Produktinformationen) ist allerdings erlaubt, wenn sie von ihrem Umfang und ihrer Art her nicht vermuten lassen, dass sie die Einhaltung der Pflicht des Rechtsträgers, im bestmöglichen Interesse ihrer Kunden zu handeln, beeinträchtigen, wenn die Zuwendung der Qualitätsverbesserung dient und wenn die Vorteile unmissverständlich offengelegt werden.

Bei **nicht-unabhängigen Anlageberatungen** und anderen Dienstleistungen sind die Gewährung und Annahme von monetären und nicht-monetären Vorteilen erlaubt, wenn die Zuwendung offengelegt wird, der Qualitätsverbesserung dient und die Dienstleistung unvoreingenommen erbracht wird.

Erbringer von Wertpapierdienstleistungen müssen aufzeigen können, dass sämtliche gewährten oder angenommenen Zahlungen und nicht-monetären Vorteile der Qualitätsverbesserung der Wertpapierdienstleistung für den Kunden dienen. Dieses erfolgt durch das

Führen eines internen Verzeichnisses sämtlicher vom Wertpapierdienstleister angenommenen Gebühren, Provisionen und nicht-monetären Vorteile im Zusammenhang mit der Erbringung von Wertpapierdienstleistungen und Nebendienstleistungen (**Zuwendungsverzeichnis**). Zusätzlich müssen Aufzeichnungen darüber geführt werden, wie die Gebühren, Provisionen und nicht-monetären Vorteile vom Wertpapierdienstleister verwendet werden, um die Qualität der Dienstleistungen, welche für die relevanten Kunden erbracht werden, zu verbessern, sowie die Maßnahmen, die gesetzt wurden, um ein ehrliches, redliches und professionelles Handeln im besten Interesse des Kunden sicherzustellen (**Verwendungsverzeichnis**). Der Wert der qualitätsverbessernden Maßnahmen muss in einem angemessenen Verhältnis zu den von der Wertpapierfirma angenommenen Anreizen stehen. Daraus kann geschlossen werden, dass angenommene Anreize nicht 1:1 in Qualitätsverbesserungen investiert werden müssen. Zusätzlich müssen erhaltene Zuwendungen nicht zwangsläufig im selben Geschäftsjahr einer qualitätsverbessernden Maßnahme zugeführt werden.

21.13 Interessenkonflikte

Ein potenzieller Interessenkonflikt liegt vor, wenn die Interessen eines Rechtsträgers mit seinen Verpflichtungen gegenüber den Kunden konkurrieren und gleichzeitig für den Kunden ein potenzieller Nachteil entsteht oder entstehen könnte. Interessenkonflikte müssen identifiziert und vermieden werden.

Ein Interessenkonflikt liegt vor, wenn der Rechtsträger

- zu Lasten des Kunden einen finanziellen Vorteil erzielt oder einen finanziellen Verlust vermeidet,

- am Ergebnis einer für den Kunden erbrachten Dienstleistung oder eines im Namen des Kunden getätigten Geschäftes ein Interesse hat, das dem Interesse des Kunden zuwiderläuft,

- einen finanziellen oder sonstigen Anreiz hat, die Interessen eines Kunden über die Interessen eines anderen Kunden oder einer anderen Gruppe von Kunden zu stellen,

- der gleichen geschäftlichen Tätigkeit nachgeht wie der Kunde,

- aktuell oder künftig von einer anderen Person als dem Kunden in Bezug auf eine für den Kunden erbrachte Dienstleistung zusätzlich zu der dafür üblichen Provision oder Gebühr einen Vorteil in Form von Geld, Gütern oder Dienstleistungen erhält.

Als Maßnahmen und Instrumente, die für den Umgang mit bzw zur Vermeidung von Interessenkonflikten eingesetzt werden können, führt das WAG 2018 die Separierung der Geschäftsbereiche und die Beschränkung oder Kontrolle des Informationsflusses zwischen diesen auf (Vertraulichkeitsbereiche). Alternativ besteht die Möglichkeit der Unterlassung eines von mehreren miteinander in Konflikt stehenden Geschäften.

Ist die Vermeidung nicht möglich, hat der Rechtsträger dem Kunden die Art und die Ursache des konkreten Interessenkonflikts **offenzulegen**, bevor er die Geschäfte für ihn tätigt. Die Offenlegung für den Kunden hat auf einem dauerhaften Datenträger zu erfolgen und muss im Hinblick auf die Kenntnisse und Erfahrungen des Kunden ausreichend detailliert sein. Die Offenlegung entbindet den Rechtsträger nicht, Vergütungsmodelle in die Interessenkonflikt-Policy aufzunehmen sowie alle adäquaten Maßnahmen zu treffen, um damit einhergehende für den Kunden nachteilige Interessenkonflikte zu vermeiden und zu bewältigen.

21.14 Befugnisse der Aufsichtsbehörde

Mit der Umsetzung von MiFID II wurden auch die Aufsichtsbefugnisse der FMA erweitert. Seitdem wurde der FMA das Recht eingeräumt, die Vermarktung, den Vertrieb oder den Verkauf von bestimmten Finanzinstrumenten oder strukturierten Einlagen und bestimmte Formen der Finanztätigkeit oder -praxis, zu verbieten. Die Befugnis ist jedoch an bestimmte Bedingungen, wie beispielsweise die Gefährdung des Anlegerschutzes oder des Funktionierens der Finanzmärkte geknüpft (Produktintervention).

Auch die Aufsichtsbehörden ESMA und EBA verfügen über Befugnisse zur vorübergehenden Intervention (ua wenn eine oder mehrere zuständige Behörden keine Maßnahmen ergriffen haben). Neben der FMA können auch diese Behörden im Zuge der Produktintervention die Vermarktung, den Vertrieb oder den Verkauf von bestimmten Finanzinstrumenten oder strukturierten Einlagen und bestimmte Formen der Finanztätigkeit oder -praxis verbieten.

21.15 Sanktionen

MiFID II sieht vor, dass die zuständigen nationalen Behörden bei Verstößen gegen gewisse Regelungen die Befugnis haben müssen, verwaltungsrechtliche Sanktionen zu verhängen. Folgende Sanktionen oder Maßnahmen kommen gemäß der Umsetzung im WAG 2018 in Betracht:

- Anordnung, wonach die natürliche oder juristische Person die Verhaltensweise einzustellen und von einer Wiederholung abzusehen hat;

- Entzug oder Aussetzung der Zulassung des Instituts;

- vorübergehendes oder – bei wiederholten schweren Verstößen – permanentes Verbot für das verantwortliche Mitglied des Leitungsorgans oder eine andere verantwortliche natürliche Person, in Wertpapierfirmen Leitungsaufgaben wahrzunehmen (im Falle einer juristischen Person, maximale Geldbußen von 5.000.000 EUR oder bis zu 10 % des jährlichen Gesamtumsatzes, im Falle einer natürlichen Person maximale Geldbußen von 5.000.000 EUR oder bis zu zweifacher Höhe des aus dem Verstoß gezogenen Nutzens).

Fit & Proper Selbsttest:

- Was sind Wertpapierdienstleistungen? Durch wen dürfen diese erbracht werden?

- Was sind nicht-komplexe und komplexe Finanzinstrumente?

- Was ist eine Wertpapierfirma?

- Was sind die Konzessions- und Eigenmittelanforderungen für Wertpapierfirmen?

- Was ist ein Wertpapierdienstleistungsunternehmen?

- Erläutern Sie die organisatorischen Anforderungen gemäß WAG 2018!

- Was ist ein Zielmarkt und wann muss dieser definiert werden?

- Was ist ein Produktgenehmigungsverfahren und wer ist dabei einzubinden?

- Wie erfolgt der Schutz des Kundenvermögens?

- Wann ist ein Eignungstest, wann ein Angemessenheitstest durchzuführen?

- Wie sind Kunden einzustufen?

- Welche Kosten sind gegenüber dem Kunden offenzulegen und wann?

- Was bedeutet „Best Execution"? Wie lauten dazu die Anforderungen des WAG 2018?

- Welche Aufzeichnungspflichten gibt es?

- Was sind vertraglich gebundene Vermittler?

- Was sind Wertpapiervermittler?

- Was sind Zuwendungen?

- Unter welchen Umständen ist die Gewährung oder die Annahme von Zuwendungen eines Dritten zulässig?

- Was sind Interessenkonflikte und wie ist mit diesen umzugehen?

22 Allgemeine Bestimmungen der CRR

22.1 Entstehung der CRR

Empfohlene Literatur, Quellenangaben:

Verordnung (EU) Nr 575/2013 („Capital Requirements Regulation")

European Central Bank:	*http://www.ecb.int/ecb/html/index.de*
European Banking Authority:	*http://www.eba.europa.eu*
Finanzmarktaufsicht:	*http://www.fma.gv.at*
Bundesministerium für Finanzen:	*https://www.bmf.gv.at/*
Bank for International Settlement:	*Basel III, Ein globaler Regulierungsrahmen für widerstandsfähigere Banken und Bankensysteme*

Vor dem Hintergrund der Finanzkrise, welche vor allem im Jahr 2008 zu deutlichen Problemen im Bankensektor geführt hat, hat der Basler Ausschuss für Bankenaufsicht im Dezember 2010 das **Rahmenwerk „Basel III"** veröffentlicht. Dieses besteht aus dem „Globalen Regulierungsrahmen für widerstandsfähigere Banken und Bankensysteme" sowie der „Internationalen Rahmenvereinbarung über Messung, Standards und Überwachung in Bezug auf das Liquiditätsrisiko". Als Ziele von Basel III sind widerstandsfähigere Banken sowie ein insgesamt stabileres Bankensystem zu nennen. Die wesentlichen Maßnahmen zur Erreichung dieser Ziele sind die quantitativ und qualitativ **höhere Eigenmittelausstattung**, eine **Begrenzung der Verschuldung** mittels der neu eingeführten Leverage Ratio sowie eine umfassende **Regulierung des Liquiditätsrisikos**. Diese Maßnahmen spiegeln einige der Haupttreiber der Bankenkrise wider, nämlich eine unzureichende Kapitalausstattung, Mängel bei der internen Governance der Banken sowie instabile Geschäftsmodelle aufgrund einer exzessiven Verschuldung oder hoher Abhängigkeit von Geld- und Kapitalmärkten.

In der Europäischen Union wurde Basel III mit dem sogenannten **„CRD IV/CRR Paket"** umgesetzt; dieses besteht aus der Capital Requirements Directive IV (CRD IV) sowie der Capital Requirements Regulation (CRR). Während die CRR als Verordnung direkt und unmittelbar in allen Mitgliedsstaaten anwendbar ist, ist die CRD IV als Richtlinie erst in nationales Recht umzusetzen. In Österreich erfolgte dies durch eine **Novelle des Bankwesengesetzes (BWG)**.

Eine Umsetzung der CRR ist nicht vorgesehen bzw lediglich in jenen Bereichen, in denen nationale Wahlrechte (bspw Phasing-in und Phasing-out Prozentsätze im Eigenmittelregime während des Übergangszeitraums) eingeräumt werden, erlaubt und erforderlich.

Am 27. Juni 2019 wurde das „CRD V Paket" („Basel III,5") im Amtsblatt der EU veröffentlicht, welches mittels einer Novelle der CRR („CRR II"), einer Novelle der CRD („CRD V") sowie einer Novelle der BRRD und der SRM-V bereits die ersten „Verbesserungen" einführte:

- Verordnung (EU) Nr 2019/876: Änderung der CRR sowie der SRM-V,
- Richtlinie (EU) Nr 2019/878: Änderung der CRD und der BRRD.

Die wesentlichen Inhalte der CRR und der CRD sind im Überblick wie folgt aufgebaut:

Richtlinie – CRD IV	Verordnung – CRR
Zulassung und Konzessionierung	Anrechenbare Eigenmittel
Freie Niederlassung & Dienstleistungsverkehr	Eigenmittelanforderungen
Beaufsichtigung	Liquidität
Kapitalpuffer	Leverage
Corporate Governance	Großkredite
Sanktionen	Offenlegung

Abbildung 9: Übersicht Inhalte der CRR sowie der CRD

Die **wichtigsten Änderungen der CRR II** finden sich im Bereich der Proportionalität, der Eigenmittel, der Basis für die Großkreditbegrenzung, der verpflichtenden Einhaltung von NSFR und Leverage Ratio sowie in diversen weiteren stark verstreuten Neuerungen, die auf die höhere Risikosensitivität, insbesondere der Mindesteigenmittelberechnung abzielen.

Mit der **CRD V** wurde die Beaufsichtigung von (gemischten) Finanzholdinggesellschaften, eine Erheblichkeitsschwelle im Bereich der Vergütung und eine harmonisierte Vorgehensweise bei der Festlegung des SREP-Aufschlags eingeführt.

Im Zuge der COVID-19 Krise wurden einige der von der CRR2 ursprünglich für 2021 vorgesehenen Änderungen in einem **„Quick Fix"** Verfahren durch Erlassung einer Verordnung vorgezogen. So sind etwa der erweiterte KMU-Supportfaktor für die, der Support-Faktor für Infrastrukturfinanzierungen oder die erweiterte Übergangsperiode für den Eigenmitteleffekt der IFRS9 Wertberichtigungen bereits am 27. Juni 2020 in Kraft getreten.

Eine Besonderheit der CRR / CRD ist, dass viele inhaltliche Details zum Zeitpunkt der Veröffentlichung bewusst offen gelassen wurden. Diese werden nun laufend von der **European Banking Authority (EBA)** im Rahmen von sogenannten **Binding Technical Standards (BTS)** spezifiziert. Die BTS wiederum umfassen **fachlich orientierte Regulatory Technical Standards (RTS)** sowie **technisch orientierte Implementing Technical Standards (ITS)**.

22.2 Allgemeine Bestimmungen und Konsolidierung

Die CRR gliedert sich in die Teile:

- Teil 1 Allgemeine Bestimmungen
- Teil 2 Anrechenbare Eigenmittel
- Teil 3 Eigenmittelanforderungen
- Teil 4 Großkredite
- Teil 5 Verbriefungen
- Teil 6 Verschuldung

- Teil 7 Liquidität
- Teil 8 Offenlegung

Der **Anwendungsbereich der CRR** erstreckt sich auf CRR-Kreditinstitute und CRR-Wertpapierfirmen. Aufgrund § 1a Abs 2 BWG ist die CRR jedoch – unbeschadet allfälliger Ausnahmen gemäß § 3 BWG – auch auf österreichische **Nicht-CRR Kreditinstitute** anzuwenden.

Artikel 4 CRR enthält eine umfassende und für die Interpretation der CRR-Bestimmungen hilfreiche **Liste an Begriffsbestimmungen**.

In **Artikel 11 CRR** finden sich die Regelungen über die konsolidierte Einhaltung der Ordnungsnormen der CRR. Demnach haben Mutterinstitute in einem Mitgliedstaat die in den Teilen 2 bis 4 und 7 festgelegten Pflichten auf Basis der konsolidierten Lage (Artikel 18 CRR) zu erfüllen. Die Mutter- und ihre Tochterunternehmen haben für diese Zwecke eine angemessene Organisationsstruktur und geeignete interne Kontrollmechanismen einzurichten, um sicherzustellen, dass die für die Konsolidierung erforderlichen Daten ordnungsgemäß verarbeitet und innerhalb der Gruppe weitergeleitet werden, um eine **ordnungsgemäße Konsolidierung** zu gewährleisten.

Das Mutterinstitut kontrolliert Tochterunternehmen, an denen zusammengefasst entweder Mehrheitsbeteiligungen bestehen, oder andere Beherrschungstatbestände erfüllt sind. Konsolidieren bedeutet dabei, die Aktiva und Passiva von Unternehmen eines Konsolidierungskreises so zu behandeln, als ob sie eine einzige Einheit wären.

Basel III brachte Veränderungen bei der Konsolidierung: Werden die risikogewichteten Aktiva (Eigenmittelanforderungen) bei der Vollkonsolidierung zu 100 % von der Mutter zu berücksichtigen sein, können umgekehrt nur jene Teile des Kapitals vollständig berücksichtigt werden, zu denen das Beteiligungsverhältnis besteht. Anteile von Dritten, sogenannte Minderheiten, können nur noch im Mindestmaß der Eigenmittelanforderungen berücksichtigt werden. Oder einfacher gesagt: während der Eigenmittelverbrauch immer voll berücksichtigt werden muss, kann das Kapital von Minderheitsaktionären nur noch zum Teil angesetzt werden. Tochterunternehmen von Tochterunternehmen gelten ebenfalls als Tochterunternehmen des ursprünglichen Mutterunternehmens. Somit sind auch mittelbar gehaltene Gesellschaften vom Begriff des Tochterunternehmens erfasst.

Die **Konsolidierungsmethoden** sind in **Artikel 18 CRR** geregelt. Es ist grundsätzlich eine Vollkonsolidierung aller **Institute** und **Finanzinstitute** vorzunehmen, die Tochterunternehmen oder, sofern relevant, Tochterunternehmen der gleichen Mutterfinanzholdinggesellschaft sind.

Als Institute gelten dabei CRR-Kreditinstitute und CRR-Wertpapierfirmen.

Seit Inkrafttreten der CRR 2 (ab 28. Juni 2021) werden durch Artikel 11 Abs 2 CRR (gemischte) Finanzholdinggesellschaften direkt von der Verpflichtung zur Konsolidierung adressiert.

Der aufsichtliche **Konsolidierungskreis** der CRR kann von jenem der Kreditinstitutsgruppe gemäß § 30 BWG (bspw bei Inanspruchnahme einer nach CRR zulässigen Ausnahme) und/oder jenem des konsolidierten Jahresabschlusses (bspw bei Finanzinstituten, wenn diese nach den Rechnungslegungsbestimmungen unwesentlich sind) abweichen. Wird ein Konzernabschluss gemäß § 59a BWG nach IFRS erstellt, so werden dort auch Töchter, die keine Kreditinstitute oder Finanzinstitute sind, einbezogen.

23 Anrechenbare Eigenmittel (Teil 2 CRR)

23.1 Bestandteile der Eigenmittel

Die anrechenbaren Eigenmittel, die zur Bedeckung der Eigenmittelanforderungen angerechnet werden können, setzen sich aus **Kernkapital (Tier 1)** und **ergänzenden Eigenmitteln (Tier 2)** zusammen. Das Kernkapital besteht aus hartem Kernkapital (Common Equity Tier 1 – CET1) und zusätzlichem Kernkapital (Additional Tier 1 – AT1).

Die folgende Grafik gibt einen Überblick über die Bestandteile der anrechenbaren Eigenmittel:

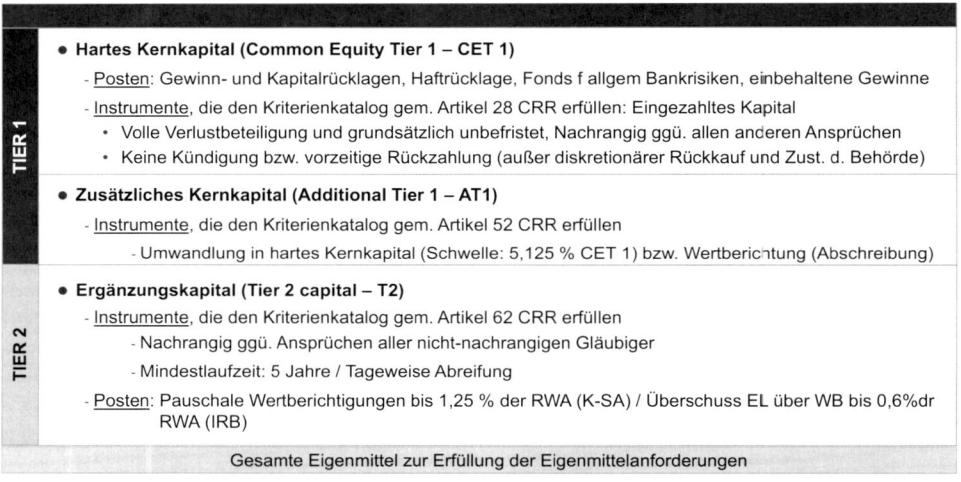

Abbildung 10: Bestandteile der anrechenbaren Eigenmittel[91]

In der CRR (Artikel 28, 52 und 62) finden sich zu den anrechenbaren Bestandteilen (Posten und Instrumente) der einzelnen Kapitalkategorien jeweils Kriterienkataloge, welche die Voraussetzungen für die jeweilige Anrechenbarkeit enthalten.

23.1.1 Hartes Kernkapital (Artikel 26 ff CRR)

Das harte Kernkapital (CET 1) setzt sich aus folgenden Posten zusammen:

- Kapitalinstrumente, die die Voraussetzungen des Kriterienkatalogs gemäß Artikel 28 CRR erfüllen;[92]

- Aktienagio für die in Artikel 28 CRR genannten Instrumente;

- einbehaltene Gewinne (Gewinnrücklagen);

---

91   Quelle: KPMG.
92   Hinweis: die EBA erstellt, verwaltet und veröffentlicht für jeden Mitgliedsstaat eine Liste von Kapitalinstrumenten, die zum harten Kernkapital zählen.

- Sonstige Rücklagen;

- den Fonds für allgemeine Bankrisiken;

- das kumulierte sonstige Ergebnis.

Die unter den Buchstaben c bis f genannten Posten werden nur dann als hartes Kernkapital anerkannt, wenn sie dem Institut uneingeschränkt und unmittelbar zur sofortigen Deckung von Risiken oder Verlusten zur Verfügung stehen.

Zwischengewinne bzw der **Jahresgewinn** zählen nur mit Zustimmung der Aufsicht zum harten Kernkapital. Die Genehmigung ist zu erteilen, wenn folgende Voraussetzungen erfüllt sind:

- Die Gewinne wurden von einem Wirtschaftsprüfer geprüft;

- Das Institut erbringt den Nachweis, dass der Gewinnbetrag nach Abzug aller vorhersehbaren Abgaben und Dividenden ermittelt wurde.

Für SI (significant institutsions) ist für die Anrechnung von Jahresend- und Zwischengewinnen eine Genehmigung der EZB erforderlich. LSI (less significant institutions) können auf Basis der generellen Erlaubnis des § 21 CRR-BegleitVerordnung die Anrechnung bei Erfüllung der Voraussetzungen des Artikel 26 Abs 2 CRR vornehmen.

Instrumente des harten Kernkapitals müssen nach Artikel 28 CRR folgende Anforderungen erfüllen:

- direkt begeben;

- eingezahlt, keine direkte oder indirekte Finanzierung des Erwerbs (EBA-RTS);

- Einstufung als Eigenkapital nach RLG-Standards und Insolvenzvorschriften;

- im Jahresabschluss eindeutig und gesondert offengelegt;

- zeitlich unbefristet verfügbar;

- Verringerung und Rückzahlung nur bei Liquidation oder diskretionärem Rückkauf mit Genehmigung der Behörde;

- Die Ausschüttungen von Instrumenten erfüllen folgende Bedingungen:

    - keine Vorzugsausschüttung, außer wenn als Ausdruck von Unterschieden bei den Stimmrechten (EBA-RTS);

    - Ausschüttungen werden nur aus ausschüttungsfähigen Posten gespeist, limitiert mit dem Jahresüberschuss und gesetzlich zulässigen Rücklagenbewegungen nach Gewinnverteilungsbeschluss;

    - keine Obergrenze oder andere Beschränkungen des Höchstbetrags der Ausschüttung;

    - die Höhe der Ausschüttungen wird nicht auf Grundlage des Anschaffungspreises der Instrumente bestimmt (Ausnahme: Genossenschaften);

    - es existiert keine Ausschüttungspflicht;

    - die Nichtzahlung führt nicht zum Insolvenzfall;

    - die Streichung von Ausschüttungen hat keine Beschränkungen des Instituts zur Folge;

- laufende Tragung von Verlusten – Auffangen des ersten und proportional größten Anteils der Verluste, gleiche Belastung innerhalb aller Instrumente des harten Kernkapitals;

- es besteht Nachrangigkeit gegenüber allen anderen Ansprüchen;

- die Besitzer der Instrumente haben Anspruch auf Restaktiva – diese haben keinen festen Wert und keine Obergrenze;

- die Instrumente sind nicht durch das Institut, dessen Mutter oder ein Tochterunternehmen oder sonstige Konzerngesellschaften oder Unternehmen mit engen Verbindungen besichert oder garantiert;

- keine vertraglichen oder sonstigen Vereinbarungen, die den Ansprüchen aus den Instrumenten bei Insolvenz oder Liquidation einen höheren Rang verleihen.

23.1.2 Zusätzliches Kernkapital (Artikel 51 ff CRR)

Zum zusätzlichen Kernkapital zählen folgende **Positionen**:

- Kapitalinstrumente, die die Voraussetzungen des Kriterienkatalogs gemäß Artikel 52 CRR erfüllen;

- Das Agio aus diesen Instrumenten.

Die Instrumente sind nicht Posten des harten Kernkapitals oder des Ergänzungskapitals.

Die Instrumente des zusätzlichen Kernkapitals müssen nach Artikel 52 CRR folgende **Anforderungen** erfüllen:

- die Instrumente sind ausgegeben und eingezahlt;

- die Instrumente sind **nicht** gekauft von:

  – dem Institut oder seinen Tochterunternehmen;

  – einem Unternehmen, an dem das Institut eine wesentliche Beteiligung oder Kontrolle von mind 20 % der Stimmrechte/des Kapitals hält.

- der Erwerb ist nicht direkt oder indirekt durch das Institut finanziert;

- nachrangig gegenüber Instrumenten des Ergänzungskapitals;

- die Instrumente sind nicht besichert oder garantiert durch das Institut, dessen Mutter- oder Tochtergesellschaften oder sonstige Konzerngesellschaften oder Unternehmen mit engen Verbindungen;

- keine vertraglichen oder sonstigen Vereinbarungen, die den Ansprüchen aus den Instrumenten bei Insolvenz oder Liquidation einen höheren Rang verleihen;

- zeitlich unbefristet verfügbar und keine Tilgungsanreize (EBA - RTS);

- Kündigungsoptionen nur nach Ermessen des Emittenten;

- Eine Kündigung, Rückzahlung oder der Rückkauf bedarf der Zustimmung durch die Aufsicht;

- die Bestimmungen sehen weder explizit noch implizit vor, dass die Instrumente gekündigt, zurückgezahlt oder zurückgekauft werden können;

- das Institut liefert weder explizite noch implizite Hinweise auf eine mögliche Zustimmung der zuständigen Behörde zu einem Antrag auf Kündigung, Rückzahlung oder Rückkauf der Instrumente;

- die **Ausschüttungen der Instrumente** erfüllen folgende Bedingungen:

    - sie sollen aus ausschüttungsfähigen Posten gespeist werden;

    - der Umfang der Ausschüttungen aus den Instrumenten wird nicht auf der Grundlage der Bonität des Instituts ermittelt;

    - die für das Instrument gültigen Bestimmungen geben dem Institut das Recht, die Ausschüttungen jederzeit nach eigenem Ermessen unbegrenzt zu streichen, und das Institut kann die Mittel aus den gestrichenen Auszahlungen uneingeschränkt zur Erfüllung seiner eigenen Verpflichtungen bei deren Fälligkeit nutzen;

    - die Streichung von Ausschüttungen stellt keinen Ausfall des Instituts dar;

    - durch die Streichung von Ausschüttungen werden dem Institut keine Beschränkungen auferlegt.

- Auch dürfen die Bestimmungen keine Elemente enthalten, die eine Rekapitalisierung des Instituts behindern könnten (EBA – RTS);

- Die Kapitalinstrumente dürfen nicht dazu führen, dass die Verbindlichkeiten eines Instituts seine Vermögenswerte überschreiten, wenn das einem Insolvenztatbestand gleichzusetzen ist;

- Laut den Bestimmungen oder den Rechtsvorschriften muss die Abwicklungsbehörde von ihrer Herabschreibungs- oder Umwandlungsbefugnis Gebrauch machen können;

- Die Instrumente unterliegen keinen Aufrechnungs- oder Nettingvereinbarungen, die deren Verlustabsorptionsfähigkeit beeinträchtigen würden.

Instrumente des zusätzlichen Kernkapitals müssen die Besonderheit erfüllen, einen **Umwandlungstrigger** zu beinhalten. Falls die harte Kernkapitalquote (CET 1) einen definierten Wert unterschreitet, muss der Kapitalbetrag der Instrumente wertberichtigt (permanent oder temporär), oder die Instrumente in Instrumente des harten Kernkapitals umgewandelt werden. Wird ein solches Ereignis festgestellt, so sind die zuständige Behörde und die Inhaber der Instrumente sofort zu informieren.

Ein **Auslöseereignis zur Wertberichtigung oder Umwandlung** liegt vor, wenn die harte Kernkapitalquote (CET 1) folgende Prozentsätze unterschreitet:

- 5,125 % oder

- einen Wert, der über 5,125 % liegt und vom Institut in Bedingungen spezifiziert ist.

In den Vertragsbestimmungen können zusätzliche Auslöseereignisse festgelegt werden.

Aus der Abschreibung oder Umwandlung resultierende Posten müssen unter dem anzuwendenden Rechnungslegungsstandard als Posten des harten Kernkapitals (CET1) gelten.

Die generelle Anrechnungsbegrenzung für das zusätzliche Kernkapital ist die Höhe jenes Betrags an CET1, der durch Umwandlung/Abschreibung lukriert werden könnte. Durch die Umwandlung oder Abschreibung soll eine CET1-Quote von 5,125 % erreicht werden.

Für den Fall einer Umwandlung ist in den Bestimmungen folgendes zu spezifizieren:

- der Kurs einer solchen Umwandlung und eine Obergrenze für die gestattete Umwandlungsmenge;

- ein Bereich, innerhalb dessen die Instrumente in Instrumente des harten Kernkapitals umgewandelt werden.

Wenn eine Wertberichtigung des Kapitalbetrages vorgesehen ist, ist Folgendes zu berücksichtigen:

- die Forderung des Inhabers des Instruments im Falle der Insolvenz oder Liquidation des Instituts;

- die bei Kündigung oder Zurückzahlung des Instruments zu zahlende Summe;

- die Ausschüttungen des Instruments.

Beide Formen, hartes und zusätzliches Eigenkapital, zählen zum *going concern*, sollen also dem Unternehmen zu Lebzeiten zur Verfügung stehen. Der nachfolgende Bestandteil steht im *gone concern* und somit im Liquidationsfall zur Verfügung.

23.1.3 Ergänzungskapital (Artikel 62 ff CRR)

Als Ergänzungskapital gelten Kapitalinstrumente und nachrangige Darlehen, die die Voraussetzungen des Kriterienkatalogs gemäß Artikel 63 CRR erfüllen, und deren Aktienagios. Die Instrumente des Ergänzungskapitals müssen nach Artikel 63 CRR folgende **Anforderungen** erfüllen:

- die Instrumente sind ausgegeben und eingezahlt;

- die Instrumente sind nicht gekauft von:
  - dem Institut oder seinen Tochtergesellschaften;
  - einem Unternehmen, an dem das Institut eine direkte Beteiligung hält, oder mindestens 20 % der Stimmrechte oder des Kapitals kontrolliert.

- der Erwerb ist nicht direkt oder indirekt durch das Institut finanziert;

- das Instrument ist nachrangig gegenüber den Forderungen aller nicht-nachrangigen Gläubiger;

- die Instrumente sind nicht besichert oder garantiert, durch das Institut oder deren Tochtergesellschaft;

- keine vertraglichen oder sonstigen Vereinbarungen, die den Ansprüchen aus den Instrumenten bei Insolvenz oder Liquidation einen höheren Rang verleihen;

- die Ursprungslaufzeit muss mindestens fünf Jahre betragen;

- die Bestimmungen enthalten für das Institut keinen Rückzahlungsanreiz;

- Kündigungsoptionen nur nach Ermessen des Emittenten;

- eine Kündigung, Rückzahlung oder der Rückkauf bedarf der Zustimmung durch die Aufsicht;

- die Bestimmungen sehen weder explizit noch implizit vor, dass die Instrumente vor Fälligkeit zurückgezahlt oder zurückgekauft (außer im Insolvenz- oder Liquidationsfall) werden können;

- die für das Instrument gültigen Bestimmungen geben dem Inhaber nicht das Recht, die künftige planmäßige Auszahlung von Zinsen oder des Kapitalbetrags zu beschleunigen (außer im Insolvenz- oder Liquidationsfall);

- die Höhe der fälligen Zins- oder Dividendenauszahlungen wird nicht auf Basis der Bonität des Instituts oder der Muttergesellschaft ermittelt; Werden Instrumente nicht direkt durch das Institut sondern durch ein in die Konsolidierung einbezogenes Unternehmen begeben, stehen die Erträge unmittelbar, uneingeschränkt für das Institut zur Verfügung;

- Laut den Bestimmungen oder den Rechtsvorschriften muss die Abwicklungsbehörde von ihrer Herabschreibungs- oder Umwandlungsbefugnis Gebrauch machen können.

- Die Instrumente unterliegen keinen Aufrechnungs- oder Nettingvereinbarungen, die deren Verlustabsorptionsfähigkeit beeinträchtigen würden.

- Tageweise Amortisation (Abreifung): für die letzten fünf Jahre der Laufzeit erfolgt für Instrumente des Ergänzungskapitals eine tageweise, abreifende (reduzierte) Zurechnung.

23.2 Abzugsposten von den Eigenmitteln

Von allen Eigenmittelkategorien bestehen Abzugsverpflichtungen. Anbei eine **Auswahl der Abzugsposten vom harten Kernkapital** gemäß Artikel 36 CRR):

- Bilanzverlust oder Verluste des laufenden Geschäftsjahres;

- Immaterielle Vermögenswerte (bspw Software mit Ausnahme von umsichtig bewerteter Software, Lizenzen, Firmenwerte);

- von der künftigen Rentabilität abhängige, latente Steueransprüche;

- negative Beträge aus der Berechnung der erwarteten Verlustbeträge (IRB Ansatz);

- in der Bilanz ausgewiesene Vermögenswerte von Pensionsfonds mit Leistungszusage;

- direkte, indirekte und synthetische Positionen an eigenen Instrumenten inkl vertraglicher Ankaufsverpflichtungen;

- direkte, indirekte und synthetische Überkreuzbeteiligungen an Unternehmen der Finanzbranche, um Eigenmittel künstlich zu erhöhen;

- direkte, indirekte und synthetische Positionen an Unternehmen der Finanzbranche – wesentliche bzw keine wesentliche Beteiligung;

- Überhänge von Abzugsposten des zusätzlichen Kernkapitals;

- zum Berechnungszeitpunkt vorhersehbare steuerliche Belastungen aus dem hartem Kernkapital;

- den maßgeblichen Betrag der unzureichenden Deckung notleidender Risikopositionen;

- für eine Mindestwertzusage jeden Betrag, um den der aktuelle Marktwert der Anteile eines OGA, die der Mindestwertzusage zugrunde liegen, den Barwert der Mindestwertzusage unterschreitet und für den das Institut noch keine Verringerung der Posten des harten Kernkapitals vorgenommen hat.

Für den Abzugsposten **Beteiligungen an Unternehmen der Finanzbranche** (dazu zählen neben Kreditinstituten und Finanzinstituten unter anderem auch Versicherungen) bestehen detaillierte Regelungen. So wird etwa zwischen wesentlichen und nicht wesentlichen Beteiligungen (iW Schwelle bei 10 % des ausgegebenen Kapitals) unterschieden und weiters gelangt ein Schwellenwert von 10 % des eigenen harten Kernkapitals zur Anwendung, unterhalb dessen Beteiligungswerte nicht abgezogen werden müssen. Nach dem sogenannten „corresponding deduction approach" sind Beteiligungen an Instrumenten der unterschiedlichen Eigenmittelkategorien jeweils von der eigenen korrespondierenden Eigenmittelkategorie des Instituts abzuziehen.

Der Zweck der Regelungen zu den Abzugsverpflichtungen liegt in der **Verhinderung der Doppelbelegung von Eigenmitteln im Finanzsektor**. Im Fall von kontrollierenden Beteiligungen an Tochtergesellschaften, die Institute oder Finanzinstitute sind, besteht für Eigenmittelzwecke eine Verpflichtung zur Einhaltung auf konsolidierter Ebene. Bei Beteiligungen geringeren Ausmaßes kommen die Abzugsverpflichtungen zum Tragen.

23.3 Betrag der unzureichenden Deckung notleidender Risikopositionen (Prudential Backstop)

Der Abzugsposten vom CET1 gemäß Artikel 36 Abs 1 lit m CRR „Betrag der unzureichenden Deckung notleidender Risikopositionen" wurde mit der Verordnung (EU) Nr 2019/630 eingeführt, mit dem Ziel das Niveau von Non-Perfoming-Loans in der EU frühzeitig und einheitlich wertzuberichtigen. Demnach sind für gemäß Artikel 47a Abs 3 CRR notleidende Risikopositionen – in Abhängigkeit von der Zeit und davon, ob es sich um besicherte oder unbesicherte Risikopositionen handelt – aufsichtliche Wertberichtigungen in gewisser Höhe zu bilden. Beispielsweise sind unbesicherte Risikopositionen nach 2 Jahren im notleidenden Status zu 35 % wertzuberichtigen und nach 4 Jahre zu 100 %.

Erreicht die Wertberichtigungs-IST-Höhe (Einzelwertberichtigungen, Portfoliowertberichtigungen, Abschreibungen, etc) pro Risikoposition das Wertberichtigungs-SOLL Erfordernis nicht, so bildet der Differenzbetrag einen Abzugsposten vom harten Kernkapital.

23.4 Rückkauf von Eigenmittelbestandteilen (Artikel 77 f CRR)

Grundsätzlich dürfen Instrumente, die dem harten Kernkapital zugerechnet werden, nur in Entsprechung mit den nationalen Rechtsvorschriften (wie etwa die Regelungen zur Kapitalherabsetzung) und mit Zustimmung der zuständigen Behörde verringert, zurückgekauft oder zurückgezahlt werden.

Ebenso benötigt ein Institut für die Kündigung, Tilgung, Rückzahlung oder Rückkauf von Ergänzungskapitalinstrumenten vor ihrer vertraglichen Fälligkeit eine aufsichtliche Genehmigung.

Die Erlaubnis ist gemäß Artikel 78 CRR zu erteilen, wenn:

- das Institut zuvor eine Ersatzbeschaffung von Eigenmittelinstrumenten zumindest gleicher Qualität vorgenommen hat, bzw
- das Institut der Behörde eine angemessene Eigenmittelausstattung nachweisen konnte.

Das Emissionsdatum muss in diesen Fällen mindestens 5 Jahre zurückliegen, ausgenommen:

- es erfolgt eine regulatorischen Aberkennung in einer zum Zeitpunkt der Emission nicht vorhersehbaren Art und Weise;
- es erfolgt eine wesentliche Änderung in der steuerlichen Behandlung und dies war zum Emissionszeitpunkt nicht vorhersehbar.

Ausnahmen von der Genehmigungspflicht bzw die Möglichkeit einer Vorabgenehmigung bestehen unter bestimmten Voraussetzungen. Details zu dem Ablauf des Genehmigungsverfahrens sind in einem EBA RTS geregelt.

24 Mindesteigenmittelanforderungen (Teil 3 CRR)

24.1 Einzuhaltende Kapitalquoten

Zur Begrenzung von möglichen Risiken müssen Banken über einen ausreichenden Eigenkapitalpolster verfügen. Artikel 92 CRR regelt die Kategorien an Mindesteigenmittelanforderungen und die Höhe der vorzuhaltenden Eigenmittel.

In Teil 3 der CRR sind die Eigenmittelvorschriften normiert. Diese regeln:

1. anhand welcher Ansätze die Risikogewichte für unterlegungspflichtige Positionen zu bestimmen sind (Aktivseite und Unterstrichpositionen) bzw

2. wie die Eigenmittelanforderungen für die einzelnen Risikoarten zu berechnen sind.

Institute müssen zu jedem Zeitpunkt folgende Eigenmittelanforderungen erfüllen:

a) eine harte Kernkapitalquote von 4,5 %,

b) eine Kernkapitalquote von 6 %,

c) eine Gesamtkapitalquote von 8 %.

Der Gesamtrisikobetrag errechnet sich als Summe der folgenden Beträge:

- Gewichtete Risikopositionsbeträge (RWA) für das Kreditrisiko,
- Gegenparteiausfallsrisiko im Handelsbuch,
- 12,5*Mindesteigenmittelerfordernis für das Positionsrisiko des Handelsbuchs,
- 12,5*Mindesteigenmittelerfordernis für das Warenpositionsrisiko, das Abwicklungsrisiko und das Fremdwährungsrisiko,
- 12,5*Eigenmittelanforderung für das CVA-Risiko bei OTC-gehandelten Derivaten,
- 12,5*Mindesteigenmittelerfordernis für das operationelle Risiko.

Allenfalls bestehen zusätzliche Eigenmittelerfordernisse aus aufsichtsbehördlichen Maßnahmen (SREP-Ratio, Capital Add On) gemäß § 70 Abs 4a iVm Abs 4b BWG.

Die folgende Grafik zeigt die unterschiedlichen Kapitalquoten und Puffer inkl der zugehörigen Grenzwerte:

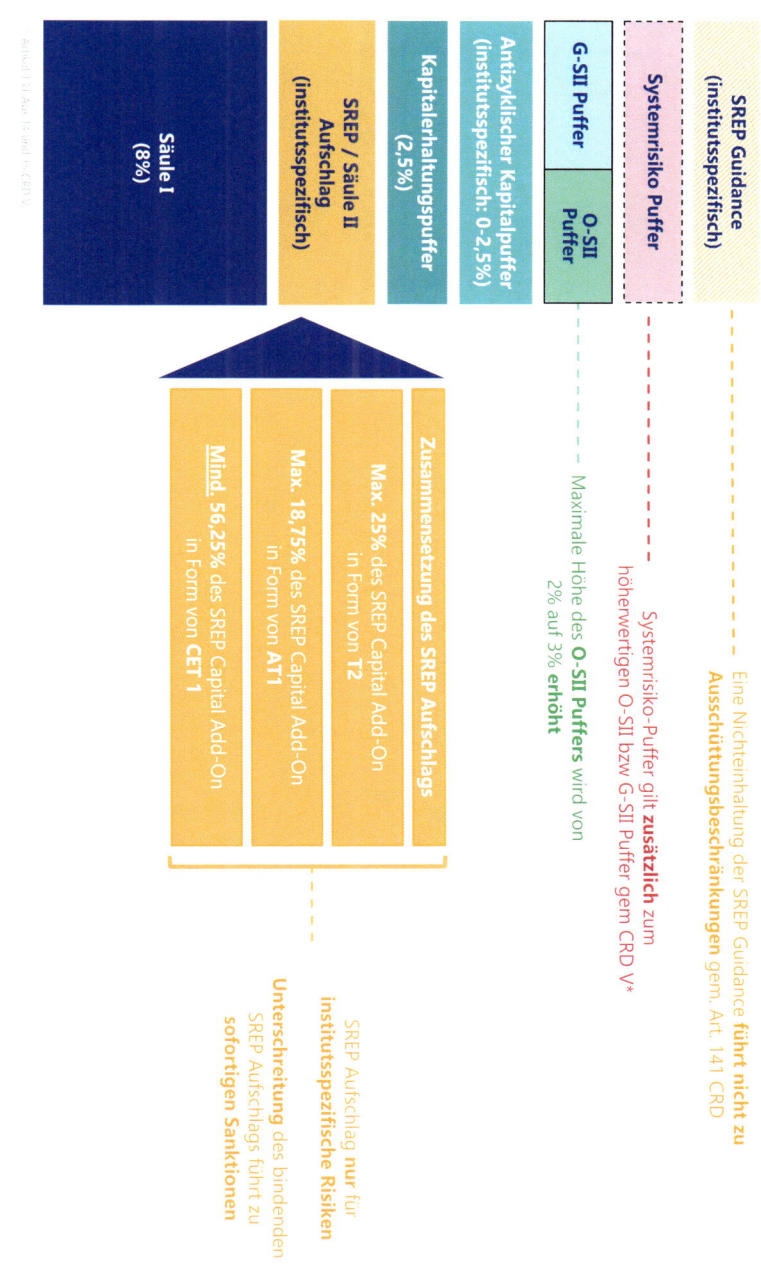

Abbildung 11: Eigenmittelquoten und Kapitalpuffer[93]

---

93   Quelle: KPMG.

24.2 Berechnung der Risikogewichteten Positions-beträge

Zur Bemessung des Kredit-, des Markt- und des operationellen Risikos können je nach Erfüllung der Voraussetzungen von den Banken unterschiedliche Ansätze verwendet werden (vgl Abbildung 12: Überblick Ansätze und Methoden der Mindesteigenmittelberechnung):

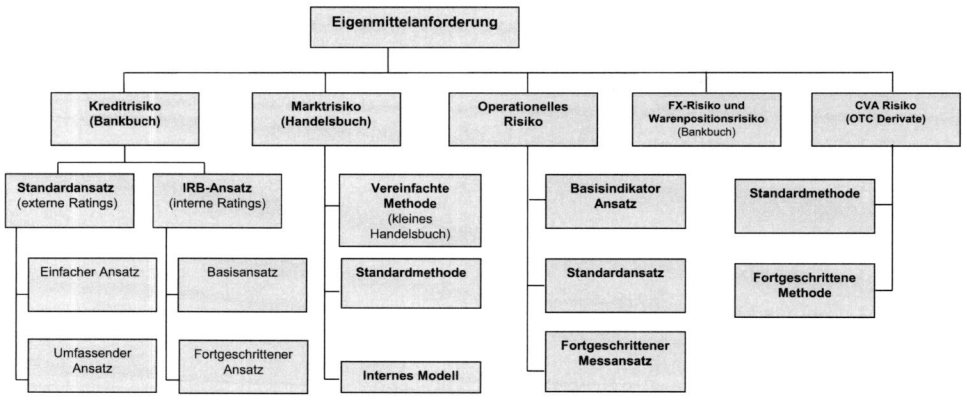

Abbildung 12: Überblick Ansätze und Methoden der Mindesteigenmittelberechnung[94]

24.2.1 Kreditrisiko

Die Berechnung der risikogewichteten Positionsbeträge für das Kreditrisiko und das Gegenparteiausfallsrisikos erfolgt unter Anwendung des Kreditrisiko-Standardansatzes oder – mit Bewilligung der zuständigen Behörde – des ‚Auf internen Ratings basierten Ansatzes (IRB-Ansatz)‘.

Kreditinstitute, die den **Kreditrisiko-Standardansatz** anwenden, haben zur Berechnung der Bemessungsgrundlage (Risikogewichtete Aktiva – RWA) ihre Risikopositionswerte zu ermitteln und einer der 17 **Risikopositionsklassen** gemäß Artikel 112 CRR zuzuordnen:

a. Risikopositionen gegenüber Zentralstaaten oder Zentralbanken,

b. Risikopositionen gegenüber regionalen oder lokalen Gebietskörperschaften,

c. Risikopositionen gegenüber öffentlichen Stellen,

d. Risikopositionen gegenüber multilateralen Entwicklungsbanken,

e. Risikopositionen gegenüber internationalen Organisationen,

f. Risikopositionen gegenüber Instituten,

g. Risikopositionen gegenüber Unternehmen,

h. Risikopositionen aus dem Mengengeschäft,

i. durch Immobilien besicherte Risikopositionen,

j. ausgefallene Risikopositionen,

---

94   Quelle: KPMG.

k.   mit besonders hohen Risiken verbundene Risikopositionen,

l.   Risikopositionen in Form von gedeckten Schuldverschreibungen,

m.   Positionen, die Verbriefungspositionen darstellen,

n.   Risikopositionen gegenüber Instituten und Unternehmen mit kurzfristiger Bonitätsbeurteilung,

o.   Risikopositionen in Form von Anteilen an Organismen für Gemeinsame Anlagen (OGA),

p.   Beteiligungsrisikopositionen,

q.   sonstige Posten.

Anschließend werden die Risikopositionswerte mit ihrem jeweils zugeordneten Gewicht multipliziert. Im Kreditrisiko-Standardansatz sind diese Risikogewichte pro Risikopositionsklasse in der CRR vorgegeben oder sind in Abhängigkeit des externen Ratings zu ermitteln.

Die gewichteten Forderungswerte werden anschließend aufsummiert und bilden die Bemessungsgrundlage (risikogewichtete Positionsbeträge) für die Ermittlung der Mindesteigenmittelanforderungen. Das Mindesteigenmittelerfordernis beträgt 4,5 %, 6 % bzw 8 % der risikogewichteten Positionsbeträge (siehe Kapitel 21.1 ‚Einzuhaltende Kapitalquoten‘).

Der **Risikopositionswert** ist dabei gemäß Artikel 111 CRR wie folgt zu ermitteln:

- Der Risikopositionswert eines Aktivpostens ist der um Wertberichtigungen gekürzte Buchwert;

- Der Risikopositionswert einer in Anhang I CRR genannten außerbilanziellen Position ist ein prozentualer Anteil seines Wertes. Diese anzuwendenden Kreditkonversionsfaktoren betragen bei Positionen mit:

a) hohem Risiko:	100 %
b) mittlerem Risiko:	50 %
c) mittlerem/niedrigen Risiko:	20 %
d) niedrigem Risiko:	0 %

- Der Forderungswert eines Derivats gemäß Anhang II CRR ist gemäß Teil 3 Kapitel 6 CRR zu ermitteln (unterschiedliche Ansätze: Ursprungsrisikomethode, (vereinfachter) Standardansatz, etc).

Hervorzuheben ist eine besondere Begünstigung für **Forderungen gegenüber Klein- und Mittelbetrieben (KMUs)**. Nach Artikel 501 CRR erhalten Forderungen gegenüber Klein- und Mittelbetrieben eine Sonderstellung in Form einer geringeren Eigenmittelunterlegung (Unterstützungsfaktor für KMU). Die Eigenmittelanforderungen für das Kreditrisiko solcher Forderungen werden mit dem Faktor 0,7619 multipliziert.

Voraussetzungen:

- es handelt sich um eine Forderung an ein KMU (europäische Definition – Jahresumsatz höchstens 50 Millionen Euro);

- gültig für Positionen innerhalb der Forderungsklassen „Corporate“, „Retail“ oder „durch Immobilien besicherte Risikopositionen“;

- das Obligo des KMU gegenüber dem Kreditinstitut oder der Kreditinstitutsgruppe ist geringer als 2,5 Millionen Euro.[95]

---

95   Bis 27.6.2021 betrug das maximale Exposure 1,5 Millionen Euro.

Für Obligos über 2,5 Millionen Euro gelangt ein Unterstützungsfaktor von 85 % zur Anwendung.

Durch diese unterstützende Maßnahme sollen Anreize zur Kreditvergabe an KMUs gesetzt und dadurch die Konjunktur gestärkt werden.

Besteht für eine Forderung eine Besicherung (persönliche oder finanzielle Sicherheit), so kann das Kreditinstitut unter bestimmten Voraussetzungen kreditrisikomindernde Techniken anwenden. Dabei kommt es – je nach Art der Sicherheit und je nach angewendeter Methode (einfache oder umfassende Methode) und je nach Ansatz (KSA oder IRB) – zu einer Reduktion des Forderungswerts oder zu einer Substitution des Risikogewichts des Kreditnehmers durch das Risikogewicht des Sicherungsgebers.

Wesentlich ist, dass mit Inkrafttreten der CRR II die Anwendung von kreditrisikomindernden Techniken im Rahmen der Mindesteigenmittelberechnung auch zu einer verpflichtenden Anwendung dieser Techniken bei den Großkrediten führt, dh für Banken, die eine Konzentration bei bestimmten Sicherungsgebern haben, ist für diese die Obergrenze von 25 % bzw bei Banken von 100 % des Kernkapitals zu beachten.

Wendet ein Institut den **Auf internen Ratings basierten (IRB) Ansatz** an, so werden die Risikogewichte nicht aus Vorgaben der CRR übernommen bzw anhand eines externen Ratings ermittelt, sondern auf Basis interner Datenreihen zu Ausfallserfahrungen. Im Foundation IRB-Ansatz wird lediglich der Risikofaktor Ausfallswahrscheinlichkeit („Probability of Default") selbst geschätzt, im Rahmen des Advanced IRB-Ansatzes werden weitere Risikofaktoren selbst geschätzt. Weiters werden erhöhte quantitative und qualitative Anforderung an die Risikosteuerung und die Interne Governance des Instituts gestellt.

24.2.2 Operationelles Risiko

Operationelle Risiken sind als Risiken von Verlusten durch die Unangemessenheit oder das Versagen von internen Verfahren, menschliche Fehler, Technologieversagen oder durch externe Ereignisse wie Naturgewalten oder Computerkriminalität definiert. Auch rechtliche Risiken und Reputationsrisiken können dieser Kategorie zugeordnet werden.

Kreditinstitute können zur Ermittlung der erforderlichen Mindesteigenmittel für das operationelle Risiko folgende Ansätze anwenden:

- den Basisindikatoransatz (Eigenmittelerfordernis beträgt 15 % des Durchschnitts der Betriebserträge der letzten drei Geschäftsjahre),

- den Standardansatz (Eigenmittelerfordernis beträgt je nach Geschäftsfeld 12 %, 15 % oder 18 % des Durchschnitts der letzten drei Geschäftsjahre), oder

- den fortgeschrittenen Messansatz (Eigenmittelerfordernis wird auf Basis statistischer Rechenmodelle aus internen Schadenfallerfahrungen ermittelt).

Die beiden einfachen Ansätze (Basisindikatoransatz und Standardansatz) gehen von der vereinfachten Annahme aus, dass ein linearer Zusammenhang zwischen Betriebserträgen und operationellem Risiko besteht: je höher die Betriebserträge, desto höher auch die Mindesteigenmittelanforderungen für das operationelle Risiko.

25 Großkredite (Teil 4 CRR)

Bei der Begrenzung der Großkredite handelt es sich um eine der zentralen Ordnungsnormen der CRR, die das Risiko konzentrierter Veranlagungen bei einem Institut sowie auch für eine Kreditinstitutsgruppe begrenzen soll (**Klumpenrisiko**).

Ein Großkredit liegt gemäß Artikel 389 CRR vor, wenn die Risikoposition bei einem Kunden oder einer Gruppe verbundener Kunden 10 % des **Kernkapitals** des Kreditinstitutes oder des anrechenbaren konsolidierten Kernkapitals erreicht oder überschreitet.

Ein Institut hat zunächst über ordnungsgemäße **Verwaltungs- und Rechnungslegungsverfahren** sowie angemessene interne **Kontrollmechanismen** zur Ermittlung, Verwaltung, Überwachung, Erfassung und Meldung aller Großkredite und ihrer späteren Änderungen im Einklang mit der CRR zu verfügen.

Bei der Berechnung von Großkrediten sind Aktivposten, außerbilanzmäßige Geschäfte und Derivate, jeweils nach Abzug von Wertberichtigungen, jedoch ohne Anwendung der Risikogewichte und -grade, und die Summe der Positionen des Handelsbuchs anzusetzen.

Die Risikopositionen einer Gruppe verbundener Kunden sind durch Addition der einzelnen Großkredite der Gruppe zu ermitteln. Als **Gruppe verbundener Kunden** gelten gemäß Artikel 4 Abs 1 Nr 39 CRR:

a) zwei oder mehr natürliche oder juristische Personen, die – sofern nicht das Gegenteil nachgewiesen wird – im Hinblick auf das Risiko insofern eine Einheit bilden, als eine von ihnen über eine direkte oder indirekte Kontrolle über die andere oder die anderen verfügt (gewöhnlich Konzernverflechtungen),

b) zwei oder mehr natürliche oder juristische Personen, zwischen denen kein Kontrollverhältnis im Sinne des Buchstaben a besteht, die aber im Hinblick auf das Risiko als Einheit anzusehen sind, da zwischen ihnen Abhängigkeiten bestehen, die es wahrscheinlich erscheinen lassen, dass bei finanziellen Schwierigkeiten, insbesondere Finanzierungs- oder Rückzahlungsschwierigkeiten, eines dieser Kunden auch andere bzw alle anderen auf Finanzierungs- oder Rückzahlungsschwierigkeiten stoßen (zB Exklusivlieferanten).

Gemäß § 28b Abs 1 BWG bedarf jeder gemäß Artikel 392 der CRR ermittelte Großkredit, der mindestens 500.000 Euro[96] beträgt, unbeschadet der Wirksamkeit des Rechtsgeschäftes der ausdrücklichen vorherigen **Zustimmung des** Aufsichtsrates oder des sonst nach Gesetz oder Satzung zuständigen **Aufsichtsorgans** des Kreditinstitutes. Vorratsbeschlüsse sind hierbei unzulässig. Der Erläuterung des Unterschieds zwischen zulässigen Rahmenbeschlüssen und unzulässigen Vorratsbeschlüssen ist ein FMA-Rundschreiben gewidmet.

---

96 Die Grenze von 500.000 Euro ist nur für Kreditinstitute relevant, deren Kernkapital unter 5 Millionen Euro liegt (zB Kapitalanlagegesellschaften, Mitarbeitervorsorgekassen). Bei sonstigen Kreditinstituten ist die Großkrediteinstiegsgrenze stets höher als 500.000 Euro, weswegen gilt, dass **jeder Großkredit** im Aufsichtsrat zu genehmigen ist.

Dem Aufsichtsrat ist über jeden Großkredit mindestens einmal jährlich zu berichten und Großkredite sind im Rahmen der Meldungen der Ordnungsnormen an die **OeNB** zu melden.

In weiterer Folge sind vor Anwendung der Obergrenze (25 % des Kernkapitals pro einzelnem Großkredit) Ausnahmen bzw Gewichtungen anzuwenden. Grundsätzlich sind alle Aktivposten und außerbilanzmäßige Geschäfte mit 100 % zu gewichten.

Nach Artikel 400 CRR iVm § 103q Z 4 BWG sind ua folgende Posten gesondert zu gewichten:

- **Gewichtung von 0 %, zB:**

    aa) gedeckte Schuldverschreibungen

    bb) Vermögenswerte, die Forderungen und sonstige Risiken darstellen, inklusive Beteiligungen oder sonstige Anteile, gegenüber der EWR-Muttergesellschaft, anderen Tochtergesellschaften derselben und eigenen Tochtergesellschaften, sofern alle vorgenannten in die Beaufsichtigung auf konsolidierter Basis einbezogen sind, welcher das Institut gemäß CRR oder gemäß § 6 Abs 1 FKG auch selbst unterliegt (im Wesentlichen somit Konzerngesellschaften);

    cc) Vermögenswerte, die Forderungen und sonstige Risiken inklusive Beteiligungen oder sonstige Anteile gegenüber einem Zentralinstitut darstellen, denen das Kreditinstitut aufgrund von Rechts- oder Satzungsvorschriften im Rahmen einer Vereinigung angeschlossen ist und die nach diesen Vorschriften beauftragt sind, den Liquiditätsausgleich innerhalb dieser Vereinigung vorzunehmen (IPS und Liquiditätszug);

    ff) Vermögenswerte, die Forderungen gegenüber Zentralstaaten aufgrund von zur Erfüllung der gesetzlichen Liquiditätsanforderungen gehaltenen Staatsschuldtiteln darstellen, die auf die Währung des betreffenden Staates der Zentralbank lauten und in dieser Währung refinanziert sind, sofern diese Zentralstaaten von einer externen Ratingagentur (ECAI) mit „Investment Grade" bewertet wurden;

    hh) Vermögenswerte, die Forderungen und sonstige Risikopositionen gegenüber anerkannten Börsen darstellen;

    ii) Treuhandkredite und durchlaufende Kredite, soweit das Kreditinstitut nur das Gestionsrisiko trägt; und

    jj) Vermögenswerte, die Forderungen gegenüber Gebietskörperschaften der Mitgliedstaaten darstellen, denen nach Teil 3 Titel II Kapitel 2 CRR ein Risikogewicht von 20 vH zugewiesen würde, sowie sonstige, gegenüber diesen Gebietskörperschaften bestehende oder von ihnen abgesicherte Risikopositionen, denen nach Teil 3 Titel II Kapitel 2 CRR ein Risikogewicht von 20 vH zugewiesen würde;

Ein **einzelner Großkredit** darf nach Berücksichtigung der Effekte risikomindernder Techniken und unbeschadet der Wirksamkeit des Rechtsgeschäftes **25 %** des Kernkapitals des Kreditinstitutes und des konsolidierten Kernkapitals der Kreditinstitutsgruppe nicht überschreiten.

Eine Erleichterung besteht für Großkredite kleinerer Institute für **Intrabankenveranla-gungen**, dh Risikopositionen gegenüber Instituten: Ist der Kunde ein Institut oder gehört zu einer Gruppe verbundener Kunden ein oder mehrere Institute, darf der Forderungswert den jeweils höheren Wert von entweder 25 % des Kernkapitals des Kreditinstitutes und des konsolidierten Kernkapitals der Kreditinstitutsgruppe oder 150 Millionen Euro nicht über-steigen. Zu keiner Zeit darf aber die Obergrenze von 100 % des Kernkapitals des Kreditins-titutes und des konsolidierten Kernkapitals der Kreditinstitutsgruppe überschritten werden.

Nach § 97 Abs 1 BWG (Verfahrens- und Strafbestimmungen) sind **Abschöpfungszinsen** als Rechtsfolge einer Überschreitung zu beachten.

26 Nichtfinanzbeteiligungen (Artikel 89 CRR)

Für qualifizierte Beteiligungen (das sind Beteiligungen von mindestens 10 % am Kapital oder an den Stimmrechten eines Unternehmens oder mit maßgeblichem Einfluss auf die Geschäftsführung) an Unternehmen außerhalb der Finanzbranche (zB Industriebeteiligungen) besteht eine **Begrenzung** in Höhe von 15 % der anrechenbaren Eigenmittel („Eligible Capital") für den Buchwert einer einzelnen Beteiligung. Für die Summe der Buchwerte von Nichtfinanzbeteiligungen liegt diese Grenze bei 60 % der anrechenbaren Eigenmittel.

Die Schwellenwerte werden auf Basis der anrechenbaren Eigenmittel gemäß Artikel 4 Abs 1 Nr 71 CRR (**„Eligible Capital"**) berechnet:

Kernkapital (Tier 1)
+ Ergänzungskapital (Tier 2) in Höhe von max. 1/3 des Kernkapitals (Tier 1)
= **Anrechenbare Eigenmittel („Eligible Capital") für Zwecke der Nichtfinanzbeteiligungen**

Abbildung 13: Definition anrechenbare Eigenmittel

Bei der Begriffsbestimmung der Anrechenbaren Eigenmittel gemäß Artikel 4 Abs 1 Nr 71 CRR ist zu beachten, dass diese Größe lediglich bei der Begrenzung der Nichtfinanzbeteiligungen Anwendung findet.

Die **Überschreitung** der 15 % bzw 60 % Grenze führt jedoch nicht zu aufsichtsrechtlichen Sanktionen, sondern zu einer zusätzlichen Eigenmittelanforderung durch Anwendung eines Risikogewichts von 1.250 % auf den Überschreitungsbetrag. Alternativ kann auch ein Abzug des Überschreitungsbetrags vom harten Kernkapital vorgenommen werden.

Das nationale Behördenwahlrecht, die Überschreitung der Nichtfinanzbeteiligungsgrenzen gänzlich zu verbieten, wurde in Österreich nicht ausgeübt.

27 Liquidität (Teil 6 CRR)

Ergänzend zu den qualitativen Anforderungen an das Liquiditätsrisikomanagement (siehe Kapitel 13.2.3 ‚Qualitatives Liquiditätsrisikomanagement') wurden mit Basel III zwei neue Kennzahlen eingeführt:

Liquidity Coverage Ratio (LCR) =

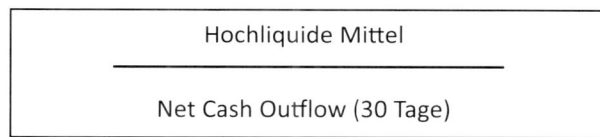

Abbildung 14: Berechnung der Liquidity Coverage Ratio

Mit der LCR soll die Widerstandskraft gegenüber potenziellen Liquiditätsstörungen über einen **kurzfristigen (30-tägigen) Zeithorizont** gestärkt werden. Die Quote soll dazu beitragen, dass die Banken über ausreichend unbelastete, hoch liquide Aktiva verfügen, um die Nettoabflüsse auszugleichen, die in einem **akuten kurzfristigen Stressszenario** eintreten könnten. Das von der CRR vorgegebene Szenario geht von den Umständen aus, die in der weltweiten Finanzkrise 2007 herrschten. Sie umfasst sowohl institutsspezifische als auch systemweite Schockszenarien.

Die Banken haben ihre Verbindlichkeiten und Forderungen zu kategorisieren und bestimmte **Abflussraten** auf den Bestand zu einem Stichtag anzuwenden (bspw geht die CRR davon aus, dass 5 % aller einlagengesicherten täglich fälligen Privatkundeneinlagen in einem Stress innerhalb eines Monats abfließen). Die Summe aller Abflussannahmen ergibt den Zahlungsmittelabfluss. In den nächsten 30 Tagen fällige Forderungen multipliziert mit einem Prozentsatz für die Zuflussannahme werden in Summe als **Zahlungsmittelzufluss** in Abzug gebracht. Allerdings können Zahlungsmittelzuflüsse – abgesehen vom Fall einer behördlichen Ausnahmegenehmigung für Gruppen oder institutsbezogene Sicherungssysteme – lediglich in Höhe von maximal 75 % der Zahlungsmittelabflüsse angesetzt werden. Dadurch soll sichergestellt werden, dass sich Banken nicht gänzlich auf erwartete Zahlungsmittelzuflüsse stützen, sondern stets über ein Portfolio an hochliquiden Aktiva verfügen.

Die Festlegung der Berechnungsdetails erfolgte in der DelVO (EU) 2015/61.

Für die Bestimmung, Bewertung und das Management der **hochliquiden Aktiva** gelten besondere Anforderungen. Etwa müssen die Vermögenswerte markt- und zentralbankfähig sein und es dürfen keine Aktiva, deren Emittentin ein Kreditinstitut (außer bei Pfandbriefen), Versicherungsunternehmen oder Finanzholdinggesellschaft ist, angerechnet werden. Deutlich im Vorteil für die Einhaltung der LCR sind Banken, die hohe Bestände an Staatsanleihen oder Zentralbankguthaben haben.

Eine Veranschaulichung der LCR bietet die folgende Abbildung:

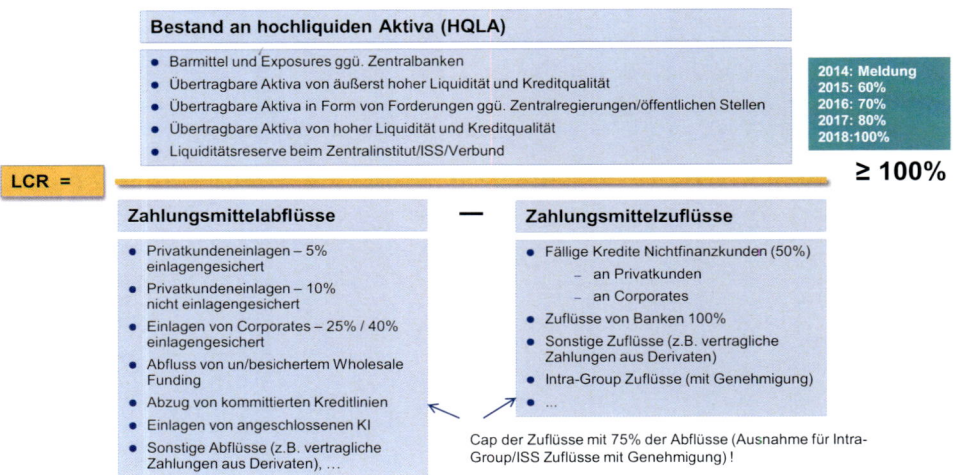

Net Stable Funding Ratio (NSFR) =

$$\frac{\text{Verfügbare Refinanzierung}}{\text{Erforderliche Refinanzierung}}$$

Abbildung 16: Berechnung der Net Stable Funding Ratio

Die NSFR fordert von den Banken über einen **mittel- bis langfristigen Zeithorizont** einen Mindestbetrag an stabilen Refinanzierungsquellen im Verhältnis zum Liquiditäts-profil ihrer Aktiva und abhängig vom Potenzial an bedingtem Liquiditätsbedarf aufgrund außerbilanzieller Engagements. Ziel der NSFR ist es, eine übermäßige Abhängigkeit von kurzfristigen, von Großkunden bereitgestellten Finanzmitteln in Zeiten reichlicher Markt-liquidität zu begrenzen, und eine solidere Einschätzung des Liquiditätsrisikos bei allen bilanzwirksamen und außerbilanziellen Positionen zu fördern. Geschäftsmodelle, die auf exzessiver **Fristentransformation** beruhen, sollen so zukünftig beschränkt werden.

Für die Berechnung der NSFR gilt folgende schematische Darstellung (Gewichtungen laut Vorschlag des Basler Ausschusses):

---

97   Quelle: KPMG.

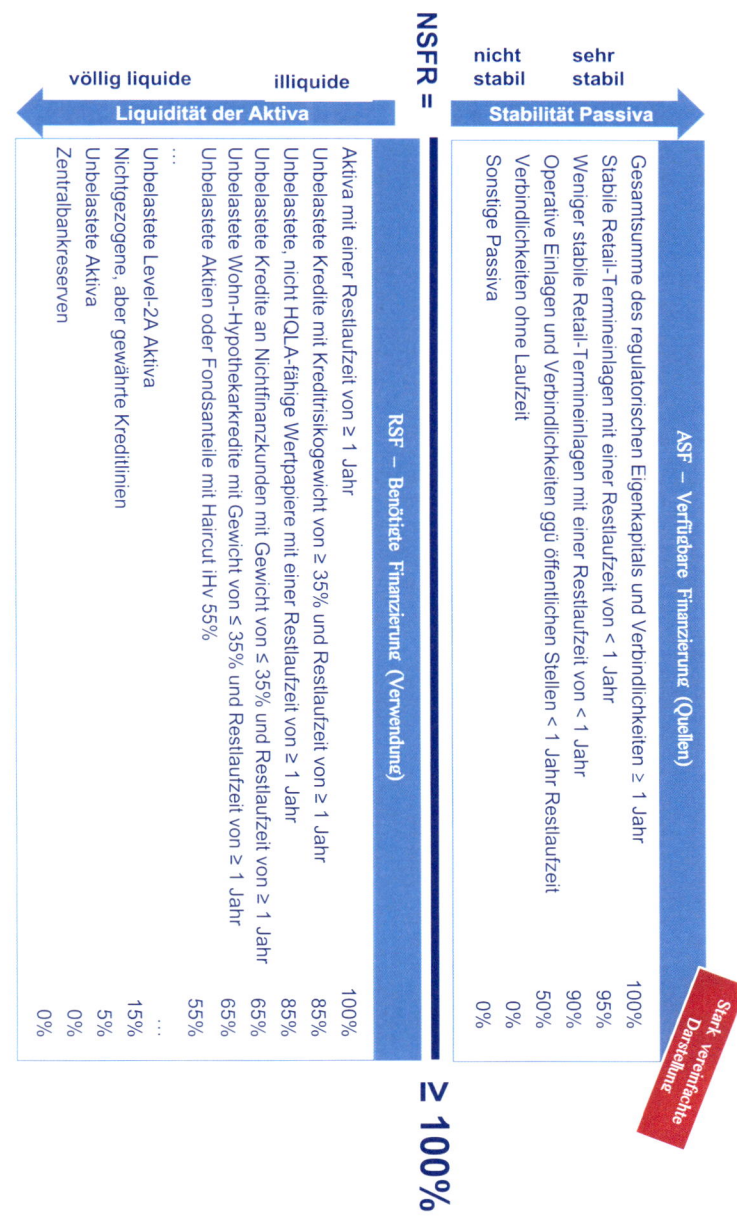

Abbildung 17: Schematische Darstellung der NSFR[98]

Beide Kennzahlen (LCR und NSFR) sind von den Banken bereits seit 2014 an die Aufsicht zu melden. Während die LCR bereits seit Oktober 2015 als verpflichtend einzuhaltende Kennzahl gilt, wird die NSFR erst mit der CRR II ab 28. Juni 2021 verbindlich gemacht.

---

98   Quelle: KPMG.

28 Verschuldung (Teil 7 CRR)

Basel III führte auch eine einfache und transparente, **nicht risikobasierte** Verschuldungs-quote ein, mit dem Ziel, in Ergänzung zu den risikobasierten Eigenmittelanforderungen das Ausmaß der Verschuldung zu begrenzen. Mit der **Höchstverschuldungsquote** wird der Aufbau von Verschuldung im Bankensektor eingeschränkt, um allfällig erforderliche destabilisierende Schuldenabbauprozesse zu vermeiden, die das Finanzsystem allgemein und die Wirtschaft schädigen können.

Leverage Ratio =

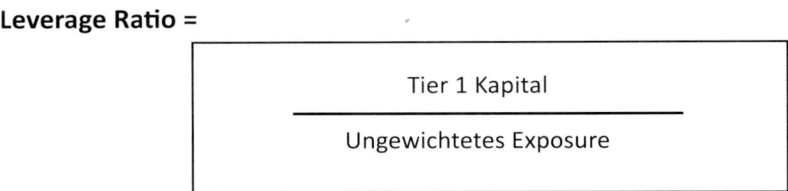

$$\text{Leverage Ratio} = \frac{\text{Tier 1 Kapital}}{\text{Ungewichtetes Exposure}}$$

Abbildung 18: Berechnung der Leverage Ratio

Die einzelnen Bestandteile der Leverage Ratio sind in der folgenden Abbildung schema-tisch dargestellt:

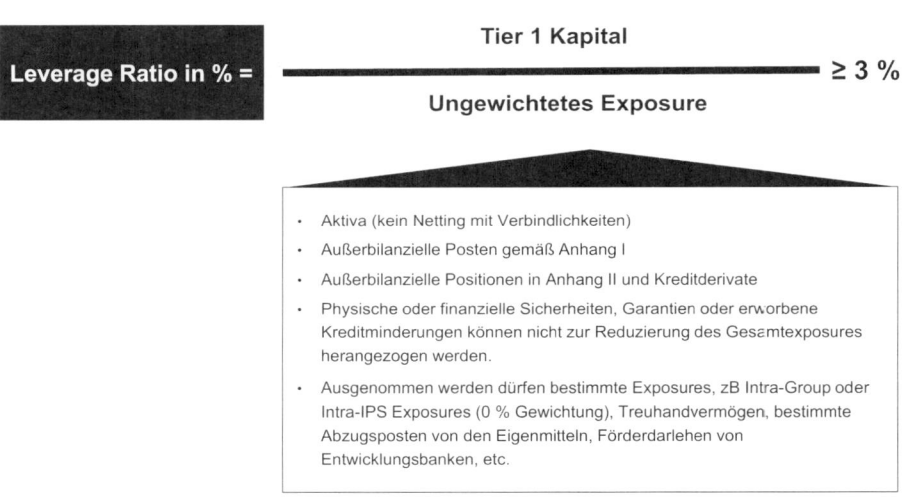

$$\text{Leverage Ratio in \%} = \frac{\text{Tier 1 Kapital}}{\text{Ungewichtetes Exposure}} \geq 3\,\%$$

- Aktiva (kein Netting mit Verbindlichkeiten)
- Außerbilanzielle Posten gemäß Anhang I
- Außerbilanzielle Positionen in Anhang II und Kreditderivate
- Physische oder finanzielle Sicherheiten, Garantien oder erworbene Kreditminderungen können nicht zur Reduzierung des Gesamtexposures herangezogen werden.
- Ausgenommen werden dürfen bestimmte Exposures, zB Intra-Group oder Intra-IPS Exposures (0 % Gewichtung), Treuhandvermögen, bestimmte Abzugsposten von den Eigenmitteln, Förderdarlehen von Entwicklungsbanken, etc.

Abbildung 19: Schematische Darstellung der Leverage Ratio[99]

Mit dieser Quote wird gewährleistet, dass Banken neben risikoabhängigen Grenzwerten auch rein auf absolute Bilanzwerte bezogene Obergrenzen zu beachten haben.

---

99   Quelle: KPMG.

29 Offenlegung (Teil 8 CRR)

Dieser letzte materielle Abschnitt der CRR bildet zusammen mit einigen BWG-Bestimmungen (Offenlegung Governance, Vergütung etc) die **Säule III**. Durch die Säule III gelangen wichtige Informationen wie Eigenmittelzusammensetzung, Eigenmittelverbrauch, ausgefallene Forderungen, Anteil der belasteten Aktiva usw. an die Öffentlichkeit und zeigen Investoren und Kunden sowie der Aufsicht einen Überblick über die aktuelle Lage der Kreditinstitute.

Nach Teil 8 CRR müssen Kreditinstitute (auf Ebene des aufsichtlichen Konsolidierungskreises) zumindest einmal jährlich Informationen über ihre Organisationsstruktur, ihr Risikomanagement und ihre Risikokapitalsituation offenlegen. Sie können selbst entscheiden, in welchem Medium sie diese Inhalte veröffentlichen. Das **Medium** muss allgemein zugänglich sein; eine Offenlegung im Jahresabschluss erfüllt die Anforderung der **allgemeinen Zugänglichkeit**. In der Regel wird jedoch von den Banken ein eigenes Offenlegungsdokument erstellt und auf der Website des Instituts veröffentlicht.

Die jährlichen Offenlegungen werden unter Berücksichtigung des Datums der Veröffentlichung der Abschlüsse veröffentlicht. Die Institute prüfen anhand der einschlägigen Merkmale ihrer Geschäfte, zB Umfang ihrer Tätigkeit, Spektrum von Tätigkeiten, Präsenz in verschiedenen Ländern, Engagement in verschiedenen Finanzbranchen, Tätigkeit auf internationalen Finanzmärkten und Beteiligung an Zahlungs-, Abrechnungs- und Clearingsystemen, ob es nötig ist, die erforderlichen Angaben häufiger als einmal jährlich ganz oder teilweise offenzulegen.

Die Offenlegung umfasst die qualitative und quantitative Beschreibung der **Risikomanagementziele**, der Methoden und die Berechnung des **Eigenmittelerfordernisses je Risikoart**, die Aufgliederung der **Eigenmittelstruktur**, des Risikos aus **Verbriefung**spositionen sowie Informationen zur **Vergütung**spolitik und -praktiken.

Für **kleine und nicht komplexe Kreditinstitute** nach Artikel 4 Abs 1 Nr 146 CRR (das sind im Wesentlichen Banken mit einer Bilanzsumme unter EUR 5 Mrd) besteht eine umfassende Erleichterung. Diese müssen – wenn sie zudem nicht börsennotiert sind – nur folgende Inhalte offenlegen:

- Art 447 CRR: Key Risk Metrics/Schlüsselparameter

Fit & Proper Selbsttest:

- Was ist ein Großkredit?
- Wie hoch darf ein Großkredit maximal sein? Was sind die Folgen, wenn die Obergrenze verletzt wird?
- Nennen Sie Ausnahmen für die Obergrenzen.
- Was müssen Sie prüfen, bevor Sie einen Großkredit eingehen?
- Was ist die Gruppe verbundener Kunden?
- Welche Kennzahlen gibt es unter der Säule I? Beschreiben Sie diese.
- Was versteht man unter der Säule III?

---

30 Einlagensicherung (ESAEG und § 37a BWG)

Empfohlene Literatur, Gesetzesstellen und FMA-Rundschreiben:

§ 37a   BWG Einlagensicherung

Anlage zu § 37a BWG Informationsbogen für den Einleger

FMA Homepage http://www.fma.gv.at/de/verbraucher/banken/geldanlage-sparen/
               einlagensicherung

Homepage der Einlagensicherung – http://www.einlagensicherung.at/

Die österreichische Einlagensicherung und Anlegerentschädigung sind im Bundesgesetz über die Einlagensicherung und Anlegerentschädigung bei Kreditinstituten (Einlagensicherungs- und Anlegerentschädigungsgesetz – ESAEG) geregelt. Dabei handelt es sich um die Umsetzung der EU Richtlinie Nr 2014/49/EU, welche eine europaweite Harmonisierung der Regelungen zur Einlagensicherung beinhaltet und im Zuge der Umsetzung ins nationale Recht wesentliche Änderungen des bestehenden österreichischen Systems erforderlich machte.

Kreditinstitute, die **sicherungspflichtige Einlagen** entgegennehmen, haben der Sicherungseinrichtung im Rahmen ihres Fachverbandes anzugehören. Gehört ein solches Kreditinstitut keiner Sicherungseinrichtung an, so erlischt seine Berechtigung (Konzession) zur Entgegennahme von Einnahmen. Ab dem Jahr 2019 haben alle Kreditinstitute der von der Wirtschaftskammer Österreich eingerichteten einheitlichen **Einlagensicherungseinrichtung** oder einem institutsbezogenen Sicherungssystem, das gemäß § 3 ESAEG als Einlagensicherungs- und Anlegerentschädigungssystem anerkannt wurde, anzugehören.

Als **Einlagen** gelten Gelder aus der Durchführung des Einlagengeschäfts gemäß § 1 Abs 1 Z 1 BWG und des Bauspargeschäfts gemäß § 1 Abs 1 Z 12 BWG sowie Guthaben, die sich aus auf einem Konto verbliebenen Beträgen oder aus Zwischenpositionen im Rahmen von Bankgeschäften, der Erbringung von Zahlungsdiensten oder der Ausgabe von E-Geld ergeben.

Als **erstattungsfähige Einlagen** gelten gemäß § 10 Abs 1 ESAEG grundsätzlich alle Einlagen, mit folgenden Ausnahmen:

- Einlagen, die andere Kreditinstitute im eigenen Namen und auf eigene Rechnung innehaben;
- Einlagen von Finanzinstituten;
- Einlagen von Wertpapierfirmen;
- Einlagen, bei denen bis zum Eintritt eines Sicherungsfalls die Identität ihres Inhabers niemals gemäß den Bestimmungen des Finanzmarkt-Geldwäschegesetzes (FM-GwG) festgestellt wurde, es sei denn, die Identifizierung gemäß den Bestimmungen des FM-GwG wird innerhalb von zwölf Monaten nach Eintritt des Sicherungsfalls nachgeholt (anonyme Einlagen);

- Einlagen von Versicherungsunternehmen und von Rückversicherungsunternehmen;

- Einlagen von Organismen für gemeinsame Anlagen (Fonds);

- Einlagen von Pensions- und Rentenfonds;

- Einlagen von staatlichen Stellen, insbesondere Einlagen von Staaten, regionalen und örtlichen Gebietskörperschaften sowie Zentralverwaltungen und

- Schuldverschreibungen eines Kreditinstituts und Verbindlichkeiten aus eigenen Akzepten und Solawechseln.

Die Einlagensicherungseinrichtung hat zu gewährleisten, dass erstattungsfähige Einlagen **bis zu 100.000 Euro** oder Gegenwert in fremder Währung **pro Einleger und Kreditinstitut** („gedeckte Einlagen") innerhalb von **20 Arbeitstagen** (ab 2024: innerhalb von 7 Arbeitstagen) ausbezahlt werden, wenn über ein Mitgliedsinstitut Konkurs eröffnet, Geschäftsaufsicht angeordnet oder eine Zahlungseinstellung behördlich festgestellt oder verfügt wird.

In **besonderen Fällen** gelten Einlagen über einer Höhe von 100.000 Euro bis zu einer Höhe von 500.000 Euro als gedeckte Einlagen, sofern

- die Einlagen aus Immobilientransaktionen im Zusammenhang mit privat genutzten Wohnimmobilien resultieren,

- sie gesetzlich vorgesehene soziale Zwecke erfüllen und an bestimmte Lebensereignisse des Einlegers, wie etwa Heirat, Scheidung, Pensionsantritt, Kündigung, Entlassung, Invalidität oder Tod anknüpfen, oder

- sie auf der Auszahlung von Versicherungsleistungen oder Entschädigungszahlungen für aus Straftaten herrührende Körperschäden oder falscher strafrechtlicher Verurteilung beruhen.

Der **Sicherungsfall** muss innerhalb von zwölf Monaten nach Gutschrift des Betrags oder nach dem Zeitpunkt, ab dem diese Einlagen auf rechtlich zulässige Weise übertragen werden können, eintreten.

Weiters sind die Sicherungseinrichtungen verpflichtet, einen **Einlagensicherungsfonds** aus Beiträgen der Mitgliedsinstitute aufzubauen. Die Beitragspflicht der Banken erlischt erst, sobald die Zielausstattung (das sind 0,8 % der Summe der gedeckten Einlagen) erreicht ist. Die Höhe der Beträge wird in Abhängigkeit des Risikoprofils errechnet und der Zeitpunkt der Zahlung wird von den Sicherungseinrichtungen festgelegt. Im Sicherungsfall können auch Sonderbeiträge erhoben werden sowie Kreditverpflichtungen eingegangen werden, falls die im Fonds befindlichen Beiträge nicht ausreichen. Die Sicherungseinrichtungen müssen sich zudem im Bedarfsfall gegenseitig unterstützen.

Die **FMA** erhält durch das ESAEG weitreichende Aufsichtszuständigkeiten hinsichtlich der Sicherungseinrichtungen und ist für die Anerkennung von institutsbezogenen Sicherungssystemen als Einlagensicherungs- und Anlegerentschädigungssystem zuständig.

Als **besondere Informationspflicht** haben Mitgliedsinstitute dem Einleger vor Abschluss eines Vertrages über die Entgegennahme von Einlagen den Informationsbogen gemäß der Anlage zu § 37a BWG über die Zugehörigkeit zu einer Sicherungseinrichtung zur Verfügung zu stellen. Die Website des Einlagensicherungssystems, dem das Mitgliedsinstitut angehört, ist auf dem Informationsbogen anzugeben. Die Einleger haben den Empfang dieses Informationsbogens zu bestätigen, wobei diese Bestätigung auch im elektronischen Wege erfolgen kann.

Die Bestätigung, dass es sich bei den Einlagen um erstattungsfähige Einlagen handelt, erhalten die Einleger auf ihren Kontoauszügen, einschließlich eines Verweises auf den Informationsbogen; bei Spareinlagen hat diese Bestätigung über die Erstattungsfähigkeit der Einlagen einschließlich des Verweises auf den Informationsbogen mittels Vermerk in der Spaurkunde zu erfolgen. Der Informationsbogen wird dem Einleger mindestens einmal jährlich zur Verfügung gestellt. Nutzt ein Einleger das Internetbanking, so können die Informationen elektronisch zugänglich gemacht oder mitgeteilt werden. Auf Wunsch des Einlegers sind sie in Papierform zur Verfügung zu stellen.

Im Rahmen der Einlagensicherungseinrichtung erfolgt auch die **Organisation der Anlegerentschädigung**. Sicherungspflichtige **Wertpapierdienstleistungen** sind gemäß § 45 Abs 4 ESAEG:

- das Depotgeschäft (§ 1 Abs 1 Z 5 BWG),
- der Handel auf eigene oder fremde Rechnung mit Instrumenten gemäß § 1 Abs 1 Z 7 lit b bis f BWG,
- das Loroemissionsgeschäft (§ 1 Abs 1 Z 11 BWG),
- das betriebliche Vorsorgekassengeschäft (§ 1 Abs 1 Z 21 BWG) und
- die Wertpapierdienstleistungen gemäß § 3 Abs 2 Z 2 oder Z 3 WAG 2018.

Die Sicherungseinrichtungen haben Anleger für **Forderungen aus sicherungspflichtigen Wertpapierdienstleistungen** bis zu einem Höchstbetrag von 20.000 Euro oder Gegenwert in fremder Währung pro Anleger auf dessen Verlangen und nach Legitimierung innerhalb von drei Monaten zu entschädigen, die dadurch entstanden sind, dass ein Kreditinstitut oder eine Wertpapierfirma nicht in der Lage war, entsprechend den gesetzlichen oder vertraglichen Regelungen:

- Gelder zurückzuzahlen, die Anlegern geschuldet werden oder gehören und für deren Rechnung im Zusammenhang mit Wertpapierdienstleistungen gehalten werden oder
- den Anlegern Instrumente zurückzugeben, die diesen gehören und für deren Rechnung im Zusammenhang mit Wertpapiergeschäften gehalten, verwahrt oder verwaltet werden.

Fit & Proper Selbsttest:

- Bis zu welcher Höhe sind Einlagen und Wertpapierdienstleistungen gesichert?
- Wie ist das österreichische Einlagenscherungssystem heute und zukünftig organisiert?
- Welche Einlagen sind von der Einlagensicherung ausgeschlossen?

---

31 Bankensanierung und -abwicklung (BaSAG)

31.1 Sanierung

Bereits am 1. Jänner 2014 ist in Österreich das Bankeninterventions- und restrukturierungsgesetz (BIRG) in Kraft getreten, welches die Anforderung an Banken enthielt, Sanierungs- und Abwicklungspläne zu erstellen. Nach Inkrafttreten der Banking Recovery and Resolution Directive (BRRD) wurde das BIRG wieder aufgehoben und durch das neue Bundesgesetz über die Sanierung und Abwicklung (BaSAG, in Kraft seit 1. Jänner 2015) ersetzt. Dadurch wurde die österreichische Gesetzeslage an die BRRD angepasst.

Die Hauptinhalte des BaSAG sind detaillierte Vorgaben zur Erstellung von Sanierungsplänen durch Kreditinstitute, die Verpflichtung der Aufsichtsbehörden, Abwicklungspläne zu erstellen sowie die Implementierung der Abwicklungsinstrumente in nationales Recht.

Institute und Institutsgruppen sollen **Sanierungspläne** erstellen, die der Vorbereitung auf den Krisenfall dienen sollen. Sie sollen sich frühzeitig mit entsprechenden Maßnahmen hinsichtlich Organisation und Geschäftspolitik befassen, um in einer Krisensituation schneller und effektiver reagieren zu können. Die FMA hat hiezu eine Verordnung (Bankensanierungsplanverordnung – BaSaPV) erlassen, in welcher die Anforderungen der Pläne hinsichtlich Szenarien und Indikatoren für Institute nach dem Verhältnismäßigkeitsgrundsatz vorgegeben werden.

Die Bankensanierungsplanverordnung (BaSaPV) konkretisiert die Anforderungen an die Gestaltung des Sanierungsplans der Kreditinstitute bzw Institutsgruppen, welche nicht der direkten Aufsicht der EZB unterliegen. Es erfolgt eine **Einteilung der Institute in 3 Kategorien**, je nach Bedeutung der Unternehmen, gemessen an der Bilanzsumme, dem Interbankengeschäft und dem Ausmaß der grenzüberschreitenden Tätigkeiten.

Sanierungspläne von Unternehmen der Kategorie 1 müssen nach der BaSAPV nur ein **systemisches Szenario** enthalten. Sanierungspläne von Unternehmen der Kategorie 2 müssen ein systemisches und ein **ideosynkratisches Szenario** enthalten und Sanierungspläne von Unternehmen der Kategorie 3 müssen ein systemisches, ein ideosynkratisches und ein **system-ideosynkratisches Kombinationsszenario** enthalten.

Unternehmen der Kategorie 1 haben den Sanierungsplan alle zwei Jahre zu aktualisieren, Unternehmen der Kategorien 2 und 3 aktualisieren diese mindestens einmal jährlich. Der Sanierungsplan ist bei Erstellung und Aktualisierung jeweils dem Aufsichtsrat zur Kenntnis zu bringen und der FMA zu übermitteln.

Ein **Sanierungsplan umfasst** im Wesentlichen die folgenden sieben Elemente:

Strategische Analyse

- Beschreibung der Unternehmensstruktur
- Identifizierung wesentlicher und kritischer Geschäftsaktivitäten
- Identifizierung interner und externer Verflechtungen

Indikatoren

- Indikatoren zur frühzeitigen Identifizierung krisenhafter Situationen und Überwachung der Auswirkungen eingesetzter Sanierungsmaßnahmen

Maßnahmen

- Finanzielle Maßnahmen um nachhaltige finanzielle Stabilität wiederherzustellen

- Nicht finanzielle Maßnahmen (zB Kommunikationsmaßnahmen), um Wirksamkeit finanzieller Maßnahmen flankierend zu unterstützen

Szenarien

- Detaillierte Beschreibung des Verlaufs einer existenzbedrohenden Krise (Near Default), zur **Überprüfung der Tauglichkeit** definierter Maßnahmen, Indikatoren, Strukturen und Prozesse (Governance)

Framework & Governance

- Organisationsstrukturen und Prozesse für die Überwachung der Sanierungsindikatoren (Monitoring), Eskalation und Entscheidung über Aktivierung von Sanierungsmaßnahmen im Krisenfall und Aktualisierung des Sanierungsplans

Informationsmanagement

- Beschreibung benötigter Informationen für die Elemente des Sanierungsplans

- Beschreibung der Prozesse zur kurzfristigen Bereitstellung benötigter Informationen für die Umsetzung von Sanierungsmaßnahmen (zB Veräußerung von Portfolien)

Umsetzungsplanung

- Planung der Integration des Sanierungsplans in die Gesamtbanksteuerung

- Maßnahmen zur Beseitigung von Hemmnissen, die einer Aktivierung von Sanierungsmaßnahmen entgegenstehen könnten.

Die der **FMA** durch das BaSAG verliehenen **Frühinterventionsbefugnisse** dienen der Möglichkeit eines raschen Eingriffs mittels aufsichtsrechtlicher Maßnahmen um einer weiteren Verschlechterung der Finanzlage eines Instituts frühzeitig entgegenwirken zu können. Für diese Zwecke stehen der FMA – unter anderem – folgende Frühinterventionsmöglichkeiten zur Verfügung:

- Verringerung des Risikoprofils,

- Änderung der Finanzierungsstrategie,

- Änderung der Governance-Struktur,

- Vorsorge für rechtzeitige Durchführbarkeit einer Rekapitalisierung.

31.2 Abwicklung

Die Aufgaben der **nationalen Abwicklungsbehörde** in Österreich kommen der **FMA** zu. Bei Erfolglosigkeit der Sanierung sowie der Frühinterventionsmaßnahmen erhält die FMA zudem weitreichende Befugnisse um im Fall eines Ausfalls oder drohenden Ausfalls eine geordnete Abwicklung durchführen zu können. Dies bedeutet, dass die Kontinuität kritischer Funktionen gewährleistet, erhebliche negative Auswirkungen auf die Finanzmarktstabilität vermieden und öffentliche Mittel und gesicherte Einlagen von Kunden geschützt werden können. Die Befugnisse betreffen die **Abwicklungsinstrumente** der Gläubigerbeteiligung, der Unternehmensveräußerung, des Brückeninstituts sowie der Ausgliederung von Vermögenswerten.

Das Instrument der **Gläubigerbeteiligung („Bail-in")** stellt das Kernstück der Maßnahmen dar, da es der Abwicklungsbehörde erlaubt, in einer **Verlusttragungskaskade** berücksichtigungsfähige Verbindlichkeiten eines Instituts herabzuschreiben oder in Eigenkapital umzuwandeln.

Mittels der **MREL** (Minimum Requirements for Own Funds and Eligible Liabilities) **Quote** wird Banken – bei entsprechender Abwicklungsstrategie – das Ausmaß der „bail-in" fähigen (= berücksichtigungsfähigen) Verbindlichkeiten vorgeschrieben. Ausnahmen davon sind gesicherte Einlagen, Einlagen von natürlichen Personen und KMUs, Einlagen mit einer (ursprünglichen) Laufzeit kleiner als 1 Jahr, Verbindlichkeiten gegenüber Beschäftigten, besicherte Verbindlichkeiten und Interbankenverbindlichkeiten mit einer Ursprungslaufzeit von weniger als sieben Tagen.

Die Anrechnungskriterien für berücksichtigungsfähige Verbindlichkeiten finden sich seit Umsetzung der BRRD 2 in Artikel 72a bis 72c CRR.

Fit & Proper Selbsttest:

- Welche sind die Inhalte eines Sanierungsplans?
- Welche Frühinterventionsmaßnahmen kommen der FMA zu?
- Welche Abwicklungsinstrumente kennen Sie?

Anhang: Fit & Proper Selbsttest

Beachten Sie bitte bei dem folgenden Test, dass es jeweils eine oder auch mehrere Antwortmöglichkeiten geben kann!

Frage 1

Was ist bei Organgeschäften zu beachten, wenn ein einstimmiger Beschluss der Geschäftsleiter und die Zustimmung des Aufsichtsrates oder des sonst nach Gesetz oder Satzung zuständigen Aufsichtsorgans zum Zeitpunkt des Abschlusses noch nicht vorliegen?

a)   Das Geschäft ist nichtig.

b)   Es ist ein nachträglicher, einstimmiger Beschluss der Geschäftsleiter und eine Zustimmung des Aufsichtsrates erforderlich.

c)   Gewährte Kredite und Vorschüsse sind unter allen Umständen unverzüglich zurückzuzahlen, da ein nachträglicher Beschluss nicht zulässig ist.

d)   Es ist ein Sonderbeschluss der Hauptversammlung notwendig.

Antwort zu Frage 1

Die **Antwort b) ist richtig** vgl. § 28 Abs 5 BWG:

Werden entgegen Abs 1, 3 und 4 Organgeschäfte geschlossen, so sind gewährte Kredite und Vorschüsse ohne Rücksicht auf entgegenstehende Vereinbarungen unverzüglich zurückzuzahlen, wenn nicht der einstimmige Beschluss der Geschäftsleiter und die Zustimmung des Aufsichtsrates oder des sonst nach Gesetz oder Satzung zuständigen Aufsichtsorganes nachträglich erfolgt.

Die Antwort c) entfällt, da Kredite etc. nicht **unter allen Umständen** unverzüglich zurückzuzahlen sind, sondern nur, wenn kein nachträglicher Beschluss erfolgt.

Die Antwort d) ist nicht richtig, da ein Beschluss der Hauptversammlung im Rahmen der Regeln für Organgeschäfte nicht vorgesehen ist.

Frage 2

Kreditinstitute und Kreditinstitutsgruppen haben das besondere bankgeschäftliche Risiko von Großkrediten jederzeit angemessen zu begrenzen. Welche Vorgaben sind gemäß § 28b BWG und Teil 4 CRR für Großkredite zu beachten?

a)   Ein Großkredit liegt vor, wenn ein solcher bei einem Kunden oder bei einer Gruppe verbundener Kunden 10 % des Kernkapitals des Kreditinstitutes oder des konsolidierten Kernkapitals der Kreditinstitutsgruppe erreicht.

b)   Bei der Ermittlung von Großkrediten sind anzusetzen: Aktivposten, außerbilanzmäßige Geschäfte, Derivate und Handelsbuchpositionen.

c)   Bei der Ermittlung von Großkrediten sind anzusetzen: Aktivposten, außerbilanzmäßige Geschäfte, Derivate und Verbindlichkeiten.

d)   Ein Großkredit liegt ab mindestens 350.000 Euro vor.

Antwort zu Frage 2

Die Antworten a) und b) sind richtig.

Antwort c) ist falsch, da Verbindlichkeiten nicht zu berücksichtigen sind.

Antwort d) ist falsch, da 350.000 Euro keine relevante Grenze ist (dabei handelt es sich um die Grenze für die Meldung der Granularen Krediterhebung).

Frage 3

Welche der folgenden Antwortmöglichkeiten stellen Unterschiede zwischen Basel II und Basel III dar?

a) Basel III zielt auf die Selbstregulierung von Banken ab, im Sinne des „Prudent Person Prinzips". Es stellt den Beginn einer Deregulierungsphase im Bankensektor dar.

b) Durch die Anwendung von Basel III werden die Prinzipien nach Basel II zur Gänze aufgehoben.

c) Basel III wurde innerhalb der EU durch die Eigenkapitalrichtlinie (CRD III) umgesetzt.

d) Das Schwergewicht der Änderungen durch Basel III bezieht sich auf die Definition der regulatorischen Eigenmittel sowie die Höhe der Eigenmittelerfordernisse.

Antwort zu Frage 3

a) (Leider) falsch

b) Falsch, da Basel III lediglich Änderungen zu den unter Basel II aufgestellten Prinzipien brachte.

c) Falsch, da Basel III in der EU mittels CRR und CRD IV umgesetzt wurden.

d) **Richtig**

Frage 4

Wer unterliegt den Fit & Proper Anforderungen gemäß EBA Leitlinien und FMA Rundschreiben?

a)   Mitglieder der Geschäftsleitung

b)   Mitglieder des Aufsichtsrats

c)   Inhaber von Schlüsselfunktionen

d)   Alle Mitarbeiter

Antwort zu Frage 4

a) **Richtig**

b) **Richtig**

c) **Richtig**

d) Falsch

Frage 5

An wen muss die Interne Revision regelmäßig Bericht erstatten?

a)   Quartalsweise dem Vorsitzenden des Aufsichtsrates sowie dem Prüfungsausschuss;

b)   An die Aufsichtsräte und an das ressortzuständige Mitglied der Geschäftsleitung;

c)   An alle Geschäftsleiter;

d)   An den Risikoausschuss des Aufsichtsrates und an die verantwortlichen Mitglieder der Geschäftsleitung.

Antwort zu Frage 5

a) Gemäß § 42 Abs 3 BWG **richtig**;

b) Falsch, da allen Geschäftsleitern und nicht nur einem Mitglied berichtet werden muss;

c) Gemäß § 42 Abs 3 BWG **richtig**;

d) Siehe b, falsch. Zudem ist dem Prüfungsausschuss, nicht dem Risikoausschuss zu berichten.

Frage 6

Kreditinstitute haben für die Aufgaben der Internen Revision eine eigene Organisationseinheit einzurichten. Dies gilt jedoch nicht für Kreditinstitute:

a)   deren Bilanzsumme 300 Millionen Euro nicht übersteigt;

b)   deren Mitarbeiterstand im Jahresdurchschnitt 300 vollbeschäftigte Mitarbeiter nicht übersteigt;

c)   deren Mitarbeiterstand im Jahresdurchschnitt 100 vollbeschäftigte Mitarbeiter nicht übersteigt;

d)   deren Bilanzsumme eine Milliarde Euro nicht übersteigt und die Mitglied einer Kreditinstitutsgruppe sind oder einem Zentralinstitut angeschlossen sind.

Antwort zu Frage 6

Antworten **a) und d) sind richtig,** vgl. § 42 Abs 6 BWG. Das Kriterium der Mitarbeiteranzahl ist 50 vollbeschäftigte Mitarbeiter.

Frage 7

Das Ergebnis der Prüfung des Bankprüfers ist den zuständigen Behörden zeitgerecht zu übermitteln; welche Frist gibt § 44 BWG für die Einreichung der geprüften Jahresabschlüsse bei der FMA/OeNB vor?

a)   Der geprüfte Jahresabschluss ist längstens innerhalb von sechs Monaten nach Abschluss des Geschäftsjahres der FMA und der Oesterreichischen Nationalbank vorzulegen.

b)   Der geprüfte Jahresabschluss ist längstens innerhalb von acht Monaten nach Abschluss des Geschäftsjahres der FMA und der Oesterreichischen Nationalbank vorzulegen.

c)   Der geprüfte Jahresabschluss ist längstens innerhalb von neun Monaten nach Abschluss des Geschäftsjahres der FMA und der Oesterreichischen Nationalbank vorzulegen.

d)   Der geprüfte Jahresabschluss ist längstens innerhalb von vier Monaten nach Abschluss des Geschäftsjahres der FMA und der Oesterreichischen Nationalbank vorzulegen.

Antwort zu Frage 7

Antwort a) ist richtig vgl. § 44 Abs 1 BWG.

Frage 8

Welche der folgenden Anzeigetatbestände sind nach § 73 BWG für ein Kreditinstitut von Relevanz?

a)   Jede Änderung in der Person der Geschäftsleiter;

b)   Änderungen in der Person des/der Verantwortlichen für die Interne Revision;

c)   Jede Adressänderung von einzelnen Filialen;

d)   Jede Änderung der qualifizierten Beteiligungen an anderen Kreditinstituten.

Antwort zu Frage 8

Antwort **a) und b) sind richtig**, vgl. § 73 BWG.

Antwort c) und d) sind falsch, lediglich eine Adressänderung der Hauptanstalt ist anzuzeigen. Die Anzeigepflicht bei Änderungen von qualifizierten Beteiligungen findet sich in § 20 BWG.

Frage 9

Welche der folgenden Bestandteile können gemäß CRR dem Kernkapital (Tier 1) zugerechnet werden?

a)   Fonds für allgemeine Bankrisiken;

b)   Stille Reserven;

c)   Immaterielle Vermögensgegenstände;

d)   Haftrücklage.

Antwort zu Frage 9

Antworten **a) und d) sind richtig** vgl. Artikel 26 CRR.

Antwort b) ist falsch, da stille Reserven nicht dem Kernkapital zurechenbar sind.

Antwort c) ist falsch; für immaterielle Vermögensgegenstände besteht eine Abzugsverpflichtung.

Frage 10

Unter dem Operationellen Risiko versteht man:

a) Das Risiko, das aus Verbriefungstransaktionen erwächst, bei denen das Kreditinstitut als Investor, Originator oder Sponsor auftritt;

b) Das spezifische und allgemeine Positionsrisiko in zinsbezogenen Instrumenten;

c) Das Risiko von Verlusten, die durch Unangemessenheit oder Versagen von internen Verfahren, Menschen und Systemen oder durch externe Ereignisse verursacht werden, einschließlich des Rechtsrisikos;

d) Das Risiko, dass die vom Kreditinstitut eingesetzten bankaufsichtlich anerkannten kreditrisikomindernden Techniken weniger wirksam sind als erwartet.

Antwort zu Frage 10

Antwort **c) ist richtig** vgl. Art. 4 Abs 1 Nr. 52 CRR.

Frage 11

Welche der folgenden Risiken müssen gemäß CRR mit Eigenmitteln unterlegt werden („Säule I")?

a) Risikoarten des Handelsbuchs;

b) Kreditrisiko;

c) Operationelles Risiko;

d) Liquiditätsrisiko.

Antwort zu Frage 11

Antwort **a) ist richtig,** vgl. Art. 92 CRR.

Antwort **b) ist richtig**, vgl. Art. 92 CRR.

Antwort **c) ist richtig**, vgl. Art. 92 CRR.

Antwort d) ist falsch, vgl. Art. 92 CRR.

Frage 12

Welche der folgenden Geschäfte bedürfen bei einem Kreditinstitut aufsichtsrechtlich der Zustimmung des Aufsichtsrats?

a)   Aufstellung des jährlichen Revisionsplans;

b)   Jeder gemäß CRR ermittelte Großkredit ab EUR 500.000,--;

c)   Organgeschäfte;

d)   Kriterien für die Zuordnung der Positionen zum Handelsbuch.

Antwort zu Frage 12

Antwort a) ist falsch, vgl. § 42 Abs 5 BWG.

Antwort **b) ist richtig,** vgl. § 28b BWG.

Antwort **c) ist richtig,** vgl. § 28 BWG.

Antwort d) ist falsch.

Frage 13

Für welche der folgenden Unternehmen gilt gemäß Art. 89 CRR eine Begrenzung (bzw. höhere Eigenmittelerfordernisse bei Überschreitung) für den Buchwert qualifizierter Beteiligungen iHv 15 % (bzw. 60 % für die Summe aller Beteiligungen) der anrechenbaren Eigenmittel des Kreditinstituts?

a)   Gesellschaften, die Vorsorgewohnungen entwickeln;

b)   Eine Seilbahnbetriebsgesellschaft;

c)   Leasinggesellschaften;

d)   Kapitalanlagegesellschaften.

Antwort zu Frage 13

Antwort **a) ist richtig,** da es sich um ein Unternehmen außerhalb der Finanzbranche handelt.

Antwort **b) ist richtig,** da es sich um ein Unternehmen außerhalb der Finanzbranche handelt.

Antwort c) ist falsch, da es sich um ein Unternehmen der Finanzbranche handelt.

Antwort d) ist falsch, da es sich um ein Unternehmen der Finanzbranche handelt.

Frage 14

Welche der folgenden Umstände zählen – unter anderem – zu den Konzessionsvoraussetzungen nach § 5 BWG?

a)   Das Anfangskapital oder die Anfangsdotation beträgt 1 Millionen Euro und steht den Geschäftsleitern unbeschränkt und ohne Belastung im Inland zur freien Verfügung.

b)   Das Kreditinstitut muss in der Rechtsform einer Kapitalgesellschaft, einer Genossenschaft oder einer Sparkasse geführt werden.

c)   Das Anfangskapital oder die Anfangsdotation beträgt 5 Millionen Euro und steht den Geschäftsleitern unbeschränkt und ohne Belastung im Inland zur freien Verfügung.

d)   Der Sitz oder die Hauptverwaltung liegt im Inland.

Antwort zu Frage 14

Antworten **b) und c) sind richtig**, vgl. § 5 Abs 1 Z 1 und Z 5 BWG.

Antwort d) ist falsch, da gemäß § 5 der Sitz *und* die Hauptverwaltung im Inland liegen müssen.

Frage 15

Was gilt für Institute, die Bankgeschäfte ohne die notwendige Konzession betreiben?

a)   Das Institut hat auf alle mit diesen Geschäften verbundenen Vergütungen, wie insbesondere Zinsen und Provisionen, keinen Anspruch.

b)   Das Institut hat mit einem verwaltungsstrafrechtlichen Verfahren seitens der FMA zu rechnen.

c)   Die fehlende Konzession zieht die Rechtsunwirksamkeit des Geschäfts nach sich.

d)   Keine Konsequenzen; wer Bankgeschäfte ohne die erforderliche Berechtigung betreibt, kann sich im Notfall immer auf den § 1 Abs 5 BWG (Einwand von Spiel und Wette) berufen.

Antwort zu Frage 15

Antwort **a) und b) sind richtig,** vgl. § 100 Abs 1 BWG.

Antwort c) ist falsch, da eine fehlende Konzession gemäß § 100 BWG: „nicht die Rechtsunwirksamkeit des ganzen Bankgeschäfts nach sich zieht".

Antwort d) ist falsch, vgl. § 100 Abs 2 BWG.

Frage 16

Zur Bekämpfung von Geldwäscherei und Terrorismusfinanzierung nach FM-GwG haben Kreditinstitute die Identität des Kunden festzustellen, und zwar:

a) Wenn der Betrag vor Beginn der Transaktion nicht bekannt ist, so ist die Identität dann festzustellen, sobald der Betrag bekannt ist und festgestellt wird, dass er mindestens 10.000 Euro oder Euro-Gegenwert beträgt.

b) Bei Zweifeln an der Echtheit oder der Angemessenheit der Kundenidentifikationsdaten;

c) Vor Begründung einer dauernden Geschäftsbeziehung;

d) Vor Durchführung von allen nicht in den Rahmen einer dauernden Geschäftsbeziehung fallenden Transaktionen, deren Betrag sich auf mindestens 10.000 Euro oder Euro-Gegenwert beläuft.

Antwort zu Frage 16

Antwort **b) ist richtig,** vgl. § 5 Z 5 FM-GwG.

Antwort **c) ist richtig,** vgl. § 5 Z 1 FM-GwG.

Antwort a) und d) sind falsch, vgl. § 5 Z 2 und Z 3 FM-GwG, wonach die maßgebliche Grenze 15.000 Euro beträgt.

Frage 17

Wie ist bei einem Verdacht nach § 41 BWG (Geldwäscherei und Terrorismusbekämpfung) vorzugehen?

a) Bei einem Verdachtsmoment haben die Kredit- und Finanzinstitute die Geldwäsche-Meldestelle hiervon unverzüglich in Kenntnis zu setzen und bis zur Klärung des Sachverhalts jede weitere Abwicklung der Transaktion zu unterlassen.

b) Bei einem Verdachtsmoment haben die Kredit- und Finanzinstitute die Behörde hiervon spätestens nach Ablauf von 24 Stunden in Kenntnis zu setzen und bis zur Klärung des Sachverhalts jede weitere Abwicklung der Transaktion zu unterlassen.

c) Bei einem Verdachtsmoment haben die Kredit- und Finanzinstitute die Behörde hiervon spätestens bis zum Ende des nächsten Bankarbeitswerktags in Kenntnis zu setzen und bis zur Klärung des Sachverhalts jede weitere Abwicklung der Transaktion zu unterlassen.

d) Keine der Antworten a) bis c); die Konten des Kunden sind unverzüglich einzufrieren, jeglicher Geldverkehr ist einzustellen.

Antwort zu Frage 17

Antwort **a) ist richtig,** vgl. § 41 BWG.

Frage 18

Wann und von wem ist ein Vergütungsausschuss gemäß § 39c BWG einzurichten?

a)   In Kreditinstituten jedweder Rechtsform, deren Bilanzsumme 500 Millionen Euro übersteigt und die übertragbare Wertpapiere ausgegeben haben, ist vom Aufsichtsrat ein Vergütungsausschuss einzurichten.

b)   In Kreditinstituten jedweder Rechtsform, deren Bilanzsumme fünf Milliarden Euro übersteigt, ist ein Vergütungsausschuss einzurichten, bestehend aus mindestens einem Geschäftsleiter und dem Vorsitzenden des Aufsichtsrats.

c)   In Kreditinstituten jedweder Rechtsform, deren Bilanzsumme fünf Milliarden Euro übersteigt, ist ein Vergütungsausschuss einzurichten, bestehend aus der gesamten Geschäftsleitung und den Arbeitnehmervertretern.

d)   In Kreditinstituten jedweder Rechtsform, deren Bilanzsumme fünf Milliarden Euro übersteigt, ist vom Aufsichtsrat ein Vergütungsausschuss einzurichten, wobei dem Vergütungsausschuss ein Vergütungsexperte angehören muss oder hinzugezogen werden muss.

Antwort zu Frage 18

Antwort **d) ist richtig,** vgl. § 39c BWG.

STICHWORTVERZEICHNIS

A

B

O

Oesterreichische Nationalbank (OeNB)   110, 118, 172

Offenlegung   134f, 179

Ordnungsmäßigkeit   83

Organgeschäfte   40ff

Organkumulationsbeschränkung   4, 13f, 42

P

Passiva   90ff

PEP   67, 73

persönliche Zuverlässigkeit   4ff, 10, 14

politisch exponierte Person (PEP)   67, 73

Positionen an Unternehmen der Finanzbranche   163f

Preisaushang   49

Proportionalitätsgrundsatz   55, 62

Prüfungsausschuss   44f, 84, 108f

Prüfungsbericht   85, 107, 109

Q

qualifizierte Dritte   68, 70

Quick Fix   156

R

Rahmenbeschluss   43

Rechnungslegung   85ff, 171

Redepflichten, des Bankprüfers   108

Regierungskommissär   118f

Revisionsplan   83

Richtlinie   28, 66, 112ff, 155f

Risiko

    -analyse   66f

    -ausschuss   19, 44, 58

    -bankgeschäftliches und bankbetriebliches   55, 57, 110, 119

    -basierter Ansatz   66, 77, 80

    -katalog   56

    -käufer   61

    -management   55ff, 81f, 132f

V

W

Z

Zentralorganisation 47

Zielmarkt 143f

Zuwendungen 150ff

Zweckmäßigkeit 83f.